GOLDMANN

W0077856

Buch

Für ihre Liebe zu dem großen englischen Schriftsteller D. H. Lawrence hat Frieda Lawrence alles aufgegeben: ihre Ehe und ihr geordnetes Leben an der Seite eines älteren Professors und vor allem ihre drei Kinder, die sie aufs innigste liebte. Denn D. H. Lawrence übte eine wahrhaft magische Anziehung auf die in Deutschland geborene Frieda von Richthofen aus. Sie wurde seine Frau und Muse – und im Lauf der Jahre zum unerschöpflichen Quell der Inspiration und zum Vorbild für so faszinierende Frauengestalten wie Lady Chatterley. Gemeinsam mit D. H. Lawrence führte Frieda ein bewegtes Leben zwischen Europa, Australien und Mexiko. Immer heftiger wurde dabei ihr Wunsch, dem Mythos der »lüsternen Germanin« zu entkommen und aus dem Schatten ihres prominenten Mannes zu treten.

Rosie Jackson zeigt in ihrem eindrucksvollen Porträt die eigenständige Rolle und das künstlerische Anliegen der Frau an D. H. Lawrence' Seite. Eindrucksvoll abgerundet wird dieses Bild durch Friedas autobiographische Schriften, die offen und unverblümt Einblick geben in das Leben eines der faszinierendsten Künstlerpaare unseres Jahrhunderts.

Autorin

Rosie Jackson wurde in Yorkshire geboren. Sie studierte englische Literatur an den Universitäten von Warwick und York. Von 1976 bis 1981 lehrte sie englische Literatur an der University of East Anglia. Heute lebt Jackson als freie Autorin in Somerset.

ROSIE JACKSON

Nicht ich, aber der Wind

Das geheime Leben der Frieda Lawrence

Mit autobiographischen Schriften
von Frieda Lawrence

Deutsch von Anke Caroline Burger,
Else Jaffe und Birgit Moosmüller

GOLDMANN VERLAG

Die englische Originalausgabe dieses Buches erschien 1994
unter dem Titel »Frieda Lawrence« bei Pandora, London.

Umwelthinweis:
Alle bedruckten Materialien dieses Taschenbuches
sind chlorfrei und umweltschonend.
Das Papier enthält Recycling-Anteile.

Der Goldmann Verlag
ist ein Unternehmen der Verlagsgruppe Bertelsmann

Deutsche Erstausgabe 12/95
Copyright © 1994 by Rosie Jackson.
Copyright © der deutschsprachigen Ausgabe 1995
by Wilhelm Goldmann Verlag, München
Anke Burger übersetzte »Das geheime Leben der Frieda Lawrence«.
Birgit Moosmüller übersetzte »And The Fullness Thereof«.
»Not I, But the Wind« wurde von Friedas Schwester, Else Jaffe, übersetzt
und erstmals 1936 im Verlag Die Rabenpresse, Berlin, mit weiteren
Briefen und Gedichten von D. H. Lawrence veröffentlicht.
Umschlaggestaltung: Design Team München
Umschlagfoto: Laurence Pollinger Ltd.
Druck: Presse-Druck Augsburg
Verlagsnummer: 43200
Lektorat: Martina Klüver
Herstellung: Stefan Hansen
Made in Germany
ISBN 3-442-43200-6

10 9 8 7 6 5 4 3 2 1

Du magst überzeugt sein, daß ich neben Lawrence nicht zähle, doch ich nehme mich, meine Ideale und mein Leben nicht weniger ernst als er sich. Das aber willst Du nicht zugeben, und Du unterstellst mir, eingebildet zu sein. Auch wenn ich es nicht will, so verletzt es mich doch sehr, daß Du mich nicht als menschliches Wesen betrachtest. Aber Du hältst ja sowieso nicht viel von Frauen, in Deinen Augen sind sie keine Menschen.

BRIEF VON FRIEDA LAWRENCE AN SAMUEL KOTELIANSKY,
9. FEBRUAR 1915

Sollte der Tag kommen – Gott möge das verhüten –, daß ich Lawrence als den »berühmten Mann« sähe, wäre er ein totes Ding für mich, und es würde mich langweilen. Berühmtheit ist ein Ding der äußeren Welt, in der ich tatsächlich nichts bin und auch nicht mehr sein möchte! So gebe ich also zu, daß Lawrence in der Welt der Männer etwas *ist* und ich es *nicht* bin! Doch *jene* Welt bedeutet mir nichts, es gibt eine tiefere, wo das Leben selbst fließt, und dort bin ich zu Hause! Und die *äußere* Welt interessiert mich nicht! Alles, was ich möchte, ist, daß Du die größere Bedeutung der tieferen Welt eingestehst!

BRIEF VON FRIEDA LAWRENCE AN SAMUEL KOTELIANSKY,
4. DEZEMBER 1923

Inhalt

Rosie Jackson

Das geheime Leben der Frieda Lawrence

Der Streitfall Frieda Lawrence: »Leben in größerer Tiefe«

Wie gerne sähe ich eine richtige Darstellung von ihr als ganze Frau, als wahrem Menschen – nicht als diese zügellose, vergnügungssüchtige Germanin oder nur als die Begleiterin von Lawrence. Ich finde nicht, daß ihr bisher Gerechtigkeit widerfahren ist.
FRIEDAS TOCHTER BARBARA BARR, 16. NOVEMBER 1993[1]

Frieda Lawrence verbrachte achtzehn ihrer siebenundsiebzig Lebensjahre mit dem Schriftsteller D. H. Lawrence. Sie war der Hauptbezugspunkt seines Gefühls- und Liebeslebens und diente als Vorbild für die wichtigsten Frauenfiguren seiner Werke. Dennoch haben die Lawrenceschen Biographen und Literaturhistoriker sie im allgemeinen als dickköpfige Vettel abgewertet, als Frau, deren Eigensinn und Egoismus im Laufe der Zeit die volle und freie Entfaltung von Lawrence' Genie behindert habe. Es ist wahr, daß Frieda sich nicht dankbar in die traditionelle Rolle der Muse und Gefährtin des Dichters fügte, sondern sich gegen diese wehrte und auf ihre Art um Anerkennung, um Eigenständigkeit und die Möglichkeit zum eigenen Ausdruck kämpfte. Dennoch war sie kein Vorbild für emanzipierte Frauen. Ihre Einstellung war wesentlich komplizierter und vielschichtiger als diese beiden Extreme.[2]

Bis heute ist Frieda nicht die nachträgliche Wertschätzung

zuteil geworden, derer sich Frauen anderer berühmter Literaten erfreuen, wie beispielsweise Nora, die Ehefrau von James Joyce. Abgesehen von Mary Dalys weit hergeholtem Versuch, Frieda als mißhandelte Ehefrau zu präsentieren, hat es bislang weder eine Darstellung ihres Lebens von weiblicher Seite her gegeben, noch wurde der Versuch unternommen, ihre Haltung zu Lawrence' Werk und zu seinem Frauenbild zu enträtseln.[3] Die einzige Untersuchung in Buchlänge war bisher *Frieda von Richthofen: Ihr Leben mit D. H. Lawrence* (1972) von Robert Lucas, deren Untertitel verrät, daß das Hauptinteresse den Jahren gilt, die Frieda mit Lawrence verbracht hat, nicht ihr als eigenständiger Person.

Frauen scheinen nicht recht zu wissen, was sie mit ihr anfangen sollen. Die feministischen Autorinnen der 1970er und 1980er Jahre haben D. H. Lawrence' Einstellung zur Geschlechterfrage so rundheraus verdammt, daß es fast peinlich ist, Frieda ernstlich Aufmerksamkeit zuwenden zu wollen, als bedeute ihr enges Verhältnis zu Lawrence, daß sie notwendigerweise mit seinen schlimmsten Vorurteilen übereingestimmt habe; dieses stillschweigende Einverständnis macht sie in den Augen dieser Autorinnen für Frauen heute uninteressant.

Wenn wir jedoch Friedas Leben anhand ihrer eigenen Aussagen verfolgen und die Schwierigkeiten in der Ehe mit Lawrence bedenken, werden wir jemanden entdecken, auf den viele der Legenden und Fiktionen um ihre Person nicht zutreffen. Sie war keine Feministin, doch sie widersetzte sich immer wieder solchen Zugen an Lawrence oder seinem Werk, die sie als arrogant oder egoistisch empfand. Sie kämpfte gegen seine Theorien von männlicher Vorherrschaft an und beklagte den Schaden, den dieses Denken seiner Kunst zufügte. Anders als Feministinnen späterer Zeiten war sie jedoch nicht bereit, die visionäre Kraft seiner Phantasie, die sie in den besten Momenten Lawrenceschen Schaffens fand, von Grund auf abzulehnen. Ich möchte gerne zeigen, daß ihr Eintreten für diese Vision uns in der gegenwärtigen Krise um das Verhältnis der Geschlechter besonders hilfreich sein kann und daß ihre Einsichten zur Lösung der Konflikte beitragen können, die nach wie vor herrschen, nicht nur zwischen Frauen und Männern, sondern auch zwischen den männlichen und weiblichen Prinzipien in uns selbst und in unserer Gesellschaft.

Eine der Schwierigkeiten, mit der jede Diskussion über Frieda oder Lawrence zu kämpfen hat, ist die Verwandlung beider Leben und Charaktere in Mythen. Frieda und D. H. Lawrence befinden sich seit so langer Zeit im öffentlichen Bewußtsein, daß sie zu Legenden geworden sind; besonders für Lawrence hat die minutiöse Darstellung seiner Lebensgeschichte zwanghafte Ausmaße angenommen, vergleichbar nur den Nachforschungen zur Aufzeichnung des Neuen Testaments. Eine Biographie nach der anderen nimmt für sich in Anspruch, die definitive zu sein, wobei die mehrbändige Cambridge-Lawrence-Biographie zum gegenwärtigen Zeitpunkt die aktuellste und größte dieser wissenschaftlichen Anstrengungen darstellt.

Dieser Prozeß der Mythologisierung steht in engem Zusammenhang mit der Art und Weise, in der Lawrence zum Propheten und Seher stilisiert worden ist. Diese Rolle war selbstgewählt und genährt und wurde nach seinem Tod von anderen, darunter auch Frieda, weiter verbreitet Er wurde zum »Hohepriester der Liebe« ernannt und von manchen zum unanfechtbaren Genie erhoben, dessen Botschaften einer sterbenden, verweltlichten Gesellschaft neues Leben einhauchen könnten. Seine Feier der erotischen, leidenschaftlichen Liebe und tiefgehenden Beziehung als Mittel zur Wiederherstellung menschlicher Lebenskraft (trotz aller Mißverständnisse, Sentimentalisierungen und Verzerrungen) hat dazu geführt, daß seine Ehe mit Frieda ebenfalls in legendären Begriffen beschrieben worden ist. Als die Frau, mit der diese neue Form der Intimität und Offenheit zwischen den Geschlechtern gelebt wurde, ist sie nicht länger als die historische Person Frieda gesehen worden, sondern als Frieda, die Inkarnation alles Weiblichen, mit allen Projektionen, die das enthalten kann.

In den vielen Nacherzählungen der Frieda-Lawrence-Saga ist diese Legende in verschiedenen Graden stets erhalten geblieben. Wie die literarischen Romanzen von Mary und Percy Shelley ein Jahrhundert früher, oder von Sylvia Plath oder Ted Hughes fünfzig Jahre später, ist die Verbindung von Frieda und D. H. Lawrence als Legende in die Geschichte eingegangen, so daß selbst die kleinsten Details ihres Lebens unnatürlich vergrößert und mit einer tiefen, unbewußten Bedeutsamkeit befrachtet worden sind. Vielleicht benötigen wir ja solche überlebensgroßen Figuren, die stellvertretend für uns außergewöhnliche, oft tragische Geschichten ausleben. Oder vielleicht rührt unsere andauernde Faszination daher, daß sie die Figuren eines archetypischen Dramas verkörpern, das unsere eigenen inneren Konflikte und Phantasien übersteigert widerspiegelt.

Jedenfalls muß eine irgendwie geartete unterbewußte Anziehungskraft vorhanden sein, um die endlose Flut von Biographien, kritischen Abhandlungen und Huldigungsschriften zu D. H. Lawrence' Lebensgeschichte im Laufe der letzten sechzig Jahre erklären zu können, genauso wie die unzähligen Filme und Filmbearbeitungen seiner Werke.

Friedas Leben *war* faszinierend und außergewöhnlich, besonders gemessen am damals Üblichen. Sie verließ ihre adlige deutsche Familie, um einen Engländer zu heiraten und dreizehn Jahre mit ihm in Nottingham zu leben; während ihrer bürgerlichen Ehe gab es sexuelle Zwischenspiele. Frieda hatte Affären und pflegte Kontakte zu radikalen intellektuellen Kreisen in Deutschland; zu einer Zeit, als Ehescheidung ein Skandal war, verließ sie nicht nur ihren standesgemäßen Ehemann wegen eines brotlosen Schriftstellers aus der Arbeiterklasse, sondern mußte auch ihre drei kleinen Kinder zurücklassen; achtzehn Jahre lang führte sie mit D. H. Lawrence ein Nomadenleben, während sie Europa, Ceylon, Australien, die Vereinigten Staaten und Mexiko bereisten; sie beeinflußte Lawrence' Schreiben und Denken tiefgreifend; sie war dreimal verheiratet; sie war mit einigen der berühmtesten Literatinnen und Denkern, Künstlerinnen und Künstlern der Zeit bekannt – von Aldous Huxley und Bertrand Russell über Charlie Chaplin, Georgia O'Keefe bis zu Strawinsky.

Die Aufzählung dieser Fakten aus dem Leben Friedas sind in jeder Biographie über Lawrence zu finden. Mein eigenes abschließendes Kapitel, »Das äußere Leben«, enthält einen einfachen, chronologischen Abriß der wichtigsten äußeren Ereignisse und Daten, zum leichten Nachschlagen. Doch mein Hauptinteresse ist nicht vornehmlich biographischer Natur. Es mag an der Zeit sein, die Rolle von Frauen im Leben kreativer Männer neu zu würdigen, doch ich verspüre keinerlei Verlangen, weiter zu der bereits gigantischen Industrie von Sekundärliteratur um Lawrence beizutragen. Aus diesem Grund ist der vorliegende Band weniger eine Biographie im herkömmlichen Sinne, als eine Neupräsentation von Teilen des Frieda betreffenden Materials. Ich bin weniger daran interessiert, empirische »Daten« zusammenzutragen, als zu beleuchten, *was* mit diesen Daten gemacht wird, *wie* sich Fiktionen über Personen und Legenden über ihr Leben bilden.

Daher stehen nicht nur die komplexen gefühlsmäßigen und geschichtlichen Wirklichkeiten von Frieda Lawrence' Leben im Mittelpunkt meines Interesses, sondern auch die Frage, wie diese Dinge dargestellt und mythisiert worden sind. Dabei möchte ich besonderes Gewicht auf eben jene Prozesse legen, die sowohl unser Bild von ihr als Frau als auch von allgemeineren Themen wie Geschlecht, Kreativität und Genie beeinflußt haben.

Ganz gleich, für wie »objektiv« Autoren oder Beobachter sich halten, ihre Wahrnehmung ist doch stets, wenn auch unbewußt, von persönlichen oder ideologischen Überzeugungen beeinflußt. Aus diesem Grund habe ich Frieda soviel Raum wie möglich gelassen, um für sich selbst zu sprechen. Sie hat eine ganze Reihe beeindruckender Aufzeichnungen hinterlassen – eloquente Briefe, Memoiren, unvollendete Prosastücke –, denen bisher keine ausreichende Beachtung geschenkt wurde. Diese erlauben es uns, sie von innen zu betrachten, ihre subjektive Sicht der Welt nachzuvollziehen und zu verstehen, wie sie mit ihren Erfahrungen umging. Deswegen enthält dieses Buch auch autobiographische Texte, die ein erweitertes Verständnis der Person Frieda Lawrence ermöglichen. Es enthält *Nicht ich, aber der Wind...*, die Memoiren Friedas über ihr Leben mit Lawrence sowie wichtige Auszüge aus ihrer fiktionalisierten Autobiographie, die in Tedlocks Ausgabe ihrer Schriften »And the Fullness Thereof« betitelt sind. Auf diesen einfühlenden Seiten beziehe ich außerdem viele wörtliche Zitate aus Friedas Briefen und Memoiren mit ein.

Das nächste Kapitel habe ich einer Diskussion des Mythos um Frieda Lawrence gewidmet, der so voller Extreme und

Widersprüche ist. Ein vielsagendes Bild der Art, wie weibliche Sexualität in der Literaturgeschichte konstruiert und wie Lawrence im Kontrast dazu zum männlichen Genie erhoben wurde, bildet sich dabei heraus. Dann betrachte ich einige der zentralen Themen in Friedas Leben, wobei ich eher eine thematische als eine chronologische Herangehensweise wähle. Dazu zählen Friedas sexuelle Beziehungen und ihre Haltung zur Erotik; ihre Erfahrung von Mutterschaft und die tiefgreifenden Folgen des Verlustes ihrer drei kleinen Kinder. In diesem Zusammenhang soll auch näher auf ihre Gemeinsamkeiten und Auseinandersetzungen mit Lawrence sowie beider Auffassung von Beziehungen zwischen Männern und Frauen eingegangen werden. Daraus lassen sich interessante Rückschlüsse auf Friedas Lebensphilosophie ziehen. Dieses Kapitel schließt dann mit einer Einführung in ihre eigenen Texte.

»Was mich betrifft, halte ich Frieda in ihrer eigenen, ganz anderen Art und Weise für eine ebenso bemerkenswerte Person wie Lawrence, und Lawrence war sich dessen bewußt.« Das war das Urteil einer ihrer Freundinnen, Catherine Carswell, in *The Savage Pilgrimage*. Der Unterschied bestand darin, daß Frieda keinerlei Verlangen hatte, sich in der »Welt der Männer« zu beweisen, und keinen Drang, für öffentliche Anerkennung zu schreiben. In dem Brief an Samuel Koteliansky verdeutlichte Frieda Lawrence, daß die Außenwelt der Leistung und Konkurrenzkämpfe – jene männliche Welt, in der Lawrence so viel Erfolg hatte – eine war, in der sie kein Verlangen hatte, sich auszuzeichnen: »Doch *jene* Welt bedeutet mir nichts, es gibt eine tiefere, wo das Leben selbst fließt, dort bin ich zu Hause! Und die *äußere* Welt interessiert mich nicht! Alles, was ich möchte, ist, daß Du die größere Bedeutung der tieferen Welt eingestehst!«

In Frankreich stellte Sonia Delaunay, Künstlerin und Frau des Malers Robert Delaunay, ungefähr zur selben Zeit in Abrede, in der Männergesellschaft nach Anerkennung zu streben: »Vom ersten Tag unseres Zusammenlebens an spielte ich die zweite Geige und schob mich nie in den Vordergrund. Robert war brillant, mit dem Flair des Genies. Was mich anbelangte, *lebte ich in größerer Tiefe*« (meine Hervorhebung).[4] Diese Behauptung, in »einer tieferen Welt« oder »in größerer Tiefe« zu leben, könnten als Strategie starker Frauen gelesen werden, die sich mit einer zweitrangigen Rolle an der Seite eines künstlerisch äußerst erfolgreichen Partners abfinden müssen. Doch in Friedas Fall hatte das absolut nichts Unehrliches an sich. Sie verspürte keinerlei Verlangen nach weltlichem Erfolg, weder für sich selbst noch für Lawrence, und sie begrüßte den Ruhm, den Lawrence' Werk erlangte, nur insoweit, als er die Werte des tiefen, inneren Lebens tatsächlich feierte – Werte, die man in Jungscher Terminologie als »weiblich« bezeichnen könnte – und die nach wie vor in unserer materialistischen und männlich geprägten Kultur ein Tabuthema sind.

Indem ich die Aufmerksamkeit sowohl auf ihre Innenwelt wie auch auf die besser bekannten äußeren Ereignisse ihres Lebens lenke, hoffe ich, eine deutlich andere Frieda als die in der Lawrence-Legende propagierte in Erscheinung treten zu lassen. Eine Frau, die eloquenter und intelligenter, aufnahmefähiger, sensibler und phantasievoller war, eine Frau, deren Einfühlungsvermögen groß war, und deren Hingabe an das »Leben in größerer Tiefe« eine wunderbare Absage an vielerlei von Männern geschaffene Konventionen darstellte.

Legenden:
»Die Mutter des Orgasmus«

...war sie Hera und Demeter und Aphrodite herrlich in
einer Person...

ALDOUS HUXLEY, DAS GENIE UND DIE GÖTTIN

Einer der auffälligsten Züge der Legende, die sich innerhalb der
letzten sechzig Jahre um D. H. Lawrence gebildet hat, ist die
Art und Weise, mit der die Fakten aus Friedas Lebensgeschichte immer wieder erzählt und nacherzählt worden sind,
was ihren Charakter und ihre Persönlichkeit in ein ganz bestimmtes Licht gerückt hat. Diese verschiedenen Überlagerun-
gen haben es fast unmöglich gemacht, von Frieda, der histori-
schen Person, noch mit irgendeiner Sicherheit sprechen zu
können.

Der Prozeß der Mythenbildung begann in Lawrence' eigener Vorstellungswelt: Zuerst sah er sie als Göttin, dann als
Hure. Seine ersten Eindrücke von ihr aus dem Jahre 1912
sprechen die enthusiastische und begeisterte Sprache eines verliebten Mannes: »Du bist die wunderbarste Frau in ganz England«, »Ich werde dich mein ganzes Leben lieben«. »Sie ist die
großartigste Frau, die ich je kennengelernt habe – sie ist phantastisch, sie ist wirklich...vollständig unkonventionell...Oh,
doch sie ist die Frau für ein ganzes Leben«.

In dieser positiven Sichtweise ist Frieda die Inkarnation des

Weiblichen als Erdmutter und wohlgesonnener Göttin. In *Nicht ich, aber der Wind . . .* verzeichnet Frieda, daß Brewster sie mit Bildern buddhistischer Heiliger verglichen habe. Ihr Biograph Robert Lucas beschwört sie als »selbstsicher, freigebig, gutherzig und wohltuende Wärme ausstrahlend, ihren eigenen Gesetzen [folgend] wie eine heidnische Naturgöttin, halb Kybele, halb Aphrodite Pandemos«.[5]

Doch die Kehrseite dieses Mythos ist die plötzliche Umkehrung des idealisierten Weiblichen in sein Gegenteil. Ein Beweis, daß Lawrence' frühe Überhöhungen so viel mit seinen eigenen Wunschvorstellungen wie mit Frieda selbst zu tun hatten, läßt sich darin finden, daß sich schon 1918 sein Lob in Beleidigungen verwandelt hatte und er sie mit ebenso starken Worten verunglimpfte: »Frieda ist die verschlingende Mutter«, »Sie ist wirklich ein Teufel . . . Ich habe mich lange genug von ihr herumkommandieren lassen. Ich könnte sie jetzt wirklich verlassen, ohne jede Qual.« Sechs Jahre Zusammenleben mit Lawrence und die ». . . wunderbarste Frau in ganz England« hatte sich in einen Menschenfresser und Dämon verwandelt.

Die Extreme dieser Mythologisierungen haben das Bild Frieda Lawrence' seitdem stets geprägt. Sei es Schlampe, Göttin oder elementare Naturkraft – keine biographische oder wissenschaftliche Studie ist frei davon. In einer der zahlreichen frühen Biographien von Lawrence schreibt Catherine Carswell, eine persönliche Bekannte, über Frieda:

Er [Lawrence] hatte . . . eine Frau gewählt, von der er seinem Gefühl nach die Unterwerfung verlangen konnte, die er forderte, ohne sie dadurch in ihrer Fraulichkeit zu besiegen. Manchmal schien es, daß er eher eine Naturgewalt gewählt hatte – eine weibliche Naturgewalt – als eine individuelle

Frau. Für Lawrence war Frieda abwechselnd eine böige oder eine lachende Brise, ein heilender Regen oder ein zum Wahnsinn treibendes Unwetter der Dummheit, eine erheiternde Sonne oder ein blind einschlagender Blitz. Sie war die gedankenlose Weiblichkeit, halsstarrig, trotzig, respektlos, streitsüchtig, rechthaberisch, rachsüchtig, verschlagen, unlogisch, heimtückisch, skrupellos und egoistisch. Manchmal haßte sie Lawrence und er sie. Es gab manches in ihr, das ihn zur Raserei trieb, Dinge, die keiner von ihnen zu unterdrücken bereit war. Aber wie sehr er sie bewunderte – und teils gerade aus diesem Grund! Von Lawrence heiß bewundert zu werden war eine Seltenheit, und es bedeutete, daß das Objekt seiner Bewunderung ebenfalls eine Seltenheit war. In Frieda fand Lawrence eine herrliche Aufrichtigkeit des Wesens und körperliches Wohlbefinden...[6]

Aldous Huxleys fiktionalisierte Version Friedas in *Das Genie und die Göttin* verwandelt sie in eine Vielzahl von Mädchen und Göttinnen, von einer »prächtigen Walküre, unpassenderweise in ein knappes Röckchen gekleidet« über eine »wagnerianische Heldin« mit dem »Körper einer kräftigen jungen Matrone« und dem »Gesicht einer als gesundes Bauernmädchen verkleideten Göttin. Demeter vielleicht... [oder] Hera in der Rolle einer Milchmagd«. »Mit neunzehn muß sie Hebe und die drei Grazien und alle Nymphen der Diana in einem gewesen sein«. Die reife Frieda wurde von ihm dann im Grunde ihres Wesens als »die verkörperte Mütterlichkeit« gesehen, die große Erdmutter, »ein weiblicher Antäus – unbesiegbar, solange sie mit den Füßen auf der Erde stand; eine Göttin, solange sie in Fühlung mit der größeren Göttin in ihr war, der Weltmutter außerhalb ihrer selbst«.

Diese Assoziationen von erdgebundener, körperlicher Kraft kehren in zeitgenössischen Beschreibungen von ihr wieder. Lady Cynthia Asquith gestand, von Friedas »Gesundheit, Stärke und natürlichen Freizügigkeit« angezogen zu sein. Rhys Davies beschrieb sie als »heiter und lebendig ihrer eigenen, sonnigen Tätigkeit« hingegeben. Die Zeugnisse ihrer Energie, Warmherzigkeit, Widerstandskraft und gesunder Konstitution hätten sie jeder Werbekampagne für Vitaminpräparate empfohlen.

Doch selbst diese guten Eigenschaften riefen eine negative Gegenreaktion hervor. Obwohl Lawrence sich zweifellos von ihrer Stärke angezogen fühlte – als sie sich kennenlernten, war Frieda in den besten Jahren, stark, schön, wohlgenährt und umsorgt, ohne jene körperlichen oder seelischen Schwächen, unter denen Lawrence' Mutter gelitten hatte –, wurden ihre Gesundheit und Üppigkeit schließlich gegen sie gehalten. Neben Lawrence' zunehmender Kränklichkeit durch seine Tuberkuloseerkrankung (die gewöhnlich, wie bei Keats, als Zeichen übersteigerter Empfindsamkeit interpretiert wird), wurde Friedas Gesundheit als brutal triumphierend angesehen, als Anzeichen geringerer Sensibilität.

Ihr Erscheinungsbild hat ebenfalls zu dieser Kontrastierung beigetragen. Es gibt etliche abwertende Bemerkungen über ihr Aussehen und Gewicht. Huxley nannte sie »Rabelaisisch«, Lucas »eine Kleopatra von Rubens«, Miller »einen Renoir mit dem Haupt einer Griechin«, doch andere waren weniger euphemistisch und deuteten direkter an, daß sie ihre kräftige Erscheinung als Anzeichen eines niedriger stehenden Charakters sahen. Katherine Mansfield, die nach schwerwiegenden Gewichtsproblemen in der Kindheit gelernt hatte, wenig zu essen, beleidigte Frieda als »dicken, fetten Pudding«. Mabel

Dodge Luhan, die Frieda nie dafür vergab, ihre eigenen amourösen Absichten gegenüber Lawrence vereitelt zu haben, rächte sich, indem sie ihr erstes Treffen in Mexiko 1922 in sehr unvorteilhaften Worten beschrieb: »Lawrence und Frieda kamen den Bahnsteig entlang geeilt, sie groß und kräftig gebaut... mit unfokussierten grünen Augen und halb offenstehendem Mund, bei dem der Unterkiefer etwas seitlich hing. Frieda hatte immer einen Mund fast wie ein Räuber. Lawrence rannte mit kleinen, schnellen Schrittchen neben ihr her... Ich bekam einen Eindruck von seiner schmalen Zerbrechlichkeit neben der Körperkraft Friedas...«[7] Später überhöht Luhan Frieda weiter zur »Mutter des Orgasmus und des ungeheuren, lebendigen Mysteriums des Fleisches«! Selbst 1993 beruft sich Elaine Feinstein noch auf gängige Schönheitsideale weiblicher Schlankheit, wenn sie Frieda als »nicht wenig übergewichtig« beurteilt.

Diese Konzentration auf Friedas starke physische Präsenz hat dazu beigetragen, daß sie als geistlos und unintellektuell abgestempelt wurde. Man hat viele Analogien zwischen Frieda und der Tierwelt hergestellt, insbesondere zum Löwen: »Sie hatte den gleichen stämmigen Körper, die gleichen herrlichen Schultern... Ihr Kopf und ihre ganze Körperhaltung waren vornehm. Die Augen waren grün, mit einer Menge Gelbbraun darin, die Nase gerade. Sie blickte einem gerade und furchtlos prüfend in die Augen, und dabei ähnelte sie in außerordentlicher Weise einer Löwin...«[8] Noch 1987 schrieb Claire Tomalin über Frieda »mit ihrer blonden Mähne wie eine große, kühne Löwin«.[9]

Und als F. R. Leavis seine einflußreiche Studie *D. H. Lawrence: Novelist* (1955) verfaßte – ein Werk, das die Lawrencesche Prosa zum ersten Mal einer sorgfältigen kritischen Würdi gung unterzog und für sie einen festen Platz in der Tradition »großer« britischer Literatur einforderte –, konnte er sich so mit seinen Verleumdungen Friedas auf die bereits vorhandenen, vielfältigen Varianten des Mythos beziehen und sie weiter verstärken, da Frieda bereits traditionellen weiblichen Rollenklischees entsprechend abgeurteilt worden war. Sie war die Erdmutter, der Körper, die rohe Materie im Gegensatz zu Lawrence' Geist, Seele und großartiger Intelligenz. Zudem besaß sie nichts von seinem feinen moralischen Gespür. Im Gegensatz zu Lawrence war sie nichts als kruder Instinkt und blinde Leidenschaft. Sosehr sich Lawrence in der besten Tradition britischer moralischer Intelligenz bewegte, sosehr war Frieda davon ausgeschlossen. Sie war eine Ausländerin, sie gehörte diesem kulturellen Erbe nicht an; zusätzlich war sie »unmoralisch«, wie Leavis in dem schlimmsten Anwurf schrieb, dessen er fähig war:

Und wenn wir eine Liste der Nachteile erstellen wollen, mit denen Lawrence sich abzufinden hatte ... müssen wir Frieda selbst in Betracht ziehen. *Sie hat, als Lawrence' Ehefrau, kein Heim und, nachdem sie ihre Kinder verlassen hat, keinerlei mütterliche Funktionen. Im Grunde war sie dem Typ nach weder mütterlich noch intellektuell; in keiner Gemeinschaft hatte sie ihren Platz, hatte keine soziale Funktion und nicht sehr viel zu tun* ... [meine Hervorhebung] [Ihre Verbindung] war kaum geeignet, repräsentative Erfahrungen bieten, um normative Aussagen über die Ehe machen zu können. Wir erkennen den großen Vorteil, der dem Autor von *Anna Karenina* zuteil wurde.[10]

Frieda las diese heftigen Anschuldigungen (Leavis' Buch erschien ein Jahr vor ihrem Tod) und schrieb ihm in einem typischen Wutausbruch persönlich, um gegen die Ungerechtigkeit seiner Verleumdungen zu protestieren. Sie wies seine Vorwürfe, eine schlechte Mutter und nicht intelligent zu sein, heftig zurück: »Sie schreiben, ich sei nicht mütterlich gewesen, doch ich glaube, ich war es, und nicht intellektuell, doch ich war auch nicht dumm und habe mir meine eigenen Gedanken gemacht.«[11] Doch sie hatte kaum eine Chance, ihrer eigenen Stimme öffentlich Gehör zu verschaffen. Das Problem war nicht Leavis und seine persönlichen Vorurteile, sondern die wissenschaftliche Tradition, für die er stand, und die Glorifizierung des männlichen Genies, für die diese Tradition eintrat.

Von Leavis an war die Frieda Lawrence, die in die Literaturgeschichte einging, mehr denn je eine mythische Schöpfung. Eindimensional, mehr Karikatur als Charakter, wurde sie neu geschrieben als untersetzte, bodenständige, unkreative Frau, frei von den moralischen oder spirituellen Seelenqualen, die Lawrence bis zu seinem frühen Tod verfolgten. Kulturelle und Klassenvorurteile überzeichneten das negative Bild noch stärker. Luhan behauptete, es sei »das deutsche Denken« in Frieda, das es ihr so schwer mache, Lawrence völlig zu verstehen oder zu würdigen; Lawrence selbst habe sich über die Grobheit von Friedas Seele beklagt. Seine wahre Geistesverwandtschaft, so Luhan, sei mit dem »schnellen, feinen lateinischen Verstand – aber die nördliche germanische Psyche ist dem entgegengesetzt«.[12] Acton nannte Frieda »Lawrence' grimmige deutsche Ehefrau mit dem roten Gesicht«. Leavis' offensichtliche Verachtung Friedas ist in derselben fremdenfeindlichen Tradition anzusiedeln. Er wertete sie als unmoralische deutsche Adlige ab.

Solche Fremdenfeindlichkeit ist für die Briten nicht untypisch und wurde von zwei Kriegen gegen Friedas Herkunftsland genährt; was daran jedoch zu denken gibt, ist die Art, wie solche Unterstellungen nach Leavis unhinterfragt beinah alle Urteile über Frieda beeinflußt haben. Ihre Tochter Barbara Barr glaubt, daß der Aspekt der Vorurteile gegen Frieda häufig übersehen worden ist:

Ich habe das Gefühl, daß die Engländer eine wahre Antipathie gegen Frieda hegen, zum Teil, weil sie Deutsche war. Dora Carrington schrieb über Frieda »mit ihrer deutschen Grobheit«. Doch sie war überhaupt nicht grob, ganz im Gegenteil. Oder diese Zeile, die Ottoline Morrell in ihr Tagebuch schrieb, daß Lawrence so sensibel sei und Frieda so dickhäutig. Doch sie war eine äußerst sensible, stolze Frau. Manchmal dachte sie, daß Lawrence sich wegen ihres deutschen Blutes gegen sie gewandt hätte.

Es ist faszinierend und irritierend zugleich, welch stark moralisierenden Gegensatz die Lawrence-Forschung zwischen den beiden aufgebaut hat. Ihre aristokratische Herkunft wurde mit Werturteilen versehen – der privilegierten Jugend, der Faulheit und Unsensibilität –, wohingegen Lawrence' Herkunft aus der Arbeiterklasse mit den entgegengesetzten Urteilen belegt wurde. Frieda ist nicht nur der kraftstrotzende, derbe weibliche Körper, im Gegensatz zu Lawrence' ausgemergeltem Fleisch und gepeinigtem männlichem Geist. Sie ist zusätzlich noch die teutonische Barbarin, der seine verfeinerten moralischen Skrupel und Intelligenz gänzlich verschlossen bleiben müssen. Alle Sympathien sind auf der Seite von Lawrence, dessen Seelenpein ihn in den Tod treibt, während Frieda, die gesunde Überlebende, als unsensibel, wenn nicht gefühllos, abgetan wird. In den Worten Barbara Barrs:

Manche Leute haben meine Mutter sehr schlecht behandelt. Sie war eine geschiedene Frau, ohne ihre Kinder, was sie verletzlich machte; die Leute wollten sie niedermachen, besonders die Frauen... Als junge Frau war sie schön... sie war auch sensibel, sie hatte ihren Stolz, abfällige Bemerkungen über ihre Erscheinung gefielen ihr gar nicht, und sie war verletzlich... Doch sie schüttelte es ab, sie ließ es durchgehen und vergab ihnen. Sie hatte solch eine große Lebensfreude, eine ganz grundlegende Fähigkeit.

Die Forschung hat – ebenso wie D. H. Lawrence – in der Wahrnehmung Friedas die Entwicklung von der Frau als Göttin zur Frau als verschlingender Mutter und Biest durchlaufen und den Puritanismus reproduziert, der das Denken Lawrence' durchzieht. Keith Sagar wechselt von der Beschreibung Friedas als »ein hübsches und lebhaftes Mädchen« im Alter von siebzehn zu Frieda als erwachsener Frau, die »unmoralisch, unordentlich, verschwenderisch, im Haushalt völlig unfähig [war] und lang im Bett lag, wo sie sich den ganzen Tag mit einer Zigarette im Mundwinkel räkelte und von jedem Bedienung und Untertänigkeit als ihr angeborenes Recht erwartete... Frieda war eine ungewöhnliche Mischung aus Offenheit und Vorurteilen, Naivität und gemeiner Verschlagenheit, Intelligenz und Dummheit... In sexueller Hinsicht war sie gänzlich unmoralisch«.[13] Feinsteins Porträt von Frieda in *Lawrence's Women* (1993) zeigt ebenfalls deutliche Züge von Geringschätzung, so als hätte Friedas Charakter Lawrence' moralischer Stärke Abbruch getan.

Schon die Sprache dieser Beschreibungen ist vorurteilsbeladen. Warum sollte Frieda es nicht vorziehen, zu rauchen oder zu lesen, statt Haushaltspflichten nachzukommen? Warum muß eine Frau mit solch negativen Attributen versehen werden, wenn sie puritanischen Idealen häuslichen Fleißes nicht entspricht? Dazu kommt, daß Friedas Gefühlsleben vollständig unberücksichtigt bleibt. War dieses Verhalten reine Faulheit oder Ausdruck tieferer, nicht sogleich offensichtlicher Gefühle?

Henry Millers Bemerkung, »Frieda ist in jeder Biographie übelmeinend dargestellt«, ist eine Untertreibung. Von so unterschiedlichen Männern wie Koteliansky oder Leavis zu so verschiedenen Frauen wie Luhan oder Feinstein ist Frieda als die faule, aristokratische deutsche Ehefrau des fleißigen englischen Arbeitersohnes Lawrence mythologisiert worden; er ist der Held, sie der Bösewicht. Doch Millers Forderung »Aber Frieda verdient auch Gerechtigkeit« bekommt in seiner eigenen hysterischen Huldigungsschrift an Lawrence einen ironischen Beigeschmack.

In der burlesken Version Millers treten die Verzerrungen, die in so vielen Interpretationen Friedas und Lawrence' angelegt sind, offen zutage und erreichen einen drastischen Höhepunkt. Lawrence ist jetzt ein »armer, gehetzter Mann... ein kranker Mann... mißverstanden, verfemt, abgelehnt... Du [Lawrence] plagtest dich ab, du schriebst dir hohle Wangen an, du betteltest um eine Brotkruste, damit Frieda etwas zu essen hätte.« Sie »machte ihn wirklich kaputt«. In ihrer »unglücklichen Ehe« wird Frieda zu einer medeagleichen Figur, die sich an Lawrence' Genitalien »wie ein Geier krallte« und drohte, seine gesamte Lebenskraft auszusaugen: »Wie der harte hurenhafte Mund der Frau, die du liebtest, deine geierähnlichen

28

Gesichtszüge aushöhlte und dein feines sensibles Gesicht sich zu einer raubgierigen Kralle verziehen ließ. Wenn deine Worte sich einkrallten und aufrissen, dann war es ihr harter Hurenschnabel, der sich in deine Seele gefressen hatte...«[14]

Frieda wehrte sich vehement gegen solche entstellenden Karikaturen ihrer Beziehung zu Lawrence. In ihrem Protestbrief an Leavis wies sie die Unterstellung, nicht »gut genug« zu sein, verächtlich zurück. »Ja, ich weiß, daß sie meinen, ich sei ›schlecht‹ für L. gewesen! Von ihrem beschränkten Blickwinkel aus war ich das! Das hätte ihnen so gefallen, wenn er ein zahmer kleiner Schriftsteller über nette, wohlerzogene kleine Leute gewesen wäre! Pah!«[15] An Koteliansky schrieb sie: »Du sagst mir, ich hätte ihm gegenüber versagt. Dein ›Denkprozeß‹ bekommt Dir nicht sehr gut; er beraubt Dich Deiner Sensibilität, sonst könntest Du nicht solch eine herzlose und grausame Äußerung mir gegenüber machen. Es ist mein Schatz, mein Ruhm, meine tiefste Überzeugung, daß ich Teil seines Lebens war, und kein unbedeutender... Du kannst es überall in seinem Werk nachlesen.«

Es wäre aber auch irreführend, dem Inhalt eines Klappentextes folgen zu wollen, der Frieda zu »einer der dynamischsten und aufregendsten Figuren des zwanzigsten Jahrhunderts«[16] zu erheben versucht, oder wie ihr Biograph Lucas zu behaupten, »niemals hat eine Frau, von einem Dichter interpretiert, das moralische Klima ihrer Zeit in gleichem Maße verändert.«[17] Alles in allem steht eine fundierte Gegendarstellung zu den meist außergewöhnlich feindseligen Porträts von Frieda Lawrence bis heute aus. Das soll nicht heißen, daß die Fakten ihres Lebens falsch aufgezeichnet worden wären, sondern daß man die Art und Weise, *wie* sie dargestellt wurden, als untrennbar von einem kulturellen Prozeß erkennen muß, der Männer und

29

Frauen in stereotypen Gegensätzen polarisiert und männliche Kreativität mit der Aura des Überlegenen und Geheimnisvollen umgibt.

Frieda, eine Frau in unmittelbarem Kontakt mit dieser Kreativität, wurde als Muse, Gefährtin und biestiges Weibsstück gedeutet. Als positiv wurde sie dann gesehen, wenn sie die schöpferische Tätigkeit Lawrence' unterstützte; als negativ, wenn sie sein Schreiben ablehnte, kritisierte, sich ihm widersetzte, ihm nicht ausreichend häuslichen Rückhalt bot oder einfach von ihm abrückte und ihren eigenen Bedürfnissen folgte. Je mehr sie sie selbst war, desto mehr Vorwürfe trafen sie. Weil Lawrence bei der Hausarbeit mithalf, war Frieda eine faule Schlampe. Lawrence war der schreibende Mann und Frieda das unordentliche, nörgelnde Ehegespons. Wenn Lawrence sich kreuzigte, dann war es Frieda, die ihn verurteilt hatte. Wenn sie sich gegen Lawrence' Beleidigungen wehrte, war sie schwierig, bösartig und schikanös.

Jede von Friedas Tugenden ist in ihr Gegenteil umgedeutet worden. Ihre Offenheit, Flexibilität und Großzügigkeit sind als mangelnde Kritikfähigkeit oder ungenügende Auslastung mit eigenen Aufgaben interpretiert worden. Leavis sieht ihre ausgiebige Romanlektüre als Zeichen ihrer Untätigkeit (auch wenn er in einem weniger privaten Rahmen nichts wesentlich anderes tat). Lucas nennt sie »widersprüchlich, unbeständig und flatterhaft«. Da für Frieda gesellschaftlicher Aufstieg nicht von Bedeutung und sie auch wenig an elitären Dingen interessiert war, hat man ihr vorgeworfen, dumm und naiv zu sein. Maria Huxley behauptete, Lawrence möge Frieda, »weil« sie »ein Kind« sei. Wenn sie eine etwas erwachsenere Rolle spielte – Charakterstärke oder einen festen Willen zeigte –, wurde sie als weniger attraktiv angesehen und beschuldigt, dickköpfig und tyrannisch zu sein. Ihre Verweigerung, sich der akademischen Intelligenz anzubiedern, brachte sie als »dumm« in Verruf. Ihr Stoizismus und ihr zufriedenes Naturell wurden als Mangel an tiefgehendem Gefühl und als Oberflächlichkeit angesehen. In dem mythologischen Gespinst, mit dem man sie umgeben hat, kann die historische Person Frieda nie Gestalt annehmen.

Wie Miller es in seiner einseitigen Studie von Lawrence zusammenfaßt: »Frieda war für ihn absolut notwendig, und Frieda war für ihn die einzige Frau in der Welt. Sie war *die Frau,* wie er selbst gesagt hat, und wie sehr er die Frau als solche brauchte, bedarf kaum einer besonderen Erwähnung. Frieda war der Inbegriff der Frau... die geheimnisvolle, unergründlich fremde Frau, die Lawrence liebte, wie nur je ein Mann eine Frau geliebt hat... *die lebende Person Frieda kümmert mich nicht*« (meine Hervorhebung).[18]

Mehr als ein halbes Jahrhundert lang ist Frieda Lawrence mit den symbolbeladenen Projektionen vom archetypisch Weiblichen belegt worden, von Demeter, Diana und »Mutter des Orgasmus« zu Aphrodite, Walküre, Teufelin und Hure. Wie wir im nächsten Kapitel sehen werden, war es Friedas Sexualität, um die sich die abenteuerlichsten – im positiven wie im negativen Sinne – Legenden rankten.

Friedas Männer:
»Befriedigtes Verlangen«

Was wohl möchten Männer von Frauen empfangen?
Die Gesichtszüge von befriedigtem Verlangen.
Was wohl möchten Frauen von Männern empfangen?
Die Gesichtszüge von befriedigtem Verlangen.

WILLIAM BLAKE, »THE QUESTIONS ANSWER'D«

Nach Friedas Tod schrieb Huxley:

Frieda und Lawrence hatten zweifellos ein inniges und leidenschaftliches Liebesleben. Aber das hinderte Frieda nicht, gelegentlich Verhältnisse mit preußischen Kavallerieoffizieren und italienischen Bauern zu haben, die sie eine Saison lang liebte, ohne daß ihre Liebe zu Lawrence und der tiefe Glaube an seine Genialität in irgendeiner Weise beeinträchtigt wurden.[19]

Diese Unterstellung, Frieda habe es mit der ehelichen Treue nicht so genau genommen, ist der vorherrschende Tenor in der Diskussion über ihre Sexualität, Lawrence' moralische Integrität habe ihr gefehlt, weswegen sie seiner nicht wirklich würdig gewesen sei: »Sie war bei weitem keine perfekte Partnerin – in Liebesdingen konnte sie verräterisch sein, und sie erwies sich als fähig, Lawrence zu betrügen...«[20]

Diesen übelmeinenden Gerüchten zufolge könnte man zu dem Schluß gelangen, daß Frieda mit halb Mapperley, München und Mexiko ins Bett gegangen sei. Doch gemessen an heutigen Standards war ihr sexuelles Verhalten keineswegs auffallend und direkt mit ihren emotionalen Bedürfnissen zur jeweiligen Zeit verbunden. Es ist zweifelsfrei erwiesen, daß sie nur wenige Liebhaber hatte und ihre drei Ehen eine beträchtliche Zeit hielten: fünfzehn Jahre mit Weekley, achtzehn mit Lawrence, sechsundzwanzig mit Ravagli.

Daß Friedas Sexualität als unersättlich dargestellt wird, ist ein Beispiel dafür, wie mächtige oder erotische Frauen immer und immer wieder in Monstren verwandelt werden.[21] Um einige dieser negativen Unterstellungen zu entkräften, möchte ich mich nun den wichtigsten Männergestalten in Friedas Leben zuwenden – von ihrem Vater bis zu ihrem dritten Ehemann – und die verschiedenen Einflüsse erörtern, die ihre Einstellung zur Liebe und dem Stellenwert des sexuellen Erlebens geprägt haben. Denn, weit davon entfernt, daß Lawrence Frieda befreite, wie der Mythos es will, war Friedas Liebes- und Lebensphilosophie in vielerlei Hinsicht bereits gefestigt, als sie Lawrence kennenlernte. Und es war *ihre* Überzeugung von der Wichtigkeit von Intimität und Erotik, die zu Lawrence' Konzentration auf diese Themen in seinem Werk führten.

Friedrich von Richthofen

Ich hielt ihn für die Vollkommenheit auf Erden. Und schon als kleines Kind tat er mir leid, wie mir instinktiv alle Männer leid taten.

FRIEDA LAWRENCE, MEMOIRS

Friedas Stellung innerhalb der Familie schuf eine besonders enge Bindung an ihren Vater. Während ihre älteste Schwester Else die Rolle des klugen, ersten Kindes übernahm und die Jüngste, Nusch, als die Schöne galt, wurde Frieda der Wildfang der Familie. Ihr erster Vorname, Emma, wurde früh von ihrem dritten, Frieda – einer weiblichen Form von Friedrich –, verdrängt, was sie mit ihrem Vater verband, als sei sie der Sohn, den er nie hatte. Friedas erstaunliche Gleichgültigkeit gegenüber weiblicher Eitelkeit wie auch ihr Desinteresse an den meisten Spielen der Frauen mögen von dieser frühen Rolle herrühren.

Ihr Vater stammte aus der deutsch-polnischen Aristokratie. Seine Vorfahren waren im diplomatischen Dienst tätig und lebten auf böhmischen Landgütern. Mit siebzehn trat von Richthofen in die preußische Armee unter Bismarck ein und diente von 1870 bis 1871 als Offizier im Deutsch-Französischen Krieg. Später entdeckte Frieda seine Kriegstagebücher und übersetzte sie ins Englische. Sie waren in einem »Maschinengewehrstil« geschrieben, wie sie es nannte, und vermittelten eine Szenerie der Brutalität, Gewalt und Aggression. Von Richthofen wurde beim Angriff auf Straßburg verwundet und geriet in Kriegsgefangenschaft. Im Alter von fünfundzwanzig Jahren wurde er ehrenhaft aus der Armee entlassen, mit einem Eisernen Kreuz als Auszeichnung und einer verkrüppelten rechten Hand.

Er zog nach Metz, wurde preußischer Beamter und heiratete Friedas Mutter, Anna Marquier, doch seine Begeisterung für die Ideale des Militärs blieben erhalten. Bei der Arbeit war er Bürokrat, der die deutsche Ordnung gegenüber der französischen Bevölkerung durchsetzte; zu Hause war er Autokrat, dessen Autorität als einziger Mann in einer Familie von vier

Frauen unanfechtbar war. Frieda beschrieb seine Moralvorstellungen als die eines unnachgiebigen und selbstgerechten Patriarchen, dessen Auftreten und Eigenschaften klassisch männlich waren: »An der Wand hinter ihm hingen eine Reihe Gewehre zwischen Wildschweinköpfen und Gemsenköpfen und Hirschen, die er geschossen hatte.«[22]

Doch seine aufrechte Persönlichkeit umgab ein Schatten. Wie sein Vater und Großvater, die einen Gutteil des Familienvermögens durch unüberlegte geschäftliche Investitionen verloren hatten, war von Richthofen ein heimlicher Spieler. Mit seinen Spekulationen verschleuderte er einen großen Teil des Familieneinkommens und machte so die Hoffnung auf eine Mitgift für seine Töchter zunichte. Besonders für Frieda, die ihren Vater vergöttert hatte, muß die Aufdeckung dieses verborgenen Lasters eine tiefgreifende Wirkung gehabt haben; von Richthofens Selbstglorifizierung hatte eine schmachvolle Kehrseite.

Interessanterweise hatte, bei solch einer trügerischen Vaterfigur, keine der von-Richthofen-Töchter eine erfolgreiche erste Ehe, noch waren ihre Beziehungen zu Männern je unkompliziert. Else heiratete Edgar Jaffe, Professor für Nationalökonomie in Heidelberg, verliebte sich aber tragisch in den Soziologen Max Weber, den Mann einer ihrer besten Freundinnen. Friedas Ehe mit Weekley zerbrach und endete mit dem Skandal ihrer Flucht mit Lawrence. Nusch wiederholte die Mesalliance ihrer Eltern noch offensichtlicher, als sie Max von Schreibershofen heiratete, der sich später als unverbesserlicher Spieler entpuppte.

Friedas widerstreitende Gefühle für ihren Vater – sein Erfolg in der Öffentlichkeit und sein Versagen im Privatleben – wirkten sich auf all ihre zukünftigen Beziehungen zu Männern aus. Wie ihr Vater lösten andere Männer in ihr sowohl Mitleid als auch Bewunderung aus, und die Unfähigkeit des anderen Geschlechts, sie einzuschüchtern oder ihr Angst einzujagen, muß daher rühren. Photos von ihr in Mexiko in den 1920ern zeigen sie in der Wüste mit ihren männlichen Freunden als »einen von den Jungs« (siehe Abbildung 8). Sie weigerte sich, Männern zu schmeicheln, und blieb ihrem Gehabe gegenüber gleichgültig.

Ihre autobiographische Prosa belegt, wie tief die Liebe zwischen ihr und ihrem Vater gewesen sein muß, sie zeigt aber auch die Gefühle einer Frau, die eher auf einen Mann hinunterschaut als zu ihm hinauf. In ihren Männerbeziehungen wiederholte sich diese Ambivalenz; besonders in ihrer ersten Ehe mit Weekley mischten sich Liebe mit Mitleid, Zärtlichkeit mit Distanz, Mitgefühl und Bewunderung mit Verachtung.

Im nachhinein betrachtet, lassen sich Züge aller ihrer späteren Liebhaber in der Person ihres Vaters entdecken: Weekley mit seinem Festhalten an schalen Konventionen und Tabus; Lawrence mit seiner unsicheren Männlichkeit; Ravagli mit seinen militärischen Vorlieben und geheimem Doppelleben. Es scheint, als läge das Bild, das Frieda aus ihren prägenden Kinder- und Jugendjahren in sich trug, all ihren Begegnungen mit dem anderen Geschlecht zugrunde und drücke diesen den Stempel tiefster Zwiespältigkeit auf.

Ernest Weekley

Ich kann nicht vergessen, daß er sich ein Bild von mir gemacht hatte und nichts über mein wahres Ich wußte.

BRIEF VON FRIEDA AN MONTY, 1953

In Friedas Jugend gab es ein paar harmlose Liebeleien. Einer kurzen Romanze im Alter von sechzehn mit einem entfernten Cousin, Fähnrich Kurt von Richthofen, folgte eine weitere mit Leutnant Karl von Marbahr. Marbahrs militärische Ambitionen setzten die finanzielle Unterstützung einer vermögenden Frau voraus, und Friedas mangelnde Mitgift machte ihre Liaison unmöglich. Doch 1944 nahm er den Kontakt zu Frieda wieder auf, als er sie in der Beschreibung Connies aus *Lady Chatterley's Lover [Lady Chatterley]* erkannte.

Sie ist fein, sie ist einmalig, sie weiß nicht, wie fein sie ist... Genauso warst Du vor langer Zeit, als ich Dich sehr gerne hatte; ein wenig naiv und unbefangen, zugleich stark und doch sehr feminin, kein Blaustrumpf.[23]

Frieda wurde klar, daß ihre Heiratsaussichten beschränkt waren. Auf der anderen Seite legte ihr die Mutter aber auch immer wieder nahe, jung zu heiraten. Unter diesen Umständen lernte Frieda Weekley kennen, als er sich 1897 zu einem kurzen Urlaub im Schwarzwald aufhielt.

Weekley war Jahrgang 1863 und stammte aus einer Familie der unteren Mittelschicht, das zweite von neun Kindern. Als sein älterer Bruder früh starb, nahm Weekley es auf sich, die Erwartungen der Familie zu erfüllen. Sein Vater war ein schlecht bezahlter Regierungsbeamter in London, doch trotz der begrenzten Mittel nutzte Weekley jede Bildungsmöglichkeit, von einem kostenlosen Platz im Internat angefangen. Im Alter von siebzehn hatte er die Ausbildung zum Lehrer abgeschlossen, machte einen Abschluß an der London University, studierte an der Universität Bern Germanistik, dann Mittelenglisch und moderne Fremdsprachen in Cambridge. Einem Jahr in Paris an der Sorbonne und einer Dozentenstelle an der Universität Freiburg folgte das Angebot einer Professur am University College in Nottingham. Vor dem Antritt dieser neuen Stelle bereiste er Deutschland.

Seine Begeisterung für Frieda – der ersten Frau in seinem Leben –, die schön, lebhaft, warmherzig und intelligent war, ist leicht nachzuvollziehen. Weekleys Anziehungskraft auf Frieda ist dagegen schwerer zu verstehen, und ihre ältere Schwester hielt die Verbindung für einen großen Fehler. Doch Weekley war fünfzehn Jahre älter und hatte keine der Schattenseiten ihres Vaters. Sie spürte in seinem Innersten eine feine Intelligenz, etwas, was ihrer Familie abging und was sie beeindruckte – sie nannte es »moralische Gewissenhaftigkeit«.

Ihre Ehe war jedoch von Anfang an eine tiefe Enttäuschung für Frieda. Weekleys Leben als pflichtbewußter Sohn und Gelehrter ließ ihn zu einem langweiligen Gefährten werden, der mit seinen Studien und Texten vollauf beschäftigt war. In Friedas Schriften wird er eine Casaubon-Figur, die nicht in der Lage ist, die gefühlsmäßigen, sexuellen oder psychischen Bedürfnisse seiner Frau zu erfüllen. Seine vielfältigen Aufgaben ließen ihm wenig Zeit für Vergnügungen. Als Leiter der Abteilung für moderne Sprachen am Nottingham College waren fünf volle Werktage mit Lehre und Verwaltungstätigkeiten ausgefüllt; an drei Abenden in der Woche unterrichtete er Fremdsprachen an Bildungsinstituten für Arbeiter; samstags hielt er in Cambridge Vorlesungen; zwischendurch schrieb er mehrere Unterrichtswerke, unter ihnen Bände über französische Prosaaufsätze, französische Schulgrammatik und Übungen im französischen Konjunktiv.

Vorehelicher Sex fand nicht statt, und ihr erster sexueller Kontakt in der Hochzeitsnacht verlief für Frieda enttäuschend. Im Gegensatz zu ihrer körperlichen Ausgelassenheit und Vitalität war Weekley zögerlich, nervös und ängstlich. Doch der zwanzigjährigen Frieda muß sein emotionaler Rückzug aus Unsicherheit dennoch wie eine Zurückweisung erschienen sein. Sie hatte immer das Gefühl, daß ihr Appetit auf Leben für ihn zu überwältigend war: »Ich erinnere mich, wie ich am Anfang unserer Ehe diese schmale Treppe herunterrutschte und er aus seinem Studierzimmer geschossen kam und sagte: ›Mein Gott, ich bin mit einem Erdbeben verheiratet.‹«[24] Das Gefühl, daß ihre sexuellen Begierden übermäßig seien, wurde mit Sicherheit durch Weekleys späteren Entschluß, getrennt zu schlafen, noch verstärkt. Nach der Geburt ihres dritten Kindes hatten sie bereits getrennte Schlafzimmer und wenig oder keinen Sex.

Sie hatten getrennte Schlafzimmer – Frieda sagte einer Freundin, »er ziehe dies vor« –, ich glaube nicht, daß es nach meiner Geburt noch ein nennenswertes Sexleben zwischen ihnen gab.

Frieda versuchte, sich mit der Ehe abzufinden und sich den Erwartungen an eine bürgerliche Hausfrau im Vorort anzupassen – einkaufen, Besuche abstatten, die Haushaltsführung überwachen (sie hielt fest, daß die Köchin sie aus der Küche schickte, als sie zu helfen versuchte). Sie hielt ihren Verstand wach, indem sie viel las und deutsche Texte für den Schulge-brauch bearbeitete, unter anderem Schillers *Balladen,* doch sie war schnell von den vorhersehbaren äußeren Ereignissen ihres Lebens grundlegend gelangweilt. In ihrer fiktionalisierten Au-tobiographie ist sie voller Haß auf den Mann, mit dem sie in dieser Ehe gefangen saß, ein Abscheu, der sich auch gegen sich selbst richtet, weil sie ihren Käfig selbst gewählt hatte: »Ich habe immer gedacht, er kennt mich nicht... er war so verwurzelt in seinen festgefahrenen Ideen und konnte sich nicht ändern.«[25]

Wie Nora, die Frau in Ibsens *Ein Puppenheim* – ein Stück, das 1879 erstmals aufgeführt wurde, passenderweise in Friedas Geburtsjahr –, war Frieda in einer unbefriedigenden Ehe ge-fangen und wurde später dazu getrieben, einen Ausbruch in die Freiheit zu wagen. Wie Helmer in dem Theaterstück hinter-fragte Weekley nie seine Rolle, und er legte seiner Frau gegen-über ein bevormundendes Verhalten an den Tag, das zwischen Duldung und Kontrolle schwankte. Wenn Frieda Gefühlsaus-brüche hatte, nannte er sie freundschaftlich-herablassend »frech«. Frieda hatte ein deutsches Kindermädchen, Ida Wil-helmy, aus einer unglücklichen Stellung in Nottingham geret-tet und angestellt, um auf die Kinder achtzugeben. Weekley fragte sich nie, ob Friedas verbleibende häusliche Beschäfti-gungen – Klavier spielen, lesen, Briefe schreiben – ausreichten, um ihre menschlichen Bedürfnisse zu befriedigen. Wie Nora hatte Frieda gefährlich viel freie Zeit zur Verfügung.

Als das Unvermeidliche geschah und Frieda außerhalb der Grenzen ihrer mittlerweile sterilen Ehe nach Befriedigung suchte, schien Weekley nichts zu ahnen. Nicht vor 1912, als sie ihn verließ, um mit Lawrence zu leben, erzählte sie ihm, daß sie andere Affären gehabt hatte. Das war eine Eröffnung, von der Weekley sich nie vollständig erholte.

Bevor Frieda uns verließ, ging sie zu meinem Vater und erzählte ihm, daß sie andere Männer gehabt hätte. Es war ein fürchterlicher Schock für ihn. Er hielt sie für die reine weiße Schneeblume; er dachte, sie hätte ein völlig keusches Leben geführt.

Er reagierte mit moralischer Entrüstung: »Jeder Kompromiß ist undenkbar«, schrieb er Frieda im Mai 1912. »Wir sind keine Kaninchen.« Obwohl Weekley weitere vierzig Jahre lebte, war er nicht in der Lage, Friedas Verhalten zu vergeben oder zu verstehen. Er klammerte sich an seinen Schmerz und bezog sich wiederholt auf das Ereignis als auf »seine Tragödie«.[26] Von dem Moment ihres Abschieds an wurden jegliche Verbindungen zu Frieda gekappt und ihr Name zum Tabu erklärt.

Es war ein tödlicher Schlag für meinen Vater, von dem er sich nie mehr erholte. Er war ein außergewöhnlicher und liebens-würdiger Mann, ein Mann von Welt, doch was Frieda an-ging, war er wie ein mittelalterlicher Italiener, ohne Verzei-hen oder Vergessen. Er war zum Hahnrei gemacht worden, das fühlte er sehr stark. Er wurde eine ziemlich tragische Gestalt. Er hätte wieder heiraten können, doch er hatte das Gefühl, daß das unter seiner Würde wäre. Er lebte, was er als ein aufopferndes Leben für seine Kinder bezeichnete.
Wir hatten ein wundervolles deutsches Kindermädchen, das Frieda aus einem Haus in Nottingham gerettet hatte. Sie war erst um die zwanzig. Ida vergötterte Frieda; Jahre später sagte sie, daß sie ihr alles verdanke. Doch als Frieda fortging, entließ mein Vater Ida, weil er jede Verbindung zu Frieda und unserem früheren Leben abbrechen wollte. Es gab einen fürchterlichen Skandal in Nottingham.

41

Im Kontext des Englands zu Beginn dieses Jahrhunderts und Weekleys konservativer Herkunft – wunderbar festgehalten in dem außergewöhnlichen Photo von der Familienfeier anläßlich der goldenen Hochzeit seiner Eltern (siehe Abbildung 3) – ist es leicht zu verstehen, welche Folgen Friedas skandalöse Flucht gehabt haben muß. Frieda wußte selbst, daß der Schlag, den sie Weekley versetzt hatte, enorm war: »Ich habe ihn tief betrübt.« »Ich habe ihm solch schreckliches Leid zugefügt!«[27] Doch sie wußte auch, daß er seinen Schmerz durch das Festklammern an seiner moralischen Selbstgerechtigkeit hemmungslos anwachsen ließ und sie diejenige war, die die volle Wucht seiner Rache zu tragen hatte, als er ihr den Kontakt zu den gemeinsamen Kindern verweigerte. Jahre später konnte Frieda laut ihrer Tochter Barbara Barr eine lakonische Bemerkung auf Weekleys Kosten nicht unterdrücken.

Als ich Frieda erzählte, wie mein Vater über »seine Tragödie« sprach, sagte sie: »Und was will er mit seiner Tragödie machen, wenn er stirbt – sie Onkel George in seinem Testament vermachen?«

Trotz aller Eigenheiten, die Weekley gehabt haben mag, steht seine Liebe zu Frieda und den Kindern außer Zweifel. Briefe, die er nach der Geburt ihrer drei Kinder schrieb – die tiefen Stolz auf die Kinder und große Erleichterung darüber zeigen, daß Frieda wohlauf war –, sind bewegende Dokumente. Wenn in der Familie schlecht über die von Richthofens gesprochen wurde, erklärte Weekley Frieda zur Ausnahme: »Sie war die Beste.« In seiner D. H. Lawrence-Biographie behauptet H. T. Moore, daß Weekley Frieda nach Lawrence' Tod einlud, wieder seine Frau zu werden[28], und nach seinem Tod im Jahre 1954

wurden in seinen Schreibtischschubladen Photos von ihr gefunden, Photos von ihrer Hochzeit und frühen gemeinsamen
Zeit.

Frieda würdigte diese Liebe nach seinem Tod, als sie 1954 an
ihren Sohn Monty schrieb:

> Er war in jeder Hinsicht ein guter Mensch, nach seinem
> Vermögen. Ihr könnt euch glücklich schätzen, so lange Zeit
> solch einen guten Vater gehabt zu haben, und ihr wart ihm
> gute Kinder; das muß euch eine große Befriedigung sein. Sah
> er im Tode schön aus? Seine Generation ist schon fast ver-
> schwunden. Wie die Weizenernten, die aufeinander folgen.[29]

Dennoch wußte sie, trotz all ihrer Verantwortung für die Wun-
den, die sie ihm zugefügt hatte, daß sie nicht die Ursache allen
Leidens Weekleys war; es war in seinem Charakter selbst
angelegt: »Nicht ich habe eine tragische Figur aus ihm gemacht, die Tragödie war bereits da, bevor ich ihn kennenlernte.«[30]

Will Dowson

> Ein wunderbarer Freund besaß eines der ersten Automobile
> in England. Er fuhr oft mit ihr in den Wald ... dann fühlte sie
> sich wieder lebendig ...
>
> FRIEDA LAWRENCE, MEMOIRS

Um die Langeweile ihres Ehelebens zu durchbrechen, hatte
Frieda eine kurze Liebesaffäre mit dem Seidenfabrikanten Will
Dowson aus Nottinghamshire, der auch Pate ihrer jüngsten

Tochter war. Dowson, der mit einer Suffragette verheiratet war, schien die politisch bedingte Abwesenheit seiner Frau genutzt zu haben, um währenddessen – er besaß eines der wenigen Autos im Bezirk – mit Frieda zu romantischen Plätzchen im Sherwood Forest zu fahren.

Dies war ihre erste außereheliche Affäre – eher eine Freundschaft, um die Eintönigkeit etwas aufzulockern, als ein tiefergehender Bund. Frieda äußerte sich in ihren Schriften nur äußerst gelangweilt darüber, doch als Dowson einige Jahre später hörte, daß sie mit Lawrence durchgebrannt sei, schrieb er ihr in einem halb vorwurfsvollen Brief: »Wenn Du schon fortlaufen mußtest, warum hast Du es dann nicht mit mir getan?« Durch eine merkwürdige Freudsche Fehlleistung ließ Frieda (unabsichtlich?) diesen Brief in dem Exemplar von *Anna Karenina* liegen, das sie und Lawrence gerade gelesen hatten und das sie daraufhin Weekley schickte – in der eher naiven Hoffnung, daß er daraus eine Lehre ziehen und lernen würde, Mitgefühl für eine Frau und Mutter zu entwickeln, die fortgegangen war. Es ist kaum verwunderlich, daß Weekley weder auf den Roman noch auf den Brief begeistert reagierte. Mit einiger Bitterkeit sandte er Dowsons Brief zurück, nicht an Frieda, sondern an Lawrence, ohne Kommentar, als wolle er Friedas Unbeständigkeit und moralische Verderbtheit unterstreichen.

Als Frieda von dieser Männerkorrespondenz erfuhr – bei der sie nicht direkt angesprochen wurde, als sei sie nichts als ein Tauschgegenstand zwischen ihnen –, war ihre Reaktion typisch ironisch: »Das ist die Freimaurerei zwischen den Männern.«[31]

Otto Groß

> Er lehrte mich, an die Liebe zu glauben – an die Heiligkeit
> der Liebe. Er zeigte mir, daß die Ehe und all diese Dinge auf
> Furcht basieren. Wie kann Liebe falsch sein?
>
> D. H. LAWRENCE, MR. NOON

Zwischen 1899 und 1912, als ihr tieferes Leben im Wartezu-
stand verharrte, stattete Frieda ihrer Familie in Deutschland
mehrere Besuche alleine ab. Dabei wohnte sie oft bei ihrer
älteren Schwester Else, die damals noch mit Edgar Jaffe verheiratet war.

Anders als Frieda hatte sich Else ganz der intellektuellen
Emanzipation der Frauen und der Bewußtseinsbildung über
soziale Mißstände verschrieben. Sie war eine der ersten Studen-
tinnen an der Universität Heidelberg, Protegée und Objekt der
Liebe von Max Weber, der ihre Doktorarbeit betreute, und
eine der ersten weiblichen Fabrikinspektorinnen in Deutschland. Mit Jaffe lebte Else zuerst in Heidelberg, dann später in
München und hatte Kontakt zu einigen von Europas radikal-
sten Kulturtheoretikern. Tief beeinflußt von Weber und heimlich in ihn verliebt, leistete sie wie er Widerstand gegen das
Deutschland Bismarcks und unterstützte seine Ideen weitrei-
chender sozialer Reformen.

Für Frieda, die in Mapperley mit einem Ehemann festsaß,
der sich mehr für semantische als für politische Theorien zu
begeistern vermochte, bedeutete die Zeit unterwegs eine ungeheure Befreiung. Dies war insbesondere 1907 der Fall, als viele
der radikalen Ideen in dramatischer Weise eine persönliche
Bedeutung für sie erlangten. Es war das Jahr, in dem sie Otto
Groß kennenlernte, einen deutschen Arzt, ehemaliger Student

Freuds und Autor von *Die Sekundärfunktion des Gehirns* (1902), ein Werk, das von manchen als Vorwegnahme von Jungs *Psychologische Typen* (1920) angesehen wird. Groß war der Sohn eines Kriminologen, und sein Leben war eine Folge von Reaktionen gegen eine außerordentlich strikte Erziehung. Als Frieda ihn kennenlernte, war Groß bereits von Freud entfremdet und verfolgte vornehmlich seine eigenen, abweichlerischen Theorien.

Frieda erfuhr in der kurzen, aber intensiven Liebesbeziehung mit Groß zum ersten Mal, daß eine Einswerdung mit dem Geist und Körper eines anderen möglich war; dies bedeutete eine sexuelle Erfüllung für sie, die sie zuvor nicht gekannt hatte. Sie erinnerte sich stets daran als einen wichtigen Wendepunkt in ihrem Leben. Im zweiten Kapitel von *Nicht ich, aber der Wind . . .* ist Groß der »bedeutende Freud-Schüler«, der sie »zum Bewußtsein meines wirklichen Ich« erweckte, ohne das, wie sie fühlte, sie nicht in der Lage gewesen wäre, eine so tiefgehende Verbindung zu Lawrence herzustellen. Der andauernde Eindruck, den Groß auf Frieda ausübte, taucht fast wie ein Manifest in Lawrence' *Mr. Noon* auf, wo die Frau (Frieda) Gilbert (Lawrence) von ihrer Affäre mit Eberhard (Groß) erzählt:

Er lehrte mich, an die Liebe zu glauben – an die Heiligkeit der Liebe . . . es kann keine Liebe ohne Sex geben. Und es ist so wahr. Liebe ist Sex. Denn man kann nicht all seine Liebe allein im Kopf haben . . . Sex ist Sex, und er sollte einen angemessenen Ausdruck finden . . . Und in niemandem regt sich ein starkes Gefühl, das nicht auch einen Anteil von Sex in sich trüge . . .

Auf einer innerlichen Ebene war die Beziehung zwischen Frieda und Groß tiefgehend und beruhte auf Gegenseitigkeit. Ihr langer Briefwechsel bezeugt die beiderseitige tiefe Wirkung und Wertschätzung ihres Kontaktes. Insbesondere Groß' Briefe zeigen seine Dankbarkeit und gefühlsmäßige Großzügigkeit, etwa wenn er Frieda ihres Wertes versichert – eine Bestätigung, die ihr inmitten der öden und deprimierenden Jahre ihrer ersten Ehe besonders viel bedeutet haben muß, als sie »wie eine Schlafwandlerin durch ein konventionell festgelegtes Leben« ging. »Ich bin dankbar«, schrieb sie, »daß Du existierst... Du gibst mir die wunderbare Kraft, zu einem wahrhaft menschlichen Wesen zu werden und gleichzeitig für eine Idee zu leben.«

Ihre Erfahrungen mit Groß überzeugten Frieda von der Bedeutsamkeit erotischer Leidenschaft als Ausdruck der Liebe, von ihrem Recht, diese für sich zu beanspruchen, und von der Macht des Unterbewußten. Auch wenn sich Frieda mit Freuds Theorien nie besonders tiefgehend beschäftigte, bekam sie durch Groß eine Einführung in die wesentlichen Ideen der Psychoanalyse, und das war ihr ein ebenso großes Geschenk wie die sexuelle und emotionale Erfüllung, die sie mit ihm fand.[32] Diese bestätigten, was sie schon vorher über das tiefere Leben der Psyche erahnt hatte.

Was Frieda von Freud übernahm, ausgelöst durch diese Begegnung mit Groß, war die explizitere und theoretischere Version dessen, was sie zuvor intuitiv erfaßt hatte: daß der Mensch von tiefen, unterbewußten Kräften, insbesondere psychosexueller Natur, getrieben wird. Instinktiv spürte sie die Richtigkeit von Freuds These, daß die strikte Trennung von sogenanntem »normalem« und »unnormalem« Denken künstlich sei, daß es weder einen prinzipiellen Unterschied zwischen dem »Abweichenden oder Kriminellen« und dem Gesetzestreuen gäbe, noch zwischen dem »Moralischen« und sogenannten »Unmoralischen«. Aus ihrer Vorstellungskraft heraus konnte sie sich mit all diesen Positionen identifizieren und erkennen, daß Moral, ethische Regeln, Begriffe von »gutem« oder »schlechtem« Verhalten nicht absolute Werturteile, sondern relative, menschengemachte Konstruktionen darstellen, die unserem Handeln auferlegt werden. Sie schrieb, daß es in unser aller unbewußtem Leben ein anderes Selbst gäbe, eine Schattenseite (wie sie es bei ihrem Vater erlebt hatte) – eine dunkle Doppelgängerin, die »stehlen, lügen, morden und einen anderen Mann lieben kann, wenn sie verheiratet ist«. Wie Lawrence konnte Frieda sich in ihrer Vorstellungskraft aus den Grenzen ihres eigenen Lebens hinausbewegen. Ein entscheidender, wenn auch oft vernachlässigter Aspekt an Friedas Affäre – einer, der von Biographen meist übergangen wird, als wäre er ohne weitere Bedeutung – ist die Tatsache, daß Groß auch der Geliebte ihrer älteren Schwester gewesen war. Else wohnte 1906 bei Groß und seiner Frau (die ebenfalls Frieda hieß) und hatte zu jener Zeit ein Verhältnis mit ihm. Else hatte die Erfahrung ebenfalls als befreiend empfunden: eine Tagebucheintragung behauptet, sie habe zum ersten Mal ihre wahre Natur entdeckt (obwohl sie zu jener Zeit schon zwei Kinder hatte). Interessanterweise scheint der Umstand, einen gemeinsamen Liebhaber zu haben, kein Anlaß zur Eifersucht für die beiden von-Richthofen-Schwestern gewesen zu sein. Es wäre relativ einfach für Else gewesen, ein Treffen zwischen Groß und Frieda zu verhindern, statt es zu fördern, aber es herrschte eher eine Art Komplizenschaft zwischen ihnen, als wolle sie Frieda an dem Genuß ihres eigenen erotischen und emotionalen Erwachens teilhaben lassen.

Der kurze Kontakt mit der Psychoanalyse half Frieda auch bei der Bewältigung ihrer eigenen Traumata. Obwohl sie sehr unter der Trennung von ihren Kindern litt, war sie weitgehend frei von Schuldgefühlen.

Groß jedoch wurde zum traurigen Opfer seiner freiheitlichen Ideen, was ohne Zweifel der Grund dafür ist, warum Frieda ihn in *Nicht ich, aber der Wind...* nicht beim Namen nennt und keine Andeutungen über sein späteres Leben und seinen Verfall macht. Wie viele praktizierende Ärzte, Freud eingeschlossen, experimentierte Groß mit Kokain, konnte die Abhängigkeit jedoch, anders als Freud, nicht vermeiden. Seine Drogensucht führte zu verschiedenen Straftaten und Gewalttätigkeiten, und sein sexuelles Verhalten wurde immer anarchischer. Seine Frau, die zur Zeit der Affäre mit Frieda schwanger war, verließ er später wegen einer jungen Künstlerin. Groß' zunehmende Verwahrlosung führte schließlich zu seinem frühen Tod 1920 in einem Berliner Krankenhaus.

Doch der Schatten der zukünftigen Abhängigkeit und Straffälligkeit hing noch nicht über ihm, als Frieda und Groß ihre leidenschaftliche Affäre hatten; auch waren seine extremsten Ideen und Taten noch nicht zum Vorschein gekommen. In Theorie und Praxis gelangte er zur Ablehnung der Monogamie und vertrat individualistischen Hedonismus und sexuelle Erfüllung um jeden Preis; er verteidigte auch die Homosexualität. Was Frieda von ihm mitnahm, war eine frühere, gemäßigtere Version sexueller Freizügigkeit, die Lawrence' Zurückhaltung und Puritanismus näherstand.

Doch wie sehr der dramatische Niedergang von Groß Frieda auch dazu veranlaßt haben mag, ihre persönliche Verbindung herunterzuspielen, sollte sein Einfluß auf ihre innere Entwicklung doch nicht unterschätzt werden. Sie verlor seine Ideen nie aus den Augen und blieb ihren eigenen (vielleicht idealisierten) Ansichten von freier Liebe, wie sie dies mit ihm erlebt hatte, treu.

Einen größeren Kontrast zu Weekleys moralischer Verbissenheit als den bewußt amoralischen Groß kann man sich wohl nur schwerlich vorstellen. Die beiden Männer lebten in verschiedenen Welten, und als Ergebnis dieser leidenschaftlichen Begegnung fühlte Frieda sich von Weekley und allem, wofür er stand, noch weiter entfremdet. Die Welten von München und Mapperley, von freier Liebe und ehelicher Keuschheit, waren Welten auf Kollisionskurs, und Frieda, auch wenn sie ihre Begierden weitere fünf Jahre unterdrückte, war sich jetzt bewußt, daß ihre Unzufriedenheit und Frustration einen Grund und einen Namen hatten.

Ohne die Episode mit Groß, den moralischen Rückhalt und das Verständnis, die sie daraus bezog, hätte Frieda möglicherweise nicht die Kraft gefunden, um sich von den herrschenden Moralvorstellungen zu befreien, die sie an die gesellschaftlichen Konventionen fesselten.

Doch so war der Nährboden für die Rebellion schon bereitet, als Lawrence 1912 in ihr Leben trat. All die unterdrückte Sexualität und Lebenslust und Liebe, die mit Groß' Hilfe ins Leben gerufen worden waren, warteten verzweifelt auf ihre Erfüllung.

D. II. Lawrence

Ich glaube, daß mein tiefstes Empfinden für L. ein profundes Mitgefühl war.

BRIEF VON FRIEDA AN JOHN MIDDLETON MURRY, 1951

Niemand scheint einen Begriff von der Qualität der Beziehung zwischen Weekley und mir zu haben, von ihrem innersten Wesen.

BRIEF VON FRIEDA AN F. R. LEAVIS, 1956

D. H. Lawrence war die zentrale Männerfigur in Friedas Gefühlsleben. Auch wenn sie beide andere Beziehungen hatten, fühlten sie sich doch tief verbunden. Es war durch ihre Beziehung – in ihren besten Momenten –, daß sie sich eins mit sich selbst und der Welt fühlten. Dieser Zustand des Eins-Seins ist von Lawrence in *Phoenix [Phönix]* als quasi mystische Hingabe beschrieben worden: »Wenn ich meine ganze, leidenschaftliche, geistige und körperliche Liebe der Frau darbringe, die mich dafür wieder liebt, ist das meine Art, Gott zu dienen.« Diese Liebe war ihre Form von Religion.

Die Fakten der frühen Jahre Lawrence' sind zur Genüge dokumentiert worden. Er wurde am 11. September 1884 als David Herbert Lawrence in Eastwood, Nottinghamshire, geboren, als viertes von fünf Kindern. Sein Vater, Arthur Lawrence, war ein Kohlebergarbeiter, seine Mutter, Lydia Beardsall, hatte vor der Eheschließung als Lehrerin gearbeitet. Mit zwölf gewann Lawrence ein Stipendium für die Nottingham High School, arbeitete als Buchhalter und wurde dann, nachdem er schwer an Lungenentzündung erkrankt war, Lehrer, zuerst an einer Schule in Eastwood, dann in Ilkeston, Derbyshire. Mit Hilfe eines weiteren Stipendiums besuchte er von 1906 bis 1908 das University College in Nottingham, wo Professor Ernest Weekley einer seiner Mentoren war. Weekleys Frau sollte er jedoch erst kennenlernen, nachdem er weitere dreieinhalb Jahre als Lehrer in Corydon, South London, gearbeitet hatte.

Bevor Lawrence im Frühjahr 1912 Frieda kennenlernte, hatte er intensive Beziehungen zu Jessie Chambers, Alice Dax, Agnes Holt, Helen Corke und Louisa Burrows unterhalten. Biographen haben seine vermutliche sexuelle Initiation in das Jahr 1909 verfolgt, dem Jahr seiner Affäre mit Alice Dax, einer Suffragette und Sozialistin, die ihrem Mann entfremdet war. So skandalös es war, hielt ihr Verhältnis doch etliche Monate, und Alice stand Lawrence 1912 immer noch nahe – sie war sogar eine der ersten, der er von Frieda erzählte. Parallel dazu war Lawrence Jessie Chambers lange Zeit freundschaftlich verbunden, bis die beiden dann im Jahre 1909 und Anfang 1910 eine Affäre haben.[33]

Als sie sich im Hause der Weekleys kennenlernten, war Frieda einunddreißig und Lawrence sechsundzwanzig; sie verstanden sich auf der Stelle. Doch überraschenderweise für einen Mann, der wiederholt sein Mißfallen an der Institution Ehe und sein Verlangen nach freier Liebe verkündet hatte, lehnte Lawrence Friedas Angebot, miteinander zu schlafen, ab. Sie machte ihm dieses Angebot wenige Wochen nach ihrer ersten Begegnung und lud ihn ein, die Nacht mit ihr zu verbringen, während Weekley nicht zu Hause war. Doch obwohl das Risiko für sie ungleich größer war als für ihn, bestand Lawrence darauf, daß sie zwischen ihm und Weekley wählte. Er zwang sie zur Entscheidung, Weekley von ihrer Liebe zu D. H. Lawrence zu erzählen, damit jeder Kompromiß und jede Heimlichtuerei von vornherein ausgeschlossen wären.

Frieda fühlte, daß es nur eine Entscheidung für sie gab, und innerhalb weniger Wochen hatte sie Nottingham, ihre Ehe, ihr Zuhause und ihre Kinder verlassen, um mit Lawrence in Europa und der Schweiz umherzuziehen – eine dramatische Flucht, die der von Mary und Percy Shelley ein Jahrhundert früher ähnelte oder der von Elizabeth Barrett und Robert Browning im Jahre 1845. Liebevoll nannte sie ihn Lorenzo, und von da an – abgesehen von Friedas Besuchen allein bei ihrer Mutter in Deutschland oder dem berühmten Zerwürfnis von 1923 – waren Lawrence und sie für die nächsten achtzehn Jahre praktisch unzertrennlich.

Nach ihrer verkümmerten und unterdrückten Existenz mit Weekley fand Frieda Lawrence vital und anregend. Er ermöglichte ihr ein volleres Leben, und ihr jugendlicher Überschwang kehrte zurück. Die Stimmung ihrer ersten gemeinsamen Jahre faßte sie in einem Brief an David Garnett vom Januar 1913 so zusammen: »Wir sind *wirklich* glücklich; obwohl wir wie die Teufel streiten, werden wir uns davon losmachen.« Ihre gegenseitige Anziehungskraft und Liebe läßt sich unmöglich bestreiten. Die positive Seite ihrer Beziehung wird in *Nicht ich, aber der Wind...* in glühenden Farben geschildert, weswegen ich mich diesem Aspekt nicht allzu ausgiebig zuwenden möchte. Dort destilliert Frieda das Beste aus ihrer gemeinsamen Zeit heraus und feiert das Geschenk ihrer Jahre mit Lawrence: seine Zärtlichkeit, seine Liebe zur Natur, daß er das Wunder des alltäglichen Lebens in ihr erweckte. Lawrence tat das, was Nabokov uns allen anrät: »Die göttlichen Details liebkosen« – die Kleinigkeiten, die unsere irdische Existenz ausmachen; und in diesem Sinne war jeder Moment, so Frieda, tatsächlich ein Wunder. Helen Dunmores Roman *Zennor in Darkness* (1993) entfaltet ein exquisites Porträt dieser Seite der Lawrenceschen Ehe. Er spielt 1917 in North Cornwall, als die beiden bis zu ihrer Ausweisung wegen Spionageverdachts in Higher Tregerthen wohnten, und porträtiert sowohl Frieda wie auch Lawrence als interessante, komplexe und sensible Charaktere.

Es war jedoch von Anfang an eine Verbindung voller Widersprüche, wenn nicht gar Gegensätze. Frieda war verheiratet und hatte Kinder, Lawrence war ledig und kinderlos. Sie war Deutsche und Adlige, an Bedienstete gewöhnt, die die Hausarbeit erledigten; er war Brite aus der Arbeiterklasse und kannte den Preis harter Arbeit selbst nur zu gut. Diese grundlegend verschiedenen Lebensgeschichten prägten einen Gutteil ihres gemeinsamen Lebens. Es gab den beständigen Zwiespalt zwischen Friedas Verschwendungssucht, Großzügigkeit und Exzessen und Lawrence' Sparsamkeit, Ordnungssinn und Fleiß. So schwierige und vielschichtige Individuen wie die beiden konnten nichts anderes als ein belastetes, wenngleich äußerst leidenschaftliches Verhältnis zueinander haben. Viele Biographen haben es als dramatischen Aufstieg und Niedergang bezeichnet, der sich von anfänglicher Glückseligkeit über gewalttätige Auseinandersetzungen in beidseitiges Unglück wandelte, doch es trug vermutlich all diese Elemente von Anfang an in sich.

Beide hatten das Ideal, daß eine Beziehung sich für das Überpersönliche öffnen sollte, doch keinem von beiden fiel es leicht, sich selbst zurückzunehmen, und ihr Ringen um Aufmerksamkeit führte zu körperlichen wie verbalen Konfrontationen.

Als Katherine Mansfield Zeugin eines ihrer berüchtigten häuslichen Dramen wurde, war sie von dem Ausmaß an Gewalttätigkeit zwischen den beiden schockiert. Dieser spezielle Streit wurde dadurch ausgelöst, daß Lawrence Friedas Intelligenz beleidigt hatte.

Frieda sagte, Shelleys Ode an eine Lerche sei falsch. Lawrence sagte: »Du gibst an; davon verstehst du überhaupt nichts.« Dann fing sie an: »*Jetzt* habe ich aber genug. Hinaus aus meinem Haus, du kleiner Herrgott du. Ich habe genug von dir.«

Frieda ging hinaus in den Garten und sagte, sie würde nie mehr zurückkehren; es sei endgültig vorbei.

Plötzlich erschien Lawrence und stürzte sich wie ein Wilder auf sie, worauf ein Gekreische und eine Rauferei losging. Er schlug sie – schlug sie tot – Herz, Gesicht und Brust und riß ihr die Haare aus. Während sie ständig nach Murry um Hilfe kreischte. Schließlich rasten sie in die Küche und immer um den Tisch herum. Nie werde ich vergessen, wie L. aussah. Er war so weiß – fast grün und schlug einfach drauf –, prügelte die große weiche Frau. Dann fiel er in einen Sessel und sie in einen anderen. Keiner sagte ein Wort.

Doch binnen kurzem redete man wieder freundlich miteinander, als sei nichts geschehen. »Und am nächsten Tag«, fährt Mansfield fort, »peitschte er sich, und das weit heftiger, als er je Frieda geschlagen hatte, und riß sich fast ein Bein aus, um ihr das Frühstück ans Bett zu bringen und ihr den Hof zu machen.«[34]

Später gestand Frieda ein, daß sie sich während dieser schwierigen Zeit in Cornwall am meisten vor Lawrence gefürchtet habe. Es gibt Behauptungen, daß er sie hin und wieder schlug – sie hatte die blauen Flecken, um es zu beweisen –, und sie schrieb: »Ein paarmal hatte ich wirklich Angst vor ihm...«[35] Ihre Tochter bezeugt, daß Lawrence Frieda schlug und daß sein Benehmen und seine Worte grausam sein konnten, als seine Krankheit sich verschlimmerte, bis er zu schwach dazu war. Barbara beschreibt ebenfalls einen Vorfall, bei dem sie Zeugin wurde, wie Lawrence heißen Tee über Frieda goß; doch Friedas Lebensmut wurde nie gebrochen:

Sie glaubte daran, daß eine Frau sich wehren mußte und sich von keinem Mann einschüchtern lassen durfte. Lawrence wäre nie bei ihr geblieben, wenn sie nicht diesen kämpferischen Geist gehabt hätte. Lawrence war gewalttätig, er war schlimm, grauenhaft, sie hatte sehr unter ihm zu leiden. Doch viel von dieser Grausamkeit rührte daher, daß er ein schwerkranker Mann war.

Es wäre jedoch ebenso absurd, Frieda als Opfer und mißhandelte Ehefrau darstellen zu wollen, sie als das Fischweib zu sehen, wie einige männliche Kritiker dies tun. So zum Beispiel Anthony West, der behauptet, sie habe diese Kämpfchen als Teil ihres Eherituals betrachtet: »Frieda – muß man vermuten – erfreute sich mittlerweile an einem guten Ehestreit.« Oder Millers Karikatur: »Der Mann Lawrence bekommt von einer zornigen Gattin die Teller über den Kopf geschlagen.«[36] Trocken kommentierte Frieda diese Art von Übertreibungen: »Wieviel Geschirr ich in diesen Jahren zerschmissen haben soll!! Einmal habe ich das nur getan! Als L. zu mir sagte, daß Frauen keine Seele hätten und nicht lieben könnten!«[37]

Es scheint, als ob in den frühen Jahren selbst ihre bösartigsten Ehekräche schnell wieder beigelegt waren und Frieda die Strapazen ihrer Kämpfe problemlos ertragen konnte: »Lawrence *ist* einfach anstrengend. Momentan bin ich böse auf ihn; er jagt meine Gefühle, bis sie sich wie keuchende Hasen fallen lassen... Doch das ist es wert...« Da sie Lawrence' Bedürfnis nach einem Menschen kannte, der an ihn und seine

Arbeit glaubte, erfüllte Frieda dieses anfänglich sehr großzügig; doch das geschah zunehmend auf Kosten ihrer selbst.

In *Aarons Rod [Aarons Stab]* sagt der auf Frieda basierende Charakter (Tanny) zur Lawrence-Figur (Lilly): »Weil ich dich die ganze Zeit beschütze, machst du dir gerne vor, du würdest alles alleine tun.« Lawrence wußte, wie sehr er von Frieda abhängig war, doch weil er mit der Zeit diese Abhängigkeit und die darin enthaltene Machtlosigkeit immer stärker verabscheute, verweigerte er Frieda die volle Anerkennung ihrer Wichtigkeit. Lawrence' Wut auf seine Abhängigkeit stand hinter dem Haß auf Frieda, die »verschlingende Mutter«. Es ist auch möglich, daß er, eben weil sie solch ein essentieller Teil seines kreativen Schaffens war, seine Schuld nicht recht eingestehen wollte. Es war diese Weigerung, ihr die gebührende Anerkennung zu zollen, die Frieda neben anderem am stärksten verärgerte.

In einer der schillerndsten Metaphern für Frieda beschreibt Huxley Lawrence' »organische Abhängigkeit« in dramatischen Worten. Für Lawrence, schreibt er, war Frieda »keine Person; sie war seine Nahrung, sie war ein lebenswichtiges Organ seines eigenen Körpers. Wenn sie abwesend war, glich er einer ihres Heus beraubten Kuh, einem Gelbsüchtigen, der sich müht, ohne Leber zu existieren ... Auf eine merkwürdige Weise war Lawrence abhängig von ihrer Gegenwart, körperlich abhängig ... Bei zwei Gelegenheiten erlebte ich es mit, wie er sich aus dem, was ich für sein Totenbett gehalten hatte, erhob, als Frieda, die fort gewesen war, nach kurzer Abwesenheit zurückkehrte. Die Mysterien menschlicher Beziehungen sind undurchdringlich.«[38] Lucas hat dasselbe Bild verwendet: »Seine Gefühle ihr gegenüber waren jenen ähnlich, die ein Mensch gegenüber seiner eigenen Leber haben mag; die Leber mag ihm von Zeit zu Zeit Unannehmlichkeiten bereiten, aber sie bleibt eines seiner lebenswichtigen Organe, von denen sein Überleben abhängt.«[39]

In der anfänglichen Euphorie ihrer Beziehung gestand Lawrence wohl ein, wieviel er ihr schuldete. Als sie sich am nächsten waren, schrieb er von ihrer »wundervollen nackten Intimität, ganz durchglüht von Wärme« und an Murry: »Es gibt keinen, der sich auch nur im geringsten etwas aus mir macht, ausgenommen Frieda...« Barbara Barr berichtet, daß Lawrence einmal zu Frieda gesagt haben soll: »Du bist der einzige Mensch, der mir je etwas bedeutet hat.« Doch im Laufe der Jahre machte es ihm der Groll auf seine Abhängigkeit schwer, ihr überhaupt noch Anerkennung zuteil werden zu lassen, und Friedas innere Reserven begannen sich zu erschöpfen. In vielerlei Hinsicht nahm er von ihr. Wiederholt gebrauchte er ihren Charakter, ihre Erfahrungen, Ideen und Gefühle als Rohmaterial für seine Romane – »er saugte sie aus«, schreibt Miller und »gebrauchte sie als Instrument« –, doch mit wenig Gespür dafür, daß dies auf ihre Kosten gehen mochte.

Es machte ihr zu schaffen, daß sie soviel gab und es nicht anerkannt wurde. Ich habe gehört, wie sie zu Lawrence sagte, daß sie sich für ihn verausgabe und nichts zurückbekomme als Unverschämtheiten.

Lawrence gab zu, stark von Frauen im allgemeinen und Frieda im besonderen abhängig zu sein: »Es ist für mich hoffnungslos zu versuchen, irgend etwas zu tun, ohne eine Frau hinter mir stehen zu haben... Ich wage nicht in der Welt zu sitzen ohne eine Frau hinter mir.«[40] Dies hatte ursprünglich eine wichtige Rolle in Friedas Anziehungskraft für Lawrence dargestellt. Er

58

war zutiefst glücklich, endlich eine Frau ohne die Verklemmtheit und Neurosen seiner Mutter – und vieler anderer Frauen, die er kannte – zu finden. Frieda lebte mit ganzem Herzen in der Gegenwart, ohne Angst vor der Vergangenheit oder Zukunft und gleichgültig gegenüber gesellschaftlichen Urteilen und Tabus. Sie lebte für den Augenblick und weigerte sich, Sorge für die Zukunft zu tragen; ihr Glaube, daß schon für sie gesorgt sein würde, zeugte weniger von Arroganz als von tiefem Vertrauen.

In Gedichten, die kurz nach ihrem Kennenlernen entstanden, gesteht Lawrence sein Grauen davor ein, daß Frieda ihn verlassen könnte, und beschwört Dämonen und Götter, sie zu halten. Aus Angst, daß sie ihn verlassen könnte, um zu ihren Kindern zurückzukehren, spricht er einen allgemeinen Fluch über Frauen als Mütter aus, Frauen, die »sich in der Mutterschaft verschanzen und die Vision zerstören«. Seine Gedichte sind voller Vorwürfe gegen Frieda, daß sie ihren Kindern nachtrauerte: »The curse against you is still in my heart / Like a deep, deep burn. / The curse against all mothers« – »Der Fluch über dich ist noch in meinem Herzen / Wie ein tiefes, tiefes Brandmal. / Der Fluch über alle Mütter.«

Die kleinste Liebesäußerung Friedas für ihre Kinder provozierte in Lawrence eine Menge verschiedenartiger negativer Gefühle, die er nicht zu unterdrucken vermochte. »Vergiß nicht, wie eifersüchtig er auf euch Kinder war!« schreibt Frieda später an Barbara. Es war eine Eifersucht, die sich nie wirklich legte. Sobald es darum ging, die Kinder sehen zu wollen, oder um deren Besuch oder Briefe, schmollte Lawrence, wütete oder explodierte voller Bitterkeit. Es ging so weit, daß Frieda heimlich in Briefen um Nachrichten von ihren Kindern bitten mußte, um ihn nicht zu provozieren. Er widersetzte sich auch

Freundschaften oder Aktivitäten, die Frieda unabhängig von ihm hatte: »Lawrence war oft eifersüchtig und machte sich über die wenigen Freunde, die sie hatte, lustig.«[41] Doch ihre drei Kinder blieben seine Hauptrivalen, und es war ihre Liebe zu ihnen, die Lawrence' extremste Feindseligkeiten hervorrief.

In Friedas Darstellung ihres Zusammentreffens mit Lawrence lenkt sie die Aufmerksamkeit auf den immensen persönlichen Preis, den sie für ihre Flucht zu zahlen hatte. In einigen schmerzerfüllten, bewegenden Passagen beschreibt sie das Leiden am Verlust ihrer Kinder und Lawrence' Gleichgültigkeit demgegenüber; in *Mr. Noon* machte Lawrence seine eigene Position auf verstörende, wenn auch ehrliche Weise deutlich. Er erzählt, wie Johanna Keighley (Frieda), eine Adlige deutscher Herkunft, Mann und Kinder verläßt, um mit dem proletarischen, wenn auch gebildeten Gilbert Noon (Lawrence) zusammenzuleben, daß Noon jedoch von ihr erwartet, nicht um den Verlust der Kinder zu trauern. Selbst sein Wissen, daß Johanna nachts wach liegt, trauernd und fassungslos über Noons Gleichgültigkeit, vermag nichts an seinen Gefühlen zu ändern.

Dieser Konflikt wegen der Kinder wurde nie wirklich zwischen ihnen gelöst. Er öffnete eine Ader des Leids und der Ablehnung in Frieda und der Schuldgefühle und Eifersucht in Lawrence, die nie ganz verschlossen wurde. Keiner von beiden hatte vorhersehen können, daß Weekleys Rache so verheerend ausfallen würde. Und Frieda ist die Verantwortung dafür anzulasten, daß sie die Folgen langjähriger Trennung für sich und die Kinder so unterschätzte – naiverweise dachte sie, daß ihr Verhältnis nicht ernstlich geschädigt werden könne. Dennoch verrät Lawrence' Reaktion einen verstörenden Mangel an emotionaler Reife. Trotz all seiner Liebe zu Frieda und seiner anfänglichen Versuche, sich mitfühlend zu zeigen, war er offenbar einfach nicht in der Lage, mit dem Schmerz oder den Schuldgefühlen zurechtzukommen, die ihr Kummer in ihm auslösten. Für ihn war es unmöglich, seine eigenen, geschweige denn Friedas Gefühle zu unterdrücken oder in den Griff zu bekommen; statt einer angemessenen oder vielschichtigeren Reaktion auf die Situation kam es nur zu elementaren Wutausbrüchen. Laut einem Freund, Witter Bynner, ging dies selbst 1923 in Mexiko noch so weit, daß Lawrence, als Frieda eine Schachtel mit Photographien ihrer Kinder durchsah, »wie eine Klapperschlange aus seinem Sessel« sprang, ihr die Photos entriß und sie zerfetzte.

Frieda betrachtete dies als einen der Hauptstreitpunkte in ihrer Ehe:

Was die Kinder anbelangte, fand ich ihn abscheulich; er haßte mich dafür, daß ich unglücklich war, nicht einen Moment des Elends wollte er erdulden; er leugnete all das Leid und litt nur um so mehr, wie schon seine Mutter vor ihm; wie wir darüber stritten. Als Rache kümmerte ich mich nicht um das, was er schrieb. Wenn er mein Leben und Leiden verleugnet, verleugne ich seine Kunst...[42]

Die schlimmsten seelischen Grausamkeiten traten in späteren Jahren zutage und äußerten sich in verbalen Attacken und Beleidigungen von Friedas Verhalten, Aussehen und Intelligenz. Bisweilen erniedrigte und beschimpfte er sie, nicht nur privat, sondern auch in der Öffentlichkeit. Wohlwollend könnte man Lawrence' Aggressionen seiner Tuberkulose zuschreiben (die lange latent vorhanden war, bevor sie schließlich diagnostiziert wurde); festzuhalten bleibt aber, daß es, aus welchem Grund auch immer, Phasen großer Lieblosigkeit zwischen den beiden gab. Die Verteidigung seiner männlichen Vorherrschaft erscheint zugleich absurd und nichtig, wenn man die Machtposition berücksichtigt, die Frieda in ihrer Beziehung innehatte, doch die beiden waren in einem Teufelskreis gefangen. Hätte er ihre Stärke angemessen anerkannt, wäre es vielleicht nicht notwendig für sie gewesen, derart dominant zu werden; hätte er sie nicht als solch eine Bedrohung empfunden, hätte er sie möglicherweise nicht zusätzlich durch seine Behauptung männlicher Überlegenheit provozieren müssen. Durch ihre Stärke herausgefordert, reagierte er jedoch mit üblen Beschimpfungen und sah in Frieda eine übermächtige und überwältigende Mutterfigur, eine »Magna Mater«.

Lawrence muß ihr schrecklich weh getan haben. Er war übellaunig, größtenteils wegen seiner Krankheit, und schlug sie ziemlich häufig. Sie schluckte es alles, ohne mit der Wimper zu zucken, und dann drehte sie sich um und zerfetzte ihn.

Als Künstler bewunderte ich ihn sehr, aber ich mochte ihn nicht besonders gerne. Wie Frieda hatte ich Mitleid mit ihm... in seinen beiden letzten Lebensjahren war er sehr gebrechlich. Er war ein schwerkranker Mann.

In diesem Kontext übergroßer körperlicher und seelischer Anstrengungen ist Friedas Suche nach Intimität mit einem anderen Mann zu sehen.

Die Auffassungen der beiden von Sexualität und Ehe erreichten nie vollständige Deckungsgleichheit; Frieda war weit weniger konventionell. Lawrence hatte sich geweigert, mit ihr zu schlafen, bevor sie nicht den Entschluß gefaßt hatte, Weekley zu verlassen, und ihre Eheschließung fand auf Lawrence' Betreiben hin statt. Trotz all seiner Philosophien war Lawrence in jeder Hinsicht viel tiefer in den Konventionen gefangen als Frieda. Paradoxerweise kann selbst seine Einstellung zur Sexualität puritanisch genannt werden. Er protestierte gegen jede Gleichsetzung seines Werkes mit Pornographie, unterdrückte seine eigene Homosexualität und stellte lesbische Liebe stark verzerrt dar; er haßte Promiskuität, schmutzige Witze und jede Art von Vulgarität. Frieda erlegte ihrer Körperlichkeit und Sinnlichkeit weit weniger Schranken auf. Sie fand Lawrence' unbeirrbaren Puritanismus ärgerlich und scheint bisweilen absichtlich mit extremeren, sogar »vulgären« Ansichten geliebäugelt zu haben, um ihn zu schockieren und aus der Reserve zu locken. Doch bis in die frühen 1920er Jahre stand Friedas emotionale Loyalität (wenn auch nicht ihre strikte sexuelle Treue) zu Lawrence nie ernstlich in Zweifel. Ihr ist unterstellt worden, 1912 in Gargnano ein flüchtiges amouröses Abenteuer mit Harold Hobson gehabt zu haben, während Lawrence mit David Garnett auf einer botanischen Expedition unterwegs war, und daß sie sich an einem anderen Nachmittag mir nichts, dir nichts der Liebe mit einem ihr unbekannten Holzfäller hingegeben habe. Diese Berichte basieren jedoch ausschließlich auf Garnetts Anekdoten und auf einigen, entfernt ähnlichen Ereignissen in Lawrence' Buch *Mr. Noon*. Laut Barbara Barr ist *»David Garnetts Geschichte, daß sie ans andere Ufer des Sees ging und dort eine Affäre mit einem Waldarbeiter hatte, reine Fiktion«*. Es erscheint wahrscheinlich, daß die Behauptungen, Frieda hätte 1917 eine Affäre mit Cecil Grey gehabt, genauso legendären Ursprungs sind.[43]

Für eine Frau, die angeblich so freigiebig mit ihrer Gunst

war, verhielt Frieda sich erstaunlich besitzergreifend, was Lawrence' Sexualität anbelangte – viel zu stark für eine Frau, der das gleichgültig gewesen wäre. Sie verteidigte ihr Territorium grimmig, wenn sie es gefährdet sah, und sobald Freundinnen sich zu weit vorwagten, wies sie diese in ihre Grenzen. Ivy Low, Mabel Dodge Luhan und Dorothy Brett wurden alle drei verstoßen, als sie ein zu enges Verhältnis mit Lawrence anstrebten.

Es ist nicht ausgeschlossen, daß Frieda vor den 1920er Jahren sexuelle Begegnungen außerhalb ihrer Beziehung zu Lawrence hatte. Diese speziellen Ereignisse aus dem Jahre 1912 passen jedoch zu gut in die vorherrschende Legende von Frieda als unberechenbar und unmoralisch, besonders wenn man ihre Nähe zu Lawrence während jener Zeit in Betracht zieht. Außerdem werfen sie ein zu einseitiges Licht auf ihr Verhältnis – und ihre Moralvorstellungen –, wenn Lawrence' parallel stattfindende Vergnügungen einfach übersehen werden.

Gewöhnlich wird angenommen, daß Lawrence' Geschlechtsleben auf die Ehe beschränkt war, sobald er Frieda kennengelernt hatte, doch die Memoiren von Rosalind Thornycroft, *Time Which Spaces Us Apart*, deuten etwas anderes an. Rosalind Thornycroft (1891–1973) lernte Lawrence im Sommer 1919 durch Eleanor Farjeon kennen, deren Bruder mit Rosalinds Schwester verheiratet war. Ende des Jahres waren Lawrence und Frieda Rosalinds Gäste in Pangbourne, und sie verbrachten die Zeit zusammen mit Spaziergängen und Picknicks. Rosalind widmete sich auch dem Kopieren einiger Manuskripte von Lawrence.

Rosalind war die Tochter von Sir Hamo Thornycroft, einem anerkannten Bildhauer der Royal Academy und Freund von Edmund Gosse, der 1917 in den Adelsstand erhoben wurde. Sie besuchte die London School of Economics und The Slade und heiratete 1913 Godwin Baynes, einen Arzt, der später ein geschätzter Jungscher Analytiker wurde; doch die Ehe ging nicht gut. Godwin hatte mehrere Liebschaften, und Rosalind erlag schließlich ebenfalls der Versuchung und hatte 1918 auch eine kurze Affäre mit Kenneth Hopper. Auch wenn Rosalind und Godwin beide Ehebruch begangen hatten, wurde der ihre als Scheidungsgrund angeführt, größtenteils, um Godwins Ruf und vielversprechende medizinische Karriere zu schonen. Während dieser aufwühlenden Zeit, mit dem Bekanntwerden des Skandals ihrer Ehescheidung, lernte Rosalind 1919 die Lawrence' kennen. Die angebliche Verwerflichkeit ihres Verhaltens führte, zusammen mit der Prominenz ihrer Familie, zu einem ungezügelten Ausbruch feindseligen Presserummels, und Rosalind verließ, wie Frieda einige Jahre zuvor, fluchtartig das Land. Anders als Frieda jedoch war sie in der Lage, ihre drei kleinen Kinder mitzunehmen (das jüngste war nicht von Godwin); sie ließ sich mit ihnen in Italien nieder, in einer gemieteten Villa in Fiesole.

Im Laufe der folgenden Monate korrespondierte sie mit Lawrence – Briefe von ihm, die erhalten geblieben sind, zeigen große Sorgen um ihre Gesundheit und Stellung –, und als sie sich im folgenden Sommer wieder trafen, hatte sich eine innige Freundschaft zwischen ihnen entwickelt. Den Memoiren Rosalinds zufolge (die von ihrer Tochter zusammengetragen und 1991 veröffentlicht wurden) war es im September 1920, als Lawrence sie in Fiesole besuchte, daß sie sich ihre gegenseitigen Gefühle eingestanden und ihr Verhältnis explizit erotisch wurde. Praktischerweise befand sich Frieda zu dieser Zeit auf einem ihrer regelmäßigen Deutschlandbesuche bei ihrer Mutter. Rosalind hielt das Ereignis in ihren Tagebüchern fest, wo sie die Details von Lawrence' Besuch in der Villa La Canovaia an seinem Geburtstag verzeichnete. Ihre Memoiren erzählen:

11. September 1920. D. H. Lawrence' Geburtstag – Fiesole
Nach dem Abendessen auf der Terrasse des Villino Belvedere... liefen wir Richtung Monte Ceceri und traten aus dem Zypressenwald, wo der Duft von Thymian und Majoran verströmte und die Ziegenmelker-Vögel aus den Bergen waren. Wir sprachen immer noch über die Lichter der Città Firenze, die sich unter uns im Tal ausbreiteten; doch er wollte etwas über uns sagen. Schließlich setzten wir uns... hin... Wir sprachen über Steine und Edelsteine und ihre besonderen Qualitäten und Temperamente. Dann wechselte er das Thema und sagte:
»Wie fühlst du dich nun ohne Sex in deinem Leben?«
Ich sagte, daß ich es natürlich wollte.
»Und warum hast du dann keinen?« meinte er.
»Ja, warum nicht? Man ist so verdammt wählerisch.«
»Ja, verdammt wählerisch! Ja, bei den meisten Menschen kann man es kaum ertragen, in ihre Nähe zu kommen, geschweige denn mit ihnen zu schlafen«, sagte er.
»Ja«, sagte ich, »und es führt auch zu nichts, wenn man nur miteinander schläft; es muß mehr daran sein als nur ein paar schöne Worte und dann ab ins Bett.«
»Ja, es muß mehr daran sein als das. Doch Gott bewahre uns vor der sogenannten Liebe – der unanständigsten Art von Egoismus und Selbstausbreitung. Laß uns Liebe als eine außenstehende Macht denken, die sich unserer bemächtigt. Es ist eine Macht, ein Gott. Die Alten hatten sie, und für sie gab es keinen Individualismus, und sie waren Männer und hatten noch Stolz. Ich sehe nicht ein, warum du und ich

keinen Sex miteinander haben sollten. Oder ist es alles zu kompliziert? Was ist mit den Kindern und deinem Mann und Clive? Du mußt eine Entscheidung treffen.«

Es war alles sehr undramatisch, und das gefiel mir. Ich konnte eine Zeitlang nicht antworten. Ich war so erstaunt über mein Glücksgefühl.

»Ja, ich möchte es tatsächlich«, sagte ich schließlich.

Firenze und seine Lichter drehten sich um mich, und ich fühlte mich nicht mehr auf der Welt. Er war so wunderbar; meine Quelle einer akzeptablen und erregenden Weisheit, die mir vor ihm unbekannt gewesen war. Ich sagte:

»Ich hatte keine Ahnung, daß du so über mich dachtest.« ... irgendwie fuhr ich fort:

»... doch wie erklärst du dir dann, daß man so wählerisch ist, wenn es keinen Individualismus in der Liebe gibt?«

»O ja«, sagte er, »es muß ein gemeinsames Verständnis des Gottes geben.« ... In einer halben Stunde waren wir zu Hause und lachten unterwegs; und in dem hellen, häßlichen kleinen Flurdurchgang umarmten wir uns. Er fuhr dann fort, den Berg hinunter nach San Gervasio ...[44]

Es dauerte einige Nächte, bevor ihr Versprechen erfüllt wurde. Rosalinds Aufzeichnungen fahren fort:

Den nächsten Tag verbrachte ich im größten Hochgefühl, und am nächsten Tag, Samstag, kam er wieder. War das unser Tag? Doch nein. Ich säuberte mein ganzes Zimmer, um es schön für ihn zu machen; doch noch nicht. Am Sonntag kam er zum Mittagessen. Wir bereiteten zusammen das Essen, ein gutes englisches Sonntagsessen, Rindfleisch und Yorkshirepudding; und es machte alles Spaß. Er lachte und spielte mit meiner Nan und verstand sie – wie alle Kinder – mit zarter, amüsierter Feinfühligkeit. Nachdem die Hitze vorbei war, gingen wir nach draußen, hinter der Stadt Fiesole hoch durch den Wald... und nach Hause mit Dingen, die wir für unser Abendessen auf der Terrasse kochen wollten, hundert Meter oberhalb von Firenze.

»Wie gut es hier ist. Es ist etwas ganz Besonderes und Liebliches, die Zeit, der Ort, die geliebte Person.«

Mein Herz schlägt wild vor Freude. Wir sitzen dort, bis es ziemlich dunkel ist, einträchtig die Hände haltend. Und so ins Bett.

Es ist eine zurückhaltende, wenngleich romantische Erzählung. Wie die anderen Teile von Rosalinds Memoiren zeigt sie keinerlei Versuch der Selbstglorifizierung, noch irgendein Anzeichen von Selbsttäuschung; die Tatsache, daß Rosalind den Vorfall erst nach ihrem Tod an die Öffentlichkeit dringen ließ, steigert seine Authentizität nur noch. So, wie sie dargestellt ist, ist es eine Episode, die Lawrence' Ansehen eher nützen denn schaden dürfte.

Die Berichte über Friedas sexuelle Fehltritte sind grundverschiedener Art. Ganz unabhängig von den tatsächlichen Ereignissen bleibt Lawrence' Sexualität doch immer merkwürdig keusch, während Frieda mit dem Anruch der Promiskuität behaftet ist: In auffallendem Kontrast zu ihm ist Friedas Verhalten als schmutzig, verräterisch und erniedrigend präsentiert worden. Diese verschiedenen Maßstäbe werden in der Darstellung von Friedas Verhältnis mit Ravagli Anfang der zwanziger Jahre besonders augenfällig. Diese Affäre fand ohne Zweifel statt, doch während Lawrence' Eintreten für größere sexuelle Freizügigkeit und emotionale Offenheit ihn (für manche) zum

Vorbild gemacht hat, hat das *Ausleben* solch einer Philosophie Frieda zur Zielscheibe von Vorwürfen des Egoismus und der Promiskuität gemacht. Diese Parteinahme für Lawrence in biographischen Rekonstruktionen macht Frieda durchgängig zur Schuldigen. Sie ist es, die monströse Preußin, die Lawrence in seinen letzten Jahren hintergangen und verraten und seine Tragödie dadurch vertieft hat.

Doch in *Kangaroo [Känguruh]* – der offensichtlichsten Darstellung ihrer Ehe in seinen Romanen – verteidigt Lawrence Friedas unorthodoxe Position. Für Harriet, die Frieda zum Vorbild hat, »bestand Ehre nicht aus einem Schwur, der wortgetreu gehalten wurde, sondern in einem aufrichtigen Gefühl, dem man treu blieb«. Frieda setzte in der Praxis das um, was Lawrence hier in Worten ausdrückte: Er nannte es, einer inneren Flamme ihr Recht zukommen lassen, »das Recht, sich frei zu verbinden... ungeachtet jedes anderen Anspruchs als dem der Lebensnotwendigkeit«. Im Einklang mit diesen Wertvorstellungen scheint Lawrence nicht versucht zu haben, Frieda an möglichen Seitensprüngen zu hindern.

Ihr Ehebruch mit Ravagli muß darüber hinaus im Kontext der Jahre gesehen werden, die diesem vorangingen. Frieda stand bereits seit einiger Zeit unter dem zunehmenden Druck von Lawrence' Krankheit, hatte die Gefühlsausbrüche zu ertragen, die bisweilen durch sie verursacht wurden; das Erotische zwischen ihnen war versiegt. Dies stand im Kontrast zu ihren frühen gemeinsamen Jahren, als ihr Liebesleben aktiv und für beide Seiten erfüllend gewesen war. Frieda schrieb 1951: »Es ist einfach absurd, L. einen sexuellen Schwächling nennen zu wollen, alles andere als das: bei seiner Intensität.« Dennoch war ihr Liebesleben, vermutlich aufgrund von Lawrence' Krankheit, zurückgegangen, und nach 1926 war er impotent.[45]

Emotional und sexuell war Frieda nun auf ihre eigenen Quellen angewiesen.

Ihre genauen Motive, Gefühle und inneren Loyalitäten während dieser Jahre sind kaum genau festzustellen, und es ist schwer zu sagen, ob der Ehebruch mit Ravagli ihr Gewissensbisse bereitete. Am besten können wir ihre innere Verfassung zu jener Zeit verstehen, wenn wir bedenken, daß sie von Anfang bis Mitte der 1920er Jahre körperlich und moralisch immer stärker erschöpft war und verzweifelt nach etwas Trost und Zuneigung für sich selbst suchte. Wie Huxley es ausdrückte: »Selbst die stoischste Standhaftigkeit hat ihre Grenzen.« Frieda mußte einfach neue Kräfte schöpfen.

Das waren die Rahmenbedingungen ihres erfolglosen Annäherungsversuches bei Murry 1923 und ihrer Affäre mit Ravagli ab 1926. Lawrence muß von diesem Verhältnis gewußt haben, scheint aber relativ lange Unwissenheit vorgetäuscht zu haben. Dennoch war es nicht so, daß Frieda Lawrence im Stich gelassen hätte; wenn er sie brauchte, war sie immer noch da. 1929, als er sie bat, von der Ausstellung seiner Gemälde in London zurück zu ihm nach Florenz zu kommen, kehrte sie augenblicklich zurück. Sie versorgte ihn während der gesamten letzten Krankheitsperiode, schlief in seinem Zimmer und tat ihr Bestes, um sein Leiden zu erleichtern. So unkonventionell ihr Benehmen auch gewesen sein mag, so anmaßend ist es doch für Außenstehende, ihre Liebe und Hingabe für Lawrence in Frage stellen zu wollen. Viele Photos fangen die Schmerzlichkeit ihrer Beziehung ein (siehe Abbildungen 12 und 18), besonders solche, die Lawrence' erschreckend sichtbaren Verfall zeigen (siehe Abbildung 20), und man kann sich Friedas Gefühl der Hilflosigkeit und des Mitleidens nur zu gut ausmalen.

Trotz aller Differenzen und Auseinandersetzungen glaubte

Frieda daran, daß Lawrence und sie auf unauflösbare Weise tief miteinander verbunden waren: »Schicksale sind keine Mathematik«, schrieb sie, »und sie funktionieren nicht wie zwei und zwei gibt vier.« 1950 schrieb sie an Richard Aldington, daß unsere engsten Beziehungen letztendlich jenseits des Rationalen liegen: »Denn was wissen wir schon über die Beziehungen der anderen – sie sind immer ein Geheimnis!«[46]

Lange nach Lawrence' Tod fühlte Frieda, daß sie noch immer vereint waren und daß seine Liebe noch über das Grab hinaus Ansprüche an sie stellte. Sie gestand, daß ihre Gefühle gegenüber solch einem Bund gemischt waren. Wie sie 1953 schrieb: »Einem Teil von mir gefällt es, einem Teil von mir nicht«, doch sie versuchte nie, ihn zu lösen oder hinter sich zu lassen. Ihr Verhältnis zu Ravagli hatte nie die Intensität ihrer Zeit mit Lawrence und war kein voller Ersatz für ihre tiefere Verbindung.

Ob wir es nun psychologisch als Verschmelzung *seiner* Bedürfnisse und *ihres* Mitleids oder romantischer lesen wollen, der Bund zwischen Frieda und Lawrence hielt, und Lawrence' früher Tod intensivierte Friedas Mitgefühl nur noch: »Dieses schreckliche Mitleid, das ich für ihn fühlte, daß ich immer fühlen werde, daß er sterben mußte und nicht sterben wollte. Er hält mich noch immer, als sagte er grimmig: ›Du bist mein.‹«[47] Wenn überhaupt, dann war Frieda *nach* seinem Tod stärker in Lawrence verliebt als *vorher* und, trotz allen Widerspruchs ihrer Kritiker, erscheint es völlig angemessen, daß sie ganz in Lawrence' Nähe auf dem Hügel in Taos begraben wurde.

John Middleton Murry

Man muß sich ganz und gar der Liebe preisgeben – auf jeden Fall bei einer Frau wie Dir. Und das spürte ich dunkel und hatte Angst: nicht vor Dir, sondern vor der neuen Welt, dem neuen Leben.

BRIEF VON MURRY AN FRIEDA, 1946

Murry und Katherine Mansfield zählten zu Friedas und Lawrence' engsten Freunden, besonders in den schwierigen Jahren, nachdem sie miteinander durchgebrannt waren. Frieda nannte es ihre »einzige spontane und frohe Freundschaft«. Sie und Mansfield fühlten sich sofort zueinander hingezogen, als sie sich 1914 kennenlernten, und als Zeichen ihrer Verbundenheit gab Frieda auf dem Weg zur Eheschließung mit Lawrence Mansfield ihren ersten Ehering als Pfand. Das war die symbolische Geste einer Freundschaft, die Mansfield viel bedeutete, und die trotz der tiefen Brüche und Differenzen, die später zwischen ihnen auftraten, bestehen blieb. Mansfield trug Friedas Ring immer, und sie wurde mit ihm begraben, als sie im Januar 1923 in Fontainebleau starb.

Eine engere emotionale Bindung zwischen Frieda und Mansfield trat nie zutage, genausowenig wie die latent homoerotische Beziehung zwischen Lawrence und Murry. Statt dessen kamen die verworrenen Gefühle und Begierden, die zwischen den vieren herrschten, auf klassisch heterosexuelle Art und Weise zum Ausdruck, und so waren es auch Frieda und Murry, die später eine Affäre miteinander hatten. Das war 1930, fast unmittelbar nach Lawrence' Tod; sie war kurzlebig und geschah, während Friedas Tochter Barbara sich im selben Haus aufhielt.

Murry kam eines Morgens herein und sagte: »Letzte Nacht habe ich mit deiner Mutter geschlafen.«

Auf Friedas Seite gibt es weder einen Anhaltspunkt für Euphorie über diese Erfahrung noch irgendein Zeichen, daß sie versucht hätte, diese zu verlängern oder zu wiederholen. Es schien viel eher eine Reaktion auf das Trauma von Lawrence' Tod gewesen zu sein, bei dem die gutaussehende und vertraute Figur Murry eine naheliegende Quelle des Trostes darstellte.

Murry hingegen ließ sich wiederholt über die Episode aus. Mehr als zwanzig Jahre später schrieb er immer noch nostalgische Briefe an Frieda und bezog sich in Worten auf ihre Affäre, die an Lawrence' Spiritualisierung des Erotischen erinnern:

Es war von Dir, daß ich lernte, was die Zärtlichkeit einer Frau bedeuten kann. Und Du kannst nicht behaupten, daß es nur eine Zärtlichkeit des Körpers wäre . . . es ist genauso eine Zärtlichkeit *der Seele* . . . Du hast mir damals etwas gegeben, das ich schrecklich nötig hatte: als eröffne sich mir eine neue Welt.

Die Affäre war auch die Erfüllung der sexuellen Spannung, die seit 1923 zwischen ihnen bestanden hatte. Das war das Jahr gewesen, als Friedas Frustration und Wut auf Lawrence ihren Höhepunkt erreicht hatten und sie Murry ermuntert hatte, ihr Liebhaber zu werden. Aus Treue zu Lawrence hatte Murry widerstanden: »Was hielt mich davon zurück, Dich 1923 als mein eigen zu nehmen? Nichts als die Loyalität zu Lorenzo. Genau die Art von Loyalität, die er an mir verachtete. Wenn ich nach seiner Philosophie gehandelt hätte, hätte ich Dich nicht gehen lassen dürfen.«

Wie Claire Tomlin in ihrer exzellenten Biographie Mansfields nahelegt: »Frieda und Katherine widersetzten sich den herrschenden Konventionen viel mehr als Lawrence und Murry, und der Zug sexueller Anarchie, der beide Frauen verband und der die Männer anfangs angezogen hatte, brachte sie aus der Fassung.«[48] Murry gab später zu, daß es eher Feigheit als moralische Prinzipien waren, die ihn keusch bleiben ließen:

Wenn ich jetzt zurückschaue, glaube ich, mein Zurückschrecken vor einem Verrat an Lorenzo war wohl ein echtes Gefühl, aber doch bloß ein Vorwand. Ich nahm nicht, was Du zu geben hattest, weil ich vor der Liebe selbst Angst hatte . . . Es ist wie ein ungeheurer Sprung – in eine seltsame, neue Welt.[49]

Als ob es ihn verfolgte, kam Murry immer und immer wieder auf die verpaßte Chance von 1923 zurück. Als Frieda schon weit über siebzig war, schrieb Murry ihr immer noch über ihre unerlaubte und unerfüllte Leidenschaft:

Wenn ich an diese Reise nach Deutschland denke, die wir gemeinsam unternahmen und auf der wir einander so intensiv besitzen wollten, dann frage ich mich, ob es nicht töricht von mir war zu empfinden (oder besser: zu denken), daß ich mich Lorenzo gegenüber treulos verhalten würde. Wenn ich jetzt zurückdenke, scheint mir das bloß eine »Idee« zu sein – etwas, das bloß in meinem *Kopf* existierte – und daß es richtig und ehrlich gewesen wäre, länger mit Dir zusammenzubleiben, wenn auch nur für einen Tag oder zwei. Wie immer dem sein mag, ich war tieftraurig, als ich Dich verließ . . .[50]

Es schien, als wollte er ihrer Beziehung – und dadurch sich selbst – eine größere Bedeutung geben, als sie tatsächlich jemals gehabt hatte. Zu diesem Zeitpunkt jedoch, 1955, war Friedas eigene Version der Versuchung von 1923 beruhigend moralisch:

> Nein, Du hast das Richtige getan, Lawrence war bereits schwerkrank. Ich glaube, Du hast eine häßliche Tragödie vermieden... ich schuldete ihm auch Treue und mußte ihm in diesem Lebensabschnitt zur Seite stehen, und Du hast mir dabei geholfen.[51]

Sie mochte sich daran erinnert haben, daß Lawrence' Geduld mit Murry schon lange vorher zu Ende gegangen war. Er nannte Murry einen »unverbesserlichen Wurm«. Worte, die sich nach seinem Tod als prophetisch herausstellen sollten, als Murry nicht nur prompt mit der Witwe seines Freundes ins Bett ging, sondern seine eigenen dubiosen Memoiren schnellstens in Druck gab. Er nutzte die Nachfrage nach einer Lawrence-Biographie aus und veröffentlichte 1931 *Son of Woman*, unter dessen ehrerbietiger Oberfläche sich gehässige Angriffe verbergen. Als Frieda das Buch las, war sie fuchsteufelswild über Murrys Verrat, warf ihr Exemplar in den Kamin und schickte ihm die Aschereste als Zeichen ihres Ekels.

Dennoch war der Ärger, wie bei ihr üblich, kurzlebig und ihre Freundschaft bald wieder hergestellt. Zur Zeit des Gerichtsverfahrens über Lawrence' Testament 1932 ergriff Murry Friedas Partei, und es war seine entscheidende Aussage, die das Urteil zu Friedas Gunsten ausfallen ließ. Lawrence war gestorben, ohne ein Testament zu hinterlassen, und ihr Anspruch auf das Erbe war einzig auf Murrys Behauptung gestützt, daß er dabei gewesen sei, als Lawrence ein früheres Testament niedergeschrieben habe, in dem er Frieda seinen Besitz vermacht habe. Einige von denen, die Frieda verleumden wollen, unterstellen ihr, daß solch ein Dokument nie existiert habe und ihre Ansprüche völlig aus der Luft gegriffen seien – ein Komplott, das Murry und Frieda ausgeheckt hätten, damit sie das Erbe antreten könne.

Friedas Verhalten in dieser Zeit zeigt sie tatsächlich als recht skrupellos. Sie verfeindete sich mit Lawrence' Familie, besonders seiner Schwester Ada, und Aldous Huxley hielt ihr Vorgehen für nicht gerade feinfühlig: »Das törichte Frauenzimmer läßt sich jetzt auf ein überaus kostspieliges Verfahren gegen L.s Bruder ein... Ihre diplomatischen Methoden bestehen darin, daß sie einen jeden einen Lügner, ein Schwein und einen lausigen Schwindler nennt und nachher in ihrem nächsten Brief voller Charme ist...«[52]

Die ganze Wahrheit über den Status des angeblichen Testaments von Lawrence läßt sich heute nicht mehr rekonstruieren, und auch wenn Friedas Verhalten vielleicht nicht vorbildlich war (sie war verständlicherweise verbittert über die mangelnde Anerkennung, die Lawrence während seiner Lebenszeit zuteil geworden war, und dürstete nach etwas Wiedergutmachung für ihre schweren Jahre der Armut) –, so paßt der Vorwurf, sie und Murry seien Verschwörer, wieder einmal nur zu gut in das herrschende Bild von ihr. Es gibt keinerlei Beweise, daß Murry finanziell oder sexuell von dem Urteilsspruch profitiert hätte, und sein Verhältnis zu Frieda trug keinerlei konspirative Züge.

Ihre Korrespondenz der nächsten fünfundzwanzig Jahre atmet nichts Schlimmeres als den Geist einer Freundschaft, die im Andenken an alte Zeiten aufrechterhalten wird. Friedas Briefe an Murry sind nett und freundlich, aber beiläufig, und gehen nie auf seine Versuche ein, die romantische Nähe zwischen ihnen erneut aufleben zu lassen. Und so antwortet sie 1951 auf eine seiner dringlichen Erinnerungen an den Vorfall von 1923:

Ja, gewiß, ich denke oft mit großer Genugtuung an die Freundschaft, die zwischen uns bestand, und an unsere spätere intime Beziehung... Auf jener Reise nach Deutschland war auch ich traurig, aber ohne Bitterkeit, denn ich spürte, daß auch Du mich lieb hattest. Zwischen uns bestand große Zuneigung und Verständnis... Vielleicht war es richtig auf diese Weise; schließlich war es meine Aufgabe, L. bis zum bitteren Ende zur Seite zu stehen.

Es war Murry, der auf der Erinnerung an ihre kurze Leidenschaft herumritt und versuchte, ihre Intimität zu etwas Größerem aufzublähen, als sie jemals gewesen war:

Sage mir, Frieda... liebtest Du mich so sehr, wie ich Dich in jenen verworrenen Tagen liebte? Es machte mich verrückt – wirklich verrückt, glaube ich –, Dich so sehr zu begehren: den Trost und Genuß von Dir, und dann zu fühlen, oh Gott, aber Lorenzo wird nie darüber hinweg kommen. Ich darf nicht, ich darf nicht... Und währenddessen machte er alles nur noch schlimmer und hielt mir vor, ich solle »gelöster« sein. Gütiger Himmel, wenn ich nur gelöster gewesen wäre![53]

Es war, als ob er immer wieder zu ihrer weit zurückliegenden, nicht stattgefundenen Affäre zurückkehrte, um sich selbst eine Wichtigkeit zu verleihen, von der er fühlte, daß sie ihm fehlte,

eine Wichtigkeit nicht nur in ihrem, sondern auch in Lawrence'
Leben.

*Murry war ein bißchen ein merkwürdiger Typ, ein Frauen-
held. Er war besorgt, daß Lawrence ihm homosexuell zuge-
neigt sein könnte. Nach Lawrence' Tod sagte er zu Frieda:
»Wenn ich ihn nur einmal in meinen Armen hätte halten
können . . .«*

Wenn Murry Sehnsucht nach einem Leben verspürte, das er nie
gelebt hatte, versuchte er zugleich, sich an die vielbeneidete
Stelle von Lawrence zu setzen, indem er seinen Platz einnahm
und zum Geliebten seiner Frau wurde. Und so beschäftigte
sich der Mann, der während des Ersten Weltkrieges Frieda für
ihre Nähe zu Lawrence gehaßt hatte, zwanghaft mit seiner
kurzen Affäre mit ihr, um nicht in Vergessenheit zu versinken.[54] In einer Tagebucheintragung wird seine Selbstüber-
schätzung deutlich: »Wenn ich mit Lawrence und Frieda [nach
Mexiko] gegangen wäre, wäre Frieda meine Frau geworden.«[55]
Frieda hatte da vermutlich andere Vorstellungen.

Angelo Ravagli

Es war schwer für sie, daß sie keinen geistigen Kontakt mit
ihm haben konnte, sie, die die heftigen Auseinandersetzungen genossen hatte . . . und die brillanten Gespräche mit den
klugen Männern, die sie gekannt hatte. Doch dieser Mann
wollte nicht hören, was sie zu sagen hatte.

FRIEDA LAWRENCE, MEMOIRS

Friedas Beziehung zu Ravagli, ihrem dritten Ehemann, war die rätselhafteste von allen.

Ravagli war der italienische Eigentümer der Villa Bernarda, die Lawrence und sie Anfang der 1920er Jahre mieteten. Die Affäre scheint 1926 ihren Anfang genommen zu haben, unter Umständen als direkte Reaktion auf Lawrence' Verhalten, das Frieda als verletzend empfand.

Als seine Schwester Ada kam, wurde Frieda der Fürsorge für ihn enthoben und die Schlafzimmertür vor ihr verschlossen. Dennoch gab es, wie ich oben dargelegt habe, auch tiefere Beweggründe. Lawrence war zu krank und abhängig von Frieda, *ihrer* erschöpften Hingabe und *seiner* Impotenz zu bewußt, als daß er protestiert hätte. Wenn er doch von der Affäre sprach, war es mit einer Mischung aus Resignation, Trauer und Gleichgültigkeit: »Jedes Herz hat ein Recht auf seine eigenen Geheimnisse.«[56]

Sie wurden ein Liebespaar, als Ravagli siebenunddreißig war, zehn Jahre jünger als Frieda. Wie ihr Vater und die frühen Verehrer war er ein Mann des Militärs, Leutnant bei den italienischen Bersaglieri, von bäuerlicher Herkunft. Als sie ihn zum ersten Mal sah, war er in vollem Putz, mit federgeschmücktem Helm, Säbel, Schärpe und Achselschnüren, das Inbild ihres Vaters in seinen glorreichsten Momenten. Als weitere Parallele zu ihrem früheren Leben war Ravagli ebenfalls mit einer Lehrerin verheiratet und hatte drei Kinder. Dieses Verhältnis hat man als Friedas größten moralischen Lapsus angesehen: Ihr Biograph nennt es »erotische Laxheit«, während Lawrence' mißbilligende Biographen es zum Inbegriff ihrer mangelnden Integrität erheben.

*Die Leute reden viel über Frieda und ihr unmoralisches
Leben, aber bei ihr bedeutet das nicht viel. Sie machen solch
einen Wirbel um all das, Sex und so; die Briten halten das
alles für schrecklich wichtig. Sie war nicht prüde, aber sie
hatte ihre eigenen Werte und ihre eigenen Moralvorstellungen. Sie war ziemlich verschossen und blind, was Ravagli
angeht, doch man muß bedenken, daß sie damals mit Lawrence unter ungeheurer Anspannung stand und so lange neben diesem langsam sterbenden Mann ausgeharrt hatte, der
sich an sie klammerte und so reizbar und schwierig war. Es
war sehr schwer für sie. Sie konnte die Strapazen nicht länger
ertragen.*

Lawrence muß sich noch zusätzlich durch das Wissen gedemütigt gefühlt haben, daß Ravagli sich nicht nur nicht mit ihm,
sondern auch nicht mit Frieda messen konnte. Über Ravagli
gibt es nur wenige schmeichelhafte Bemerkungen; die meisten
sind rundheraus beleidigend:

*Ravagli war kein bemerkenswerter Mensch, ziemlich unin-
teressant, an ihm war nicht viel dran. Ida Eastman nannte
ihn den »Eiskrem-Mann«.*

Doch es ist gut möglich, daß es gerade Ravaglis Mangel an
Intensität und Tiefgang war, der Frieda faszinierte. Als ob sie
vom gegensätzlichen Extrem angezogen würde, fand Frieda in
Ravagli alles, was Lawrence nicht war. Er war einfach, tüchtig,
gesund, nicht mit besonderer Intelligenz oder Feinfühligkeit
gesegnet und stellte weder an sie noch an das Leben allzu große
Ansprüche. Diese Einfachheit verlor später viel von ihrem
Reiz, und sie klagte darüber, mit einem Mann zusammen zu

sein, der so offensichtlich ohne größere Qualitäten war. Über ihr fiktionalisiertes Ich schrieb sie: »Wenn sie unzufrieden war, beschimpfte sie ihn leise vor sich selbst. ›Er ist so terre à terre, er hat keinen Intellekt, keine Phantasie.‹« Doch anfangs waren Ravaglis Normalität und Banalität genau das, was Frieda brauchte.

Ravagli bot ihr die dringend benötigte Zuflucht vor der unerbittlichen Strapaze von Lawrence' Krankheit. Er gab ihr die Zuneigung und sexuelle Erfüllung, die ihrer Ehe jetzt fehlten und die sie brauchte, um in den letzten Jahren die Kraft zu haben, Lawrence zu stützen. Frieda machte allerdings nie Anstalten, Lawrence für Ravagli zu verlassen, und ihr Kontakt scheint selten und mit langen Pausen stattgefunden zu haben.

Nach Lawrence' Tod suchte sie erneut Trost bei Ravagli. Sie nannte ihn »den Soldaten. Er ist so menschlich und freundlich zu mir und so *echt*, kein Hochmut, sondern solch echte Wärme – mir wird es gutgehen«.[57] Er schien ihr eine Sicherheit zu bieten, die zusätzlich von der Erinnerung an ihre Kindertage genährt wurde. Diese Konstellation gab Freunden und Verwandten Anlaß zur Sorge über Friedas Wahl, und sie versuchten, sie von der Fortsetzung der Affäre nach Lawrence' Tod abzubringen.

Orioli sagte zu ihr, daß Ravagli der Mühe nicht wert sei, und tat sein Bestes, um sie umzustimmen. Er meinte, es sei die Uniform, die ihr imponierte, es sei ihr Vater.

Diese Ratschläge stießen bei Frieda auf taube Ohren. Sie und Ravagli kehrten nach Mexiko zurück, wo er sich eine kleine Töpferei einrichtete und Frieda Unterstützung und Kameradschaft im täglichen Leben bot. Ihre Ansprüche wurden sehr bescheiden. 1937 schrieb Maria Huxley: »Friedas Leben ist außergewöhnlich. Sie lebt so primitiv, daß wir es kaum fassen können. Angelino hat ihr ein Haus aus Beton gebaut... und das Wohnzimmer hängt voll mit Lawrence' Bildern... Wie sehr sie einander zugetan sind, oder in welcher Weise, vermag ich nicht zu sagen.«[58]

Er war praktisch veranlagt, er war ihr eine Hilfe auf der Ranch, und in diesem einfachen, unkomplizierten Leben lag vermutlich etwas wie Erleichterung, aber keinerlei Herausforderung.

Der Eindruck, den man von Frieda in den langen Jahren mit Ravagli hat – mit ihm war sie länger als mit jedem anderen Mann zusammen –, ist der einer Frau, die sich für eine begrenzte Beziehung entschieden hat. Frieda sagte nichts weiter, als daß sie »einander gern hatten«.

Er mochte Frieda allmählich auch immer lieber, weil sie ein gewisses Etwas hatte. Wie Lawrence sagte: »Nur die Liebenden werden geliebt.«

Als hätte ihre Lebensgeschichte sie zu sehr erschöpft, um nach mehr zu suchen, und der intensive Kampf mit Lawrence sie ausgelaugt, gab sich Frieda mit einer Kameradschaft zufrieden, die weit weniger herausfordernd war. Sie beschrieb sich Barbara gegenüber einmal als »masochistisch« und, auch wenn es höchstwahrscheinlich ironisch gemeint war, enthält es doch auch ein Körnchen Wahrheit. Ihre Beziehung zu Ravagli war letztendlich nicht erfüllend für sie. Sie beklagte seine mangelnden intellektuellen Qualitäten und vermißte die Auseinandersetzungen mit Lawrence, wie heftig sie auch gewesen sein mochten. Ihre Jahre mit Ravagli hatten den Vorzug, geordnet und bequem zu sein, aber sie waren auch ziemlich langweilig, und Friedas eigene Vorbehalte ihm gegenüber wuchsen im Laufe der Jahre.

Anfangs hatte sie Ravaglis Familie nahegestanden, war Patin seines Sohnes – der nach ihr Federico hieß – und verbrachte nach Lawrence' Tod sogar einige Tage mit ihnen; in Mexiko angekommen, korrespondierte sie gelegentlich mit Ravaglis Frau. Doch der Verdacht wuchs in ihr, daß seine Familie die Verbindung zu ihr ausnutzte, um finanziell davon zu profitieren. Als er 1937 zu einem Besuch nach Italien zurückkehrte, schrieb sie ihm: »Du weißt, ich bin der Meinung, daß alles, was mein ist, auch Dein ist. Bei Deiner Familie ist das anders. Dafür mußt Du mir vergeben, es ist nur menschlich.« Am Ende konnte sie, davon abgesehen, auch vor seinen zahlreichen Affären nicht mehr die Augen verschließen. Barbara erinnert sich an seine unverhohlene Flirterei:

Als ich 1956 bei ihnen war, konnte ich sehen, daß sie die Nase von ihm voll hatte und er sie langweilte. Er machte sowohl bei Elsa wie bei mir Annäherungsversuche und schrieb Frieda einen Brief, daß Barby seine Auserwählte wäre, wenn er nicht verheiratet wäre. Doch es machte sie nicht wütend. Sie brauchte jemanden, und sie hatte das Gefühl, daß ihre Kinder sich völlig von ihr entfernt hatten. Einmal schrieb Frieda mir, daß Ravagli in jemand anderen verliebt sei und daß sie froh wäre, die Verantwortung für ihn los zu sein. Aber natürlich verließ er sie nicht, er wußte, was gut für ihn war. Mein Mann nannte ihn »einen Betrüger«. Doch Frieda dachte, es seien seine Frau und Kinder, die hinter dem Geld

her wären, nicht er ... Sie heiratete ihn einfach, um ihm einen
Gefallen zu tun.

Die Eheschließung selbst war gleichermaßen Friedas wie Ravaglis Entscheidung, doch es scheint sich bei ihr um einen
typisch unüberlegten Akt der Großmut gehandelt zu haben,
um seiner Ausweisung vorzubeugen. Frieda war notorisch naiv
in Geldangelegenheiten, und es ist fraglich, ob sie sich der
vollen finanziellen Auswirkungen dieser Verbindung für ihre
Kinder bewußt war. Mit Sicherheit haben die späteren Ereignisse zu den Verdächtigungen hinsichtlich der Motive, aus
denen heraus Ravagli bei Frieda blieb und sie heiratete, beigetragen. Als sie nämlich starb, wurde ihr Erbe laut mexikani-
scher Rechtsprechung zu gleichen Teilen zwischen ihrem
Mann und ihren Kindern aufgeteilt. Durch diese Wendung des
Schicksals trug es auf merkwürdige Weise Früchte, daß Ravaglis Familie seine Abwesenheit so lange ertragen hatte (es gibt
auch Gerüchte, daß Ravagli Gemälde nach Friedas Tod ge-
fälscht und als ihre ausgegeben haben soll).

Als bizarres Nachspiel kehrte Ravagli nach Italien zu der
Frau und den Kindern zurück, die er für Frieda verlassen hatte,
und blieb bis zu seinem Tod 1975 bei ihnen. Nach italienischem
Recht war er nie geschieden worden; in gewisser Hinsicht hatte
Frieda also mit einem Bigamisten gelebt. Ironischerweise wurden die Nachfahren des Mannes, der Lawrence zum Hahnrei
gemacht hatte, zu den Nutznießern der Hälfte von Lawrence'
beträchtlichem literarischem Nachlaß und im Laufe der nächsten Jahrzehnte zu einer der reichsten Landbesitzerfamilien
ihrer Gegend.

Doch Frieda wäre alleine nicht gut zurechtgekommen. Ravagli verfügte über den Pragmatismus, der ihr fehlte, half ihr

bei der Haushaltsführung und machte ihre Einsamkeit erträglicher. In ihren besten Zeiten war die Kameradschaft für beide Seiten eine Stütze, und Frieda beschrieb ihre letzten Jahre als vergleichsweise glücklich. Mit einundsiebzig, 1950, verlieh sie ihrer Zufriedenheit Ausdruck: »Ich habe das Leben, das ich möchte.« In der Tat hatte sie so viele Besucher, wie sie nur wollte, und unter ihren Freunden in Hollywood waren Charlie Chaplin und Igor Strawinsky, und sie kannte künstlerische Protegés wie Georgia O'Keefe. Doch im Vergleich zu ihrer Zeit mit Lawrence erscheinen diese letzten Jahre relativ fade. An ihren Tiefpunkten war die Beziehung zu Ravagli von der Langeweile geprägt, die bisweilen im Kielwasser von emotionaler Erschöpfung und geistigen Kompromissen folgt.

Und natürlich hielt Lawrence Ravagli für ein wertloses Nichts.

Frieda und Mutterschaft:
»Die Blumen des Schmerzes«

Es war wundervoll, die alte Verbindung zu den Kindern zurückzugewinnen, ich hatte die Hoffnung schon aufgegeben und dachte, es wäre der Preis, den ich dafür zu zahlen hatte, L.s Frau zu sein.

FRIEDA LAWRENCE, BRIEF AN MURRY, 1952

Für Leavis' Urteil, Frieda sei »nicht mütterlich« gewesen, gibt es keinerlei Anhaltspunkte. Ihre Briefe und Schriften, das Zeugnis ihrer Freunde und Freundinnen, Lawrence' heftige Eifersucht, die Erinnerungen ihrer Kinder – alle sprechen von Friedas mütterlicher Liebe. Ihre frühe Begeisterung für sie schlägt sich in ihren Briefen nieder: »Der Knabe ist unsere große Freude«, »[er] ist wirklich ein Schatz, und es ist wunderbar für mich, daß für ihn niemand über seiner ›Momamo‹ steht... Es ist bewegend, wie sehr er an mir hängt« (siehe Abbildung 4). Barbara erinnert sich, daß sie als Kinder die Gesellschaft ihrer Mutter sehr genossen:

Mein Vater war eine eher distanziertere Figur. Wir mochten ihn sehr gerne, aber sie war es, die zählte. Frieda genoß das Leben, sie machte das Beste daraus, man hätte nie gemerkt, daß sie insgeheim unzufrieden in Nottingham war und sich langweilte. Das Leben mit ihr war wundervoll und magisch.

Friedas Verzicht auf ihre Kinder war keine sorgfältig geplante Entscheidung, sondern eine spontane Reaktion auf dramatische emotionale Entwicklungen. Sie wußte, daß sie dem langsamen Selbstmord ihrer gutbürgerlichen Ehe entkommen mußte und daß weder sie noch Lawrence über Geld oder Heim verfügten, das es ihnen erlaubt hätte, die Kinder zu übernehmen. Außerdem bestimmte das britische Scheidungsrecht der Zeit, daß Frieda als schuldige Partei die Kinder dem Vater zu überlassen hatte.

Die Schande, ihre Kinder verlassen zu haben, wird vorwiegend Frieda allein in die Schuhe geschoben. Während Lawrence' Jünger das Ganze als Anzeichen dafür sehen, daß er zu keinerlei Kompromiß oder oberflächlichen sexuellen Affären bereit gewesen sei, ist es für Friedas Kritiker ein weiterer Beweis ihres Egoismus und schlechten Charakters. Doch der Schmerz, den die Trennung von ihren kleinen Kindern bei ihr verursachte, hinterließ auch in der Freude und Begeisterung an ihrer Beziehung zu Lawrence einen bitteren Wermutstropfen. Sie nannte es eine Zeit, in der sie »blind und leer vor Schmerz« gewesen sei und ihre Reise durch Europa voller »Hoffnung und Seelenqual« begonnen habe.[59] Die Beziehung zu ihren drei Kindern war für den Rest ihres Lebens tiefgreifend gestört, und von ihnen getrennt zu werden, war das größte Trauma, das sie zu durchleben hatte.[60]

Ihre Texte, sowohl aus dieser Zeit wie aus späteren Jahren, zeigen, daß das Leiden am Verlust ihrer Kinder heftig war und nie vollständig überwunden werden konnte. Ihr erster Winter ohne sie war besonders qualvoll.

Gerade zu Weihnachten hatte die Tragödie ihren Höhepunkt erreicht... Ich wurde von all meinen Freunden mißachtet, die Ausgestoßene... Doch... ich muß warten; immerhin sind sie mein eigen Fleisch und Blut...[61]

Während der gesamten Jahre 1913 und 1914 hatte Frieda besonders schreckliche Sehnsucht nach ihren Kindern, doch Weekley verbot ihr, sie zu sehen oder mit ihnen Verbindung aufzunehmen. Dieser Schlag traf sie tief. Noch im Jahre 1955 spürte Frieda seine Nachwirkungen. Sie schrieb an Barbara:

Ich bin froh, daß Ihr Kinder Euren Vater geliebt habt. Als er tot war, versuchte ich freundlich an ihn zu denken, aber ich konnte es nicht. Ich glaube nicht, daß ich ihm gegenüber gerecht sein kann. Natürlich haßte er mich, als ich ihn verlassen habe, aber daß er mir nicht erlaubte, Euch zu sehen, war ungerecht Euch gegenüber. Immerhin war ich Eure Mutter. Wenn er mich verlassen hätte, hätte ich mich anders verhalten. Doch daß ich fortgegangen bin, hat etwas in ihm zerbrochen. Wäre ich geblieben, wäre ich zerbrochen; ein Kompromiß war nicht möglich. So grausam ist das Leben.[62]

Sie verbrachte Monate damit, Besuchspläne zu schmieden und Strategien auszuhecken, wie sie die Kinder sehen könnte, und schrieb bewegende Briefe, in denen ihre Qualen und Sorgen zum Ausdruck kommen.

Wirklich zum ersten Mal in meinem Leben... *weiß ich nicht, was ich tun soll.* Natürlich halte ich es nicht für wünschenswert, daß ich die Kinder auf der Straße sehe, aber was soll ich denn tun? Ich bin völlig von allem abgeschnitten, von Ernest und den Kindern... Er hat mich zutiefst geliebt, und deshalb haßt er mich jetzt zutiefst; er wird die Kinder von mir fernhalten, ich weiß es, er geht immer aufs Ganze! Und seine Verwandtschaft liebt die Kinder; er hat einen Pastorenbruder, sie sind alle fromm. Ich mochte sie, aber eher hätte das Tintenfaß Mitleid mit mir als sie. Ich weiß, daß sie den Kindern erzählen werden: »Eure Mutter hat euch verlassen«; ich möchte ihnen sagen: »Ich habe euren Vater verlassen, nicht euch.« Ich merke, wie sie mir ins Nichts entgleiten, und ich kann es einfach nicht ertragen und werde es nicht ertragen!

Lawrence, der »den Gedanken an England haßt, der Angst davor hat, daß ich die Kinder sehe«, war wenig hilfreich. Erst als Frieda ihrem Wunsch dadurch Nachdruck verliehen hatte, daß sie zwei Tage lang weglief, kapitulierte er und willigte ein, mit ihr nach England zurückzukehren, damit sie versuchen könnte, die Kinder zu sehen.

Dies war die Zeit, in der Weekleys Rachsucht am schlimmsten war. Die Kinder waren umgezogen, doch, als Teil des Strafprogramms, hatte Weekley sich geweigert, ihr die Adresse bekannt zu geben. In London angekommen, wußte sie nicht genau, wo sie wohnten, und Frieda war gezwungen, durch die Straßen von Chiswick zu irren, wo sie verzweifelt nach irgendeinem Zeichen ihres Aufenthaltsortes suchte. Der Legende nach erkannte sie nach langem Suchen schließlich Gardinen, die sie für ihr Haus in Nottingham gekauft hatte, und stahl sich zur Hintertür hinein, um unbemerkt nach oben ins Kinderzimmer gelangen zu können. Ihre Tochter erinnert sich:

Uns Kindern war beigebracht worden, daß unsere Mutter Schande und Unglück über unsere Familie gebracht habe. Und plötzlich stand sie da im Türrahmen des Kinderzimmers, wo wir mit unserer Großmutter und Tante zu Abend

aßen. Sie kam uns Kindern vor wie eine furchteinflößende
Erscheinung, während Oma und Tante völlig außer sich
gerieten, aufsprangen und sie mit Beschimpfungen bombar-
dierten, als wäre sie die Verkörperung alles Bösen. Leider
muß ich gestehen, daß wir Kinder mitmachten. Frieda floh,
schockiert und gedemütigt.[63]

Im Laufe der nächsten Jahre konnte Frieda sich hin und wieder
kurz mit Monty, Elsa und Barbara treffen, doch erst, als sie
älter waren und zu Besuch kommen konnten, wurde ein weniger sporadischer Kontakt möglich. Diese Treffen erleichterten
Friedas Seelenqual für eine gewisse Zeit, doch wurde sie von
neuem unerträglich, wenn sie die Kinder lange nicht gesehen
hatte: »Es ist schwer«, schrieb sie im Dezember 1913 an Cynthia Asquith, »ich vermisse sie so, wie man ein Bein vermissen
würde.« Lawrence schrieb seinen eigenen schnippischen Kommentar im selben Brief darunter: »Nach vierzehn Tagen würde
man das nicht mehr.«

Ihr Kummer war nicht, wie Lawrence anzudeuten schien,
eine Frage von Selbstmitleid oder mangelnder Willenskraft
noch von ungenügender Liebe zu ihm, sondern die natürlichen
Gefühle einer Mutter, die ihre Kinder verliert: »Friedas Charakter war voller Liebe ... wenn sie litt, war es so schmerzlich,
sie zu beobachten wie ein Tier in einer Falle. Sie konnte ihre
Kinder ebensowenig vergessen oder aufgeben wie eine Löwin
oder ein Pumaweibchen ihre vom Jäger weggenommenen Jungen. Der Schmerz, den ihr die Trennung verursachte, hatte
etwas Elementares und Edles.«[64] Zeitweilig war sie wie gelähmt
vor Trauer, doch ihre Seelenpein steigerte Lawrence' schlechtes Gewissen nur noch, und er haßte den Schatten, der durch
Friedas Mutterrolle über ihnen lag.

Anfänglich war Lawrence verständnisvoll und teilte den Schock über Weekleys barbarischen Racheakt mit ihr. Sein Gedicht »Ballad of a Wilful Woman« vergleicht Frieda mit Maria auf der Flucht nach Ägypten, nur daß diese Maria ihr Kind bei Josef zurückgelassen hat, um den »rastlosen Wanderungen« eines Erretters zu folgen. Und des Nachts »by the fire's red stain / Her face is bent, in the bitter stream / That comes from the flowers of pain ... – beim roten Flackern des Feuers / Ist ihr Gesicht geneigt im bitteren Strom / Der von den Blumen des Schmerzes kommt.«[65] Doch dieses Mitgefühl hielt nicht lange vor, wie wir gesehen haben. Aus einer komplizierten Mischung von Eifersucht und Schuldgefühlen heraus konnte Lawrence Friedas Kummer nicht ertragen.

Als sie in London versuchen wollte, die Kinder zu sehen, war ihr Lawrence keinerlei Unterstützung. Es waren vielmehr Garnett und Katherine Mansfield, die Frieda zur Seite standen und vor der Schule der Kinder warteten, um einen Blick auf sie zu erhaschen oder ihnen heimlich Briefe zuzustecken: »Katherine sah eine auf tragische Weise beraubte Mutter, die ihre Kinder für die Liebe verloren hatte.«[66] Bei ihrem ersten Treffen mit Elsa und Barbara waren die beiden Mädchen begeistert, weil sie dachten, Frieda würde zurückkommen, doch beim nächsten Mal, ein paar Tage später, war ihre Reaktion eisig, und sie rannten davon, als wäre sie eine Aussätzige. Ihnen war befohlen worden, nicht mit ihr zu sprechen: »Nur kleine weiße Gesichter starrten mich an, als wäre ich ein böser Geist.«[67]

Frieda wollte stets nur das Beste in anderen sehen. Ihre Schwester Else meinte, es sei eine Art Naivität, daß Frieda sich weigerte, den Glauben an das Gute im Menschen aufzugeben. Von Weekley hatte sie jedenfalls ganz sicher nicht erwartet, daß er sich hinsichtlich der Kinder so grausam verhalten könnte. Als letzte Möglichkeit besuchte sie Weekley im Dezember 1914 allein in Nottingham und kam unter falschem Namen an seiner Vermieterin vorbei. Er wies ihre Bitten um rechtmäßigen Zugang zu den Kindern ab und beschimpfte sie als eine Dirne und drohte, er wolle sie verhaften lassen, wenn sie weitere Versuche unternehme, die Kinder zu sehen. Lawrence, der die Episode niederschrieb, als Frieda sie ihm erzählte, sagte, es sei beinah eine Farce gewesen: »Lustig… wenn es nicht so schmerzlich wäre… aber die arme Frieda kann ihre Kinder nicht sehen.«

Lawrence verewigte seine Version der Familie Weekley in *The Virgin and the Gypsy,* in der die Frau eines Pfarrers »mit einem jungen, brotlosen Mann« davonläuft, bei dem Weekley offensichtlich Modell stand für den Mann Gottes mit seiner »hinterhältigen Selbstgerechtigkeit«, dem »wilden, tragischen Blick in den Augen« und den anmaßenden Verwandten, die die Kinder in einer »Atmosphäre der verschlagenen Selbstzufriedenheit und Unausgesprochenheit« aufziehen, so daß sie »das Familienurteil« über ihre fehlgegangene Mutter übernehmen müssen. An anderer Stelle nannte er die Kinder »Nieten« und verdammte den ganzen »verrückten Weekley-Klan – verflucht sei der gesamte kümmerliche Haufen Würmer«.[68] Bezeichnenderweise sind viele von Lawrence' zentralen Romanpaaren kinderlos wie er und Frieda, und wenn Kinder vorkommen (wie die Tochter von Mellors' Frau in *Lady Chatterley*), sind es abstoßende Kreaturen, symbolhafte Auswüchse der Schlechtigkeit ihrer Mutter. »Lawrence sagte, daß Kinder ein von den Erwachsenen getrenntes Leben haben sollten. Er hatte kein Verständnis für die Unterwürfigkeit der Mittelschicht gegenüber der Jugend.«[69]

Wie vorherzusehen war, verinnerlichten Friedas drei Kinder

die Werturteile, die ihnen von ihrem Vater und seiner Familie vermittelt wurden: »Für die Weekleys war Frieda die kriminelle Mutter und wurde vor den Kindern beständig schlecht gemacht.«[70] Friedas Verzweiflung über die räumliche Trennung wurde durch dieses Wissen, daß ihre Kinder zur Ablehnung ihr gegenüber erzogen wurden, noch verschlimmert. Barbara erinnert sich an das Verschwinden ihrer Mutter und seine Nachwirkungen:

Frieda nahm Elsa und mich mit nach Hampstead, dann ging sie fort. Sie sagte nichts. Mein Vater kam mit Monty, der bei ihm geblieben war, aus Nottingham. Ich war ungefähr sieben, beim Frühstück, Oma und alle Weekleys saßen zusammen um den Tisch, und ich sagte zu ihm: »Wo ist Mama?«, und er stand auf und verließ den Raum. Oma sagte: »Fragt jetzt nicht nach Mama.« Also waren wir traurig und völlig verwirrt, aber wir fragten nicht nach ihr. Wir vermißten sie, meine Schwester und ich weinten im Bett, doch als wir älter wurden, wandten sich Elsa und Monty gegen Frieda und wurden sehr moralisch. Zuerst hatten wir nichts dergleichen gefühlt, wir waren nur verwirrt und fragten uns, wo sie sein mochte. Es war alles so geheimnisvoll, daß sie nicht erwähnt werden durfte. Ich dachte, sie müßte im Irrenhaus sein, und dann zogen die Weekleys immer über sie her, und wir wurden dazu erzogen, sie abzulehnen und zu verurteilen. Doch ich liebte sie, und mein Bruder im Grunde auch. Elsa war da gleichgültiger, vielleicht weil Frieda nicht so lieb zu ihr gewesen war und sie immer »mein Schmuddelkind« genannt hatte.

Frieda mußte ständig gegen ein falsches Bild von ihr angehen und um jede Art von Kontakt kämpfen. Sie gab die Hoffnung nie auf, die Beziehung zu ihren Kindern wieder neu anknüpfen zu können. Ihre Briefe enthalten anrührende Hinweise auf die Kürze ihrer Begegnungen. Im Februar 1917 schrieb sie: »Wenn wir nach Amerika fahren, werde ich in London sein... Ich kann meine Kinder vielleicht für einen *ganzen* Tag sehen – vielleicht auch mehr.« Im September 1917: »Ich werde die Kinder eine halbe Stunde lang bei dem schmierigen Rechtsanwalt sehen: Ich bin so froh.« »Ich habe die Kinder bei dem garstigen Rechtsanwalt gesehen. Sie waren *so* natürlich und wirklich ganz wie früher. Es gab mir so viel Hoffnung. Der Junge ist recht ansehnlich, plötzlich schon ein junger Mann, beinah sechs Fuß groß. Sie waren *wirklich* lieb, fand ich.« Barbara erinnert sich so an dieses Wiedersehen:

Mein Vater holte uns mit einem Taxi ab, und wir fuhren in völligem Schweigen zurück nach Chiswick. Nie sprach er über sie. Sie hatte sein Herz gebrochen. Frieda wußte, daß etwas in ihm zerbrach, als sie fortging, sie wußte, wie grausam das Leben war. Trotzdem hatte sie Ehrfurcht vor dem Leben.

Von 1919 bis 1923 konnte Frieda die Kinder überhaupt nicht sehen. 1923 schließlich wollte Frieda unbedingt nach England zurückkehren, um sie treffen zu können, und versuchte Lawrence davon zu überzeugen mitzukommen, doch er weigerte sich, und sie fuhr allein. Lawrence schrieb an Murry: »Falsch oder nicht, ich kann die Hetzjagd hinter diesen Weekley-Kindern nicht ertragen.« In ihrer Enttäuschung war Frieda versucht, ein Verhältnis mit Murry anzufangen.

Ich bin froh, allein zu sein, und ich werde *nicht* zu ihm und seiner ewigen Hetzerei gegen mich zurückkehren, es ist zu abscheulich! Ich werde seine schlechte Laune nicht länger ertragen – das habe ich ihm geschrieben. Er kann zum Teufel gehen, mir reicht es jetzt – immer wieder die alte Leier.[71]

Sie sah die Kinder in jenem Sommer tatsächlich, und von Mitte oder Ende der zwanziger Jahre an bestand ein regelmäßigerer Kontakt und Briefwechsel zwischen ihnen, weil sie jetzt erwachsen genug waren, um selbst Entscheidungen treffen zu können. Friedas Briefe zeugen von immenser Erleichterung und Dankbarkeit über die wiederhergestellte Verbindung. 1926 schrieb sie: »Gestern ... trafen wir Monty ... Es war, als hätte sich etwas in ihm befreit, und es herrschte eitel Freundlichkeit und Liebe – rundum ... Danach habe ich mich natürlich immer gesehnt ...«; und 1930: »Meine Tochter Barbara wird mit mir kommen; sie ist eine erlesene Kreatur ...« Sei es mit Lawrence in Italien oder mit Ravagli in Mexiko, Frieda genoß stets den Besuch ihrer Kinder. Im Sommer 1939 besuchte Monty sie mit seiner Familie in Taos; Barbara fuhr mit ihrer Tochter Ursula zu ihr.

Doch auch wenn nach und nach mit allen dreien die Beziehungen wiederhergestellt wurden, verschwanden die Narben, die Friedas Fortgang verursacht hatte, nie ganz. Besonders die beiden älteren Kinder konnten die unbarmherzige Haltung ihres Vaters nicht völlig ablegen. Elsa blieb am wenigsten zur Versöhnung bereit und stellte sich mehr auf Weekleys Seite als die anderen beiden. Selbst Barbara, die das beste Verhältnis zu Frieda hatte, gesteht ein, daß nie wieder eine wirkliche Mutter-Tochter-Beziehung daraus wurde: Der Verlust war eine bleibende Wunde, für Frieda sosehr wie für die Kinder.

Sie war eine besondere Frau, außergewöhnlich, viele Frauen hätten neben ihr nicht bestehen können. Und sie litt sehr. Sie litt fürchterlich. Sie nahm einmal ein Kind mit in den Zirkus, und ich dachte damals, daß sie dieses Kind nahm und dabei an ihre eigenen dachte. Als sie gerade erst fortgegangen war, hatte sie Angst, daß die Verbindung durchtrennt werden könnte, wenn es zu lange so ginge. Und so geschah es natürlich auch. Als wir sie bei ihrem Versuch, ins Haus hineinzuplatzen, wiedersahen, war sie eine fremde Frau.

In gewisser Hinsicht waren Frieda und ich uns am Ende nahe, aber es war recht verschieden von der gewöhnlichen Mutter-Tochter-Beziehung. All diese Jahre waren vergangen, waren vergeudet, die Jahre, die die Heuschrecken gefressen haben, können nicht ersetzt werden.

Als mein Mann und ich zu ihr zu Besuch fuhren, gab es noch gewisse Spannungen zwischen Frieda und mir. Erst als ich später allein bei ihr war, war es gut und friedlich. In ihrem letzten Brief an mich, wenige Tage vor ihrem Tod, schrieb sie: »*Unsere gemeinsame Zeit war wolkenlos...*«

Daß Frieda ihre Kinder verließ, hatte nichts mit ihrem Unwillen oder ihrer Unfähigkeit zu tun, die Mutterrolle zu übernehmen. Die Beziehung zu ihrer eigenen Mutter war eng und eine beständige Quelle innerer Stärke. Baronin von Richthofen war zumindest bei Montys Geburt dabei, und selbst als das Reisen schwieriger wurde, war Frieda oft in Deutschland, um sie zu besuchen (siehe Abbildung 7). Mit Lawrence' Mutterbeziehung, die weit verwickelter und problematischer war, hatte Frieda nur wenig gemein, was ein Grund dafür gewesen sein mag, warum sie seinen inneren Schwierigkeiten nur wenig Verständnis entgegenbrachte, so wie er sie für ihren relativen

Mangel an ebendiesen ablehnte. Ihre Mutterinstinkte und die anfängliche Bindung an ihre Kinder waren tief, doch das machte das Abgeschnittensein von ihnen nur noch schmerzlicher.

Wenn irgendein Leiden Friedas Seele formte, dann war es dieses. Von ihren Kindern getrennt zu sein, war die größte und prägendste Tragödie ihres Lebens. In ihren eigenen Worten:

Der Preis, den ich zu zahlen hatte, war beinahe mehr, als ich mit all meiner Kraft zu begleichen vermochte. Diese Kinder zu verlieren, diese Kinder, denen ich mich verschrieben hatte, war ein Mühlstein, der mich zermalmte. Lawrence litt ebenfalls Qualen. Ich glaube, er dachte oft: Habe ich wirklich das Recht, diese Frau ihren Kindern zu entreißen?

Frieda, Lawrence und das Weibliche: »Jenseits einer Apartheid der Geschlechter«

Aber Frieda sagt, ich sei vorsintflutlich mit meiner Behauptung. Ich glaube wirklich, daß eine Frau einem Mann ein gewisses Vorrecht einräumen und er dies annehmen muß. Ich glaube wirklich, daß die Männer unbedingt ihren Frauen vorangehen müssen, ohne sich umzudrehen und die Frauen um ihre Erlaubnis oder ihr Einverständnis zu bitten. Darum müssen die Frauen sozusagen blind folgen. Ich kann nichts daran ändern, ich glaube das nun einmal. Frieda nicht. Darum unser Kampf.

Brief von Lawrence an Katherine Mansfield, 1918

Anders als für ihre Schwester Else hatte die intellektuelle oder soziale Emanzipation der Frauen für Frieda keine Priorität in ihrem Leben. Sie tat Lawrence' frühe Liebe Jessie Chambers als »Blaustrumpf« ab, dem die Leidenschaft fehle, und identifizierte sich stärker mit Männern als mit Frauen, auch wenn sie einige Freundinnen hatte (so etwa Cynthia Asquith, Katherine Mansfield oder Maria Huxley).

Es gab einige Frauen, die Frieda bewunderten und mochten. Maria Huxley war ihre vielleicht treueste Freundin. Doch sie kam aus der Generation, die dachte, Frauen wären hilflos und oberflächlich. Ihre Schwester Else war eine Ausnahme.

Frieda sagte oft, wie sie sich auf der Straße ihrer Schwester schämte, dieser Tochter eines Barons, die nun Gesundheitsinspektorin war! Sie schien zu glauben, daß eigentlich nur die Männer zählten, daß sie die Hilfe der Männer sein sollte: Sie war Lawrence' Muse.

Während ihrer Jugend hatte sie ein kurzes lesbisches Verhältnis, doch sie wiederholte etwas Derartiges nicht mehr und sie trug sich nie mit dem Gedanken, sich von Männerbeziehungen zu befreien.

Sie hatte keine Vorurteile gegenüber Homosexuellen. Als sie den Film Mädchen in Uniform *sah, sagte sie: »Das bin ich.« Als Schulmädchen in Deutschland hatte sie eine lesbische Erfahrung gemacht, die Lawrence in* Der Regenbogen *verwendete, und in Taos hatte sie Spud Johnson sehr gerne, der schwul war.*

Frieda suchte nie nach einer möglichen Alternative zur Heterosexualität. Das Ziel, das sie sich selbst setzte, war – besonders mit Lawrence – die Ermöglichung wirklicher Liebe und Übereinstimmung der Gefühle und die Schaffung einer neuen Basis für die erotischen Beziehungen *zwischen* den Geschlechtern. Ihr Kampf gegen männliche Vorherrschaft kam viel stärker aus dem Bauch als aus dem Intellekt; ihr Leben war, wie das so vieler Frauen, die nach emotionaler und sexueller Erfüllung mit Männern suchen, voller Widersprüche, Irrtümer und Brüche.

Dennoch war Frieda kein Inbegriff und keine Fürsprecherin weiblicher Passivität. Zu Beginn ihrer Ehe mit Weekley beschwerte sie sich, wie »gemein« es sei, »daß die Leute uns Frauen mit Gewalt von allem ›Gescheiten‹ fernhalten wollen, als ob man sein Hirn nicht genauso bräuchte, wenn man verheiratet ist!«[72] Leavis hatte nicht nur unrecht damit, Frieda eine Rabenmutter zu nennen; sie als nicht intellektuell zu bezeichnen, war ebenso falsch. Wenn man von ihrem umfassenden Lesepensum ausgeht, blieb Frieda ihr ganzes Leben lang geistig äußerst rege. Sie war mit Englisch und Deutsch zweisprachig, lernte Italienisch und war äußerst belesen. Die Bandbreite ihrer Lektüre erstreckte sich von Sophokles und Shakespeare zu Goethe und George Eliot, von Dickens zu Dostojewski und Tolstoi, von Ibsen zu Köstler, von Freud zu T. S. Eliot und Joyce; zeitgenössische Werke verschlang sie unmittelbar nach ihrem Erscheinen. Sie war ganz sicher keine Paradefigur weiblicher Geistlosigkeit. »Du tust *ihm* unrecht«, schrieb sie, »wenn Du denkst, ich sei nichts weiter als ein leidenschaftliches Weib für ihn gewesen und ziemlich dumm.«[73]

Doch die Form von Intelligenz, die Frieda vertrat, unterschied sich von der, die in unserer westlichen Tradition als die einzig Richtige propagiert wird. Für Intellekt ohne Gefühl hatte sie nur wenig Verständnis; vor der hohen Wissenschaft verspürte sie nicht den geringsten Respekt. Sie begegnete der Kulturindustrie, die um Lawrence' Werk herum entstand, sogar mit äußerstem Zynismus. 1949 notierte sie, daß eine Lawrence-Bibliographie mehr als 600 Bücher und Aufsätze enthalte (heute sind es mehrere tausend) und sie diese als Parasiten ansähe, als Veröffentlichungen, die universitärem Ehrgeiz und akademischen Ambitionen entsprangen und nicht einem tiefergehenden Interesse an Lawrence' Vision. In diesem Sinne ist der bemerkenswerte Satz aus dem Vorwort von *Nicht ich, aber der Wind* zu verstehen: »Ich wollte Lawrence mein Schweigen schenken.« Damit drückt sie keineswegs die Überzeugung aus, Frauen könnten oder sollten nicht sprechen, sondern daß das

Leben, das für sie das Ziel allen Schreibens war (und zu dem Lawrence in einigen Büchern ihrer Meinung nach hinführte), nicht vollständig in Worte zu fassen sei. Es war das tiefere Leben und keine kritischen Kommentare dafür oder dagegen, das Frieda finden und leben wollte.

Zwar beschrieb sie Lawrence als Mann, der sich selbst zum Gott erheben wollte, doch entgegen Millers Parodie von Frieda als eine der »bewundernden Kühe«, die sich um Lawrence scharten, war Friedas Unterstützung für ihn nicht fanatisch. Sie förderte sein Werk nur dann, wenn es die Vision verkörperte, an die sie beide glaubten – jenes vollere, tiefere Leben jenseits des persönlichen Egos – und hielt mit unverblümter Kritik nicht zurück, wenn sie das Gefühl hatte, er verfehlte dieses Ziel. Sie war stärker an dem interessiert, was Lawrence mit seinem Schreiben erreichen konnte, als daran, ihm zu schmeicheln. So hatte sie auch keine Skrupel, ihm zu sagen, daß *Sons and Lovers [Söhne und Liebhaber]* wegen seiner überdeutlichen Verarbeitung von Lawrence' Mutterfixierung enttäuschend sei. Sie hatte ihn in Freuds Ideen eingeführt – eines ihrer frühesten Gespräche, erinnerte sie sich, war über Ödipus gewesen – und war recht verärgert, als Lawrence sich weigerte, den Roman umzuschreiben. Frieda sagte, er hätte Freud »ziemlich mißverstanden«. Darauf schrieb sie eine Parodie von *Söhne und Liebhaber* mit dem Titel »Paul Morel, or His Mother's Darling« [»Paul Morel, oder das Muttersöhnchen«]. Doch Lawrence – dessen Roman es sicherlich gutgetan hätte, wenn er sich und seine Mutterfixierung etwas weniger ernst genommen hätte – fand das überhaupt nicht lustig.

Frieda bot ihm weiterhin Kritik, Ideen, Unterstützung und Anregung. Sie las seine Werke ständig und versorgte ihn mit ernstgemeinter Kritik. Sie ermunterte ihn, den Horizont seiner

Vorstellungswelt zu erweitern, Risiken einzugehen, mit seiner Prosa in neue Gebiete vorzustoßen und expliziter zu werden. Wenn Lawrence über Garnetts Vorbehalte ungeduldig wurde, wandte er sich an Frieda, um neuen Mut und Trost zu schöpfen. Mit ihrer Zustimmung oder Ablehnung von Lawrence' Werken hielt sie nie hinter dem Berg. Sie zog *Tenderness*, die erste Fassung von *Lady Chatterley*, den späteren Versionen bei weitem vor, die durch die Verwendung unanständiger Wörter sensationsheischender wurden. Sie übertrug sein Theaterstück *David* ins Deutsche, und mit ihrer Zustimmung und Zusammenarbeit bezog sich Lawrence in *The Rainbow [Der Regenbogen]* über weite Strecken auf Friedas eigene Erfahrungen. Der Roman sollte ursprünglich *The Sisters* heißen, und es war Frieda, die ihn sowohl zu dem neuen Titel als auch zu einem Gutteil des Inhalts anregte. Im Grunde war ihre Mitarbeit, besonders an diesem Roman, so groß, daß Keith Sagar vorschlug, *Der Regenbogen* sollte beiden, Frieda und Lawrence, zugeschrieben werden:

Aldous Huxley sagte, daß er erst, nachdem er Frieda kennengelernt hätte, verstanden habe, warum Buddha Dummheit unter die Todsünden zählte. Doch die Frau, die Lawrence in den frühen Jahren als einzige mit produktiver Kritik bedachte, die half, den *Regenbogen* und *Liebende Frauen* zu schreiben (um gerecht zu sein, hätte *Der Regenbogen* als gemeinsames Werk von D. H. und Frieda Lawrence veröffentlicht werden müssen) und die ihr eigenes Buch, Memoiren, Aufsätze und Briefe schrieb, war alles andere als dumm, obwohl ihr ohne Zweifel die Intelligenz fehlte, die Huxley zu jener Zeit als einzig mögliche verstand und schätzte, die Intelligenz, die ihn auch Lawrence nicht verstehen ließ.[74]

Auf diese und andere Weisen war Frieda ein ganz zentraler Teil von Lawrence' schöpferischem Prozeß. Seine kreativen Ideen gingen von ihm zu ihr und zurück, bevor sie sich in seinem Schreiben niederschlugen. Sie war zusätzlich eine der konstantesten Figuren in seiner geistigen Landschaft. Als unterhielte Lawrence durch sein gesamtes Werk hindurch einen beständigen inneren Dialog mit ihr, tritt Frieda in einem Buch nach dem anderen auf. In seinen wichtigsten weiblichen Hauptfiguren ist es Frieda, die immer wieder in Einzelteile zerlegt und von neuem zusammengefügt wird: als Ursula Brangwen in *Women in Love*, Tanny Lilly in *Aaron's Rod*, Harriet Somers in *Kangaroo*, Kate Leslie in *The Plumed Serpent [Die gefiederte Schlange]*, Connie Chatterley in *Lady Chatterley*.

Doch als Lawrence' abstruse Vorstellungen vom Verhältnis der Geschlechter im Laufe der Zeit immer ausgeprägter wurden – möglicherweise als Reaktion auf seine tatsächlich bestehende Abhängigkeit von Frauen –, distanzierte Frieda sich zunehmend von ihm und setzte sich gegen seine Ansichten zur Wehr.

Sein frühes Werk spiegelte viele der Besonderheiten und Konflikte ihrer Beziehung wahrheitsgemäß wider, doch als er allmählich die Frauenfiguren immer stärker zu abstrahieren begann, opferte er dafür die imaginäre und emotionale Tiefe, wie sie in *Der Regenbogen* zu finden war. Friedas Widerstand gegen Lawrence' Theorien der Vormachtstellung entstammte weder Rachegelüsten noch Ärger darüber, nicht im Mittelpunkt zu stehen; es hatte eher mit Wut und Enttäuschung darüber zu tun, daß Lawrence sich selbst untreu wurde. Er verriet sie, verriet ihre Beziehung und, was schlimmer war, er verriet seine eigenen Ideale.

Selbst männliche Kritiker haben eingestanden, daß Lawrence' Schreiben dann am wenigsten überzeugend ist, wenn es explizit versucht, über das Thema männlicher Macht zu dozieren und zu moralisieren: »Je weiter Lawrence sich in Richtung Erfüllung seines Wunschtraumes vom dominanten Mann bewegt, desto dünner wird seine Kunst.«[75] Kein anderer als Norman Mailer nennt Lawrence »bemitleidenswert an all den Stellen, an denen er andeutet, daß Männer dem Willen eines stärkeren Mannes folgen sollten, eines reineren Mannes, eines Mannes, der ihm selbst vermutlich nicht allzu unähnlich wäre«, und der Lawrence' bedauerliche Tendenz zum Predigen der »absoluten Unterwerfung der Frauen durch die Männer, der mystischen Anbetung des männlichen Willens, der Ablehnung der Demokratie« beklagt. Er ist sogar dankbar dafür, daß Lawrence rechtzeitig starb, bevor er weitere faschistische Tendenzen entwickeln konnte.

Frieda war weit davon entfernt, Lawrence' reaktionäre Ansichten von männlicher Überlegenheit zu unterstützen, sondern lehnte sie vehement ab. Wenn Kate Millet in den späten sechziger Jahren Lawrence wegen seiner Auffassung der Geschlechterrollen bekämpfte, dann tat Frieda während ihrer gesamten gemeinsamen Zeit dasselbe. Der Unterschied bestand darin, daß Frieda kein feministischer Rahmen zur Verfügung stand, in dem und durch den sie ihren Kampf hätte artikulieren können; sie sah auch nicht die Notwendigkeit eines solchen. Sie wollte ihre Identität und ihre Form weiblicher Integrität *in* und *durch* eine heterosexuelle Beziehung finden; Separatismus stand nicht auf ihrem Programm.

Kangaroo, einer der am wenigsten überarbeiteten Romane Lawrence', enthält einige der unverschleiertsten Beschreibungen Friedas. Offensichtlich autobiographisch und zu einer Zeit verfaßt, als Frieda noch einen positiven Aspekt des Frauseins für ihn repräsentierte, handelt das Buch von der Auseinandersetzung zwischen Somers, dem Ehemann, der aus der Sphäre intimer Beziehungen flüchten möchte, und Harriet, der Ehefrau, die sich dieser Aufspaltung in einen weiblichen und einen männlichen Bereich widersetzt.

Wenn er ein Vorhaben erst einmal langsam und bedächtig abgewogen hatte, machte er es nicht mehr zum Gegenstand von Harriets Zustimmung oder Ablehnung. Das lag dann außerhalb ihrer Sphäre... Dieses Prinzip ihrer Ausgeschlossenheit lehnte sie heftig ab. Sie erkannte die Notwendigkeit von unpersönlicher Aktivität an, aber sie bestand darauf, mit der Aktivität identifiziert zu werden, sei sie unpersönlich oder nicht... Sie wollte teilhaben, mitmachen, nicht einsam ausgeschlossen werden... Harriet ließ sich nicht ignorieren: o nein, auf keinen Fall. Sie würde sich nicht auf das Niveau einer Annehmlichkeit herabwürdigen lassen...

An dieser Stelle gesteht er sogar ein, daß sie recht damit haben könnte, sich über den Dünkel und Anspruch des Mannes lustig zu machen, weil dieser durchaus nichts weiter als eine Finte sein mag, um sich einer wirklichen gefühlsmäßigen Verbindung mit ihr zu entziehen. Er zeichnet in beiden Charakteren ein sensibles Porträt komplexer, widerstreitender Gefühle, was die verkürzte Interpretation von Lawrence' Darstellung heterosexueller Beziehungen – oder seines Verhältnisses zu Frieda – zur Karikatur macht.

Doch diese feinen Zwischentöne gehen ihm immer stärker verloren. Die weiblichen Charaktere Lawrence' stehen zunehmend für »die Frau an sich« und geraten zu wenig mehr als Verkörperungen eines weiblichen Prinzips. Je weiter er sich in seine verzerrte Metaphysik der Sexualität hineinsteigerte, desto mehr schwand Friedas Unterstützung für ihn. Ihre Reaktion wurde eine Mischung aus Bewunderung, Frustration, Verachtung und Verzweiflung: daß er so gut und so schlecht schreiben mußte; mit soviel Einsicht, doch soviel Dummheit; mit solchem Einfühlungsvermögen für Frauen, doch auch solch blinder Selbstgerechtigkeit.

Es ist nicht schwer, in Lawrence' Werk Beweise seiner Frauenfeindlichkeit zu finden. Es enthält Ansichten über weibliche Minderwertigkeit, die jede denkende Frau in Wut versetzen würden – die beiläufige Bemerkung in dem Brief an Catherine Carswell zum Beispiel, daß »eine Frau, die schreibt, etwas Tragisches und Unerfreuliches hat«.

In *Fantasia of the Unconscious,* in dem er seine Theorien (Phantasien) der Beziehungen zwischen Männern und Frauen ausbreitet, verzweifelt er an der intellektuellen Kraft des weiblichen Geschlechts: »Der große Fluß des weiblichen Bewußtseins geht nach unten ... sobald der Frau die Ideale und Tricks des Mannes antrainiert werden, in dem Moment, in dem sie in der Männerwelt mithalten kann – findet es ein Ende ... Sie wird völlig pervers ...«[76]

Er haßte (oder fürchtete) intellektuelle Frauen und behauptete, daß jede Macht, die Frauen über Männer besäßen, nur ein Zeichen fälschlicherweise angeeigneter männlicher Eigenschaften und Verhaltensweisen sei. Dies störe die natürliche Ordnung der Dinge, und solchem Blödsinn müsse Einhalt geboten werden, indem die Männer wieder ihre wahre Männlichkeit bewiesen. Wenn es der Verzicht der Männer auf ihre wahre Rolle sei, der sie vom Mannsein abgehalten habe und Frauen vom Frausein, dann sei der erste Schritt hin zur Ganzheit die Wiedererrichtung der Männerherrschaft. Lawrence stand mit diesen Ansichten nicht allein: Die Zwischenkriegs-jahre waren von einer starken Frauenfeindlichkeit geprägt, weil – als Folge des Wahlrechtes für Frauen und der Dezimierung des männlichen Bevölkerungsanteils während des Ersten Welt-krieges – die Angst vor einem stärker werdenden weiblichen Einfluß in der Gesellschaft wuchs.[77]

Ähnlich Robert Bly und anderen männlichen Autoren, die in der jüngeren Vergangenheit versuchten, das Männliche erneut im Zentrum des Geschehens zu verankern, beklagt Lawrence die Entmännlichung des Mannes in der modernen Welt und sieht es als Mangel an, wenn ein Mann sich seiner weiblichen Seite bewußt wird – er vergleicht die Feminisierung mit einer Wunde, die zur Heilung einer massiven Operation bedürfe.[78] Das ist der Lawrence, der berechtigterweise den Zorn der Feministinnen auf sich gezogen hat. Der Lawrence, der gegen jeden eigenen Willen der Frau wütet; der Lawrence der *Gefiederten Schlange,* der nach der sexuellen Unterwerfung der Frau unter den Mann verlangt; der Lawrence, der sich über Feminis-mus und lesbische Liebe lustig macht und alles »minderwer-tige« Blut verachtet; der Lawrence, der soviel Angst vor dem Weiblichen in sich selbst hat, daß er seine eigenen homosexuel-len Tendenzen unterdrückte; der Lawrence, der sich zur Ret-tung der menschlichen Rasse aufgeschwungen hat.

Es ist kaum verwunderlich, daß dieser Lawrence geächtet und verurteilt wurde. Seit Simone de Beauvoir ihren berühm-ten Angriff auf Lawrence und seinen »phallischen Stolz« in *Das andere Geschlecht* (1951) startete, war es eine Pflichtübung für Feministinnen, sich über ihn herzumachen. De Beauvoirs Ab-lehnung wurde durch Kate Millets beißende Kritik in *Sexus und Herrschaft* (1969) noch weiter untermauert, in welchem sie Lawrence in einer Reihe mit Norman Mailer und Henry Miller sieht, die sie als »konter-revolutionär« in ihrer anstößigen Darstellungsweise von Frauen empfindet. Seit damals ist Lawrence aus jedem feministischen Kanon bis zum heutigen Tage ausgeschlossen worden. Im, wie Mailer es nennt, »totalitären« feministischen Denken haben wir einen Lawrence kennengelernt, der bigott und bombastisch ist, mit »Eimern ideologischer Schmiere« (in Mailers Worten) völlig zugekleistert.

Und so wurde Friedas Unwillen, ihren Glauben an Lawren'es Vision aufzugeben, all seiner Fehler und all ihrer Schwierigkeiten mit ihm als Mann zum Trotz, für feministische Denkerinnen ein Tabuthema. Doch sie lebte ihre eigene Form des Widerstandes, und wenn er auf der Rolle des Herrn und Meisters beharrte, war sie ungerührt. In *Nicht ich, aber der Wind* verzeichnet sie seine hysterischen Anfälle, Herr im Hause sein zu wollen, wie die Wutausbrüche eines Kindes.[79] Sie war weder beeindruckt noch verängstigt durch sein verzweifelt-männliches Unfehlbarkeitsgebaren – teils, weil sie sich ihm in gewisser Weise überlegen fühlte, und teils, weil sie intuitiv die unterbewußten Wurzeln dieses Verhaltens erkannte. In *Nicht ich, aber der Wind* läßt sie den Leser wissen, daß Lawrence insgeheim die Frauen fürchtete und seine Wut daher stammte, daß Frauen etwas hätten, was ihm fehlte: »Vielleicht hat er im innersten Herzen die Frauen immer gefürchtet, hat gefühlt, daß sie im Grunde die stärkeren sind.«

Eine der besten Erörterungen dieses Aspekts des Lawrenceschen Wesens und seiner Auswirkungen auf die komplizierte Dynamik seiner Beziehung zu Frieda ist, ironischerweise, nicht in der feministischen Kritik, sondern in Norman Mailers *Gefangen im Sexus* (1972) zu finden. Dieses Buch war seine nachdrückliche Antwort auf *Sexus und Herrschaft,* doch im Gegensatz zu Millet richtet Mailer seine Aufmerksamkeit sowohl auf die kreativen Absichten des Lawrenceschen Schreibens (was es ihm erlaubt, seine Romane nicht nur als ideologische Traktate zu lesen) als auch auf die tief unbewußten Wurzeln seiner Probleme mit der Männlichkeit.

Mailer erinnert uns daran, daß es Lawrence' Jugendjahre waren, die seine spezielle Auffassung des Verhältnisses zwischen Mann und Frau prägten, daß es die totale Unterordnung unter seine Mutter war, die ein verzweifeltes Verlangen nach Befreiung und nach Befehlsgewalt über Frauen in ihm nährte. Daher die Fesseln, die ihn an Frieda banden. Sie war stark genug, um an seiner Mutter Statt stehen zu können, standhaft genug, ihn die Vorbehalte und Wut auf seine Abhängigkeit auskämpfen zu lassen, doch auch mitfühlend und liebevoll genug, um seine Kreativität und seine Eigenschaften hinnehmen zu können.

Lawrence sagte selbst einmal, daß er vor dem Alter von zweiundzwanzig nicht entwöhnt worden sei, und in gewisser Weise befreite er sich nie wirklich von seiner Mutter. Mabel Dodge Luhan vertrat die Ansicht, daß Lawrence immer wieder versucht habe, »der Vater« zu sein, sich letztendlich jedoch nie aus der Rolle des Sohnes befreien konnte. Er entwickelte sich von Mutters Sohn zum Mann des Mannes, und die Begriffe von Männlichkeit und Mannhaftigkeit waren in seiner Suche nach persönlicher Identität stets zentral. In Mailers Worten »erleuchtet [Lawrence] die Leidenschaft des Mannseins wie kein anderer Schriftsteller... denn er war selbst kein sehr männlicher Mann, ein Sohn, der von seinem Vater verachtet und von seiner Mutter vergöttert wurde, ein Knabe und junger Mann und frühzeitig alternder Schriftsteller mit der Seele einer schönen Frau«.

Mailer entdeckt in Lawrence die Grundzüge einer homosexuellen Psyche. Er entstamme »der klassischen Familiensituation, die Homosexuelle hervorbringt«, und sei nur »durch einen Akt des Willens zum Mann geworden«. Er ist auch überzeugt, daß Lawrence' Konflikte mit Frieda dem Bedürfnis nach ständig neuer Bestätigung seiner Männlichkeit entstammten, die sie ihm verweigerte:

> Sie war eine starke Frau, sie war eigenständig, sie liebte ihn, aber sie betete ihn nicht an. Sie war unabhängig. Wenn er ein stärkerer Mann gewesen wäre, hätte er sich an soviel Persönlichkeit vielleicht erfreuen können... [aber] Lawrence sah jede ernsthafte Liebesbeziehung als etwas Grundsätzliches an, es ging um alles oder nichts... Über Frauen zu dominieren, war für ihn keine Tyrannei, sondern Gleichheit... Er war krank, und seine Frau brachte ihn im wahrsten Sinne des Wortes jedesmal um, wenn sie seinem so stolzen und überempfindlichen Schwanz die Huldigung verweigerte. Das mag der Grund sein, warum er am Rande des Klischees schrieb – wenn unsere Erfahrung sich dem Enormen nähert, müssen wir vereinfachend sprechen, und Lawrence lebte mit der ungeheuren Traurigkeit, daß sein Tod bereits in ihm war, und Sex – eine transzendentale Variante von Sex – war seine einzige Hoffnung, aber seine Frau war zu robust, um solche tragischen Tatsachen zu erkennen.[80]

Was Mailer in dieser Interpretation so anschaulich verdeutlicht, ist Lawrence' gleichzeitige Liebe für und Furcht vor dem Weiblichen. Er versteht, daß Lawrence' »Suche nach Macht in der Männerwelt« eine Abwehrreaktion gegen die weiblichen Charakterzüge in ihm selbst war, die er dadurch zu vertuschen suchte. In diesem Abschnitt verwende ich das Wort »weiblich«

in seinem weitesten, Jungschen Sinne: Es steht für die weiblichen Aspekte der Psyche und ist in keiner Weise negativ oder auf Frauen beschränkt oder diesen gesellschaftlich auferlegt.

Mailer faßte es zwar in übersteigert romantische Begriffe, daß Lawrence »mit all der Sensibilität einer Frau lebte, die vor zärtlicher Liebe überfließt«, aber er stimmte mit Friedas Gefühl überein, daß Lawrence mehr zur Welt der Frauen als zu der der Männer gehört habe. Wenn man Lawrence' Denken etwas von seiner Verworrenheit befreit, erkennt man, daß eine Hingabe an das Leben des Herzens und des Geistes und eine Ablehnung des Materialismus dahintersteht, die den herrschenden verweltlichten – und männlichen – Werten der modernen Welt zutiefst entgegensteht.

Frieda versuchte stets, diese antipatriarchale Ader in Lawrence' Werk wie auch in ihrem gemeinsamen Leben zu beschützen und zu erhalten. Ihre eigene Haltung zu Frauen und dem Weiblichen bringt sie im ersten Kapitel ihrer teilweise fiktionalisierten Autobiographie zum Ausdruck. Männliche Institutionen, die ganze sogenannte rationale »Zivilisation«, die die Männer geschaffen haben, sind für sie nur von geringem Interesse. Sie genießt ihre persönliche kulturelle *Enteignung* und ihre Freude an einem Leben »tiefer« als das gesellschaftliche oder politische: »Wenn man eine Frau ist, hat man das Vorrecht, so zu denken, wie man möchte, und das tut man auch, aber es kümmert sich auch niemand darum, was man denkt.« Der Gedanke lag ihr fern, Frauen ins Zentrum des Kulturzirkus befördern zu wollen; Frieda feierte ihre eigene Freiheit von den Regeln und Zwängen, von denen die Männer beherrscht wurden. Ebenso fern lag ihr die Idee, daß Männer Frauen in ihre Machtapparate aufnehmen sollten; Frieda fand, daß Frauen von der Schwelle zurücktreten und sich von der einengenden westlichen Zivilisation fortbewegen sollten, hin zu alldem, was in deren Namen geopfert worden war.

Daher auch ihr Haß auf den Krieg, den sie als männliche Aktivität betrachtete. »Frauen würde nie Kriege führen. Jede vernünftige Frau, die ein Kind bekommen und es aufgezogen hat, würde nicht wollen, daß es getötet wird... Wenn Frauen ihr eigenes weibliches Selbst verstehen und nicht versuchen, Nachbilder der Männer zu sein, werden sie den Krieg hassen. Vor langer Zeit sprach Elektra: ›Ich bin nicht hier aus Haß, ich kam aus Liebe.‹ Als Frauen ist es uns erlaubt, alles zu lieben. Unsere Aufgabe ist es, die Dinge um uns herum zum Wachsen und Blühen zu bringen. Das ist unsere einzige Genugtuung.«[81]

Daher auch ihre Distanzierung vom intellektuellen Feminismus. Da sie kein Interesse daran hatte, männliche Werte zu übernehmen oder in männliche Institutionen hineinzugelangen, verspürte Frieda auch keinerlei Neid oder Bitterkeit über den Ausschluß der Frauen. Ihre Ideen haben viel mit denen von Johann Jakob Bachofen gemein, dem Schweizer Kulturhistoriker, dessen revolutionäre Schrift *Das Mutterrecht* 1861 erschien. Bachofen vertrat die Überzeugung, daß das gegenwärtig herrschende Patriarchat nicht absolut sei, sondern daß ihm eine matriarchalische Gesellschaftsform vorangegangen sei. Das war eine radikale Theorie, die in der deutschen Subkultur verbreitet war und die Frieda durch ihre Kontakte zu Jaffe und Groß hatte aufnehmen können. Dem Erotischen und Femininen wieder zur Macht zu verhelfen, wurde als antipatriarchaler Vorstoß angesehen, in direkter Opposition zum militaristischen Staat Bismarcks.

Bachofen stellte in der gesamten Menschheitsgeschichte eine

Spannung zwischen männlichen und weiblichen Prinzipien fest, und auch Frieda teilte die Dinge in männliche und weibliche Bereiche. Der erste war die Sphäre des Logos, des Wortes, der zweite die Sphäre des Eros, des Erotischen und der Liebe. Lou Andreas Salomes Buch *Die Erotik,* 1910 veröffentlicht, war ein weiterer Beitrag zur deutschen Subkultur um die Zeit von Friedas sexuellem Erwachen. Eher ihrer Intuition denn einer Ideologie folgend, huldigte Frieda Eros und dem Weiblichen anstelle von Logos und dem Männlichen. Und auch wenn es keinen Nachweis für einen direkten Einfluß Bachofens auf Lawrence gibt, wurden seine Ideen und Werte ihm doch zum Teil von Frieda vermittelt; die Prioritäten waren bei beiden auffallend ähnlich. Lawrence unterteilte die Welt ebenfalls in entgegengesetzte Pole, was einer »Apartheid der Geschlechter« gleichkam, und erklärte »jeden Impuls, der sich im Leben regt, jeden einzelnen Impuls [für] entweder männlich oder weiblich«.[82]

Sich dem Erotischen, dem Weiblichen, zu öffnen, war das Ziel, das sich sowohl Frieda als auch Lawrence gesetzt hatten. Es ging dabei nicht einfach um »freie« Liebe in Form von Promiskuität. Trotz aller Mythen waren Frieda und Lawrence relativ monogam. Connie Chatterleys Ablehnung beiläufigen Vögelns – »Was Sex betrifft, das letzte der großen Worte, so war das nur eine Cocktail-Bezeichnung für eine Erregung, die einen eine Zeitlang in Atem hielt und dann ausgelaugter machte als zuvor« – wurde von beiden geteilt. Ihr Versuch, Intimität und einer reineren Form der Erotik wieder neue Bedeutung zu verleihen, hatte mit der rohen Freizügigkeit, die wir heute als sexuelle Freiheit verstehen, nur wenig zu tun.

Frieda erklärte, sie habe keinen anderen Glauben als die Liebe: »Meine Religion ist, daß die Menschen *lieben* sollen, aufrichtig und paradiesisch und aus ganzem Herzen... Und wirklich zu lieben, schließt alles mit ein, Intelligenz und Glauben und Opfer – und Leidenschaft! Die Leute denken nicht so wie ich, sie haben ganz andere Götter, aber ich halte mich bis zum bitteren Ende an meine eigenen!«[83] In ihren besten Zeiten verkörperten und lebten Frieda und Lawrence diesen Glauben, und das, ihre Funktion als beispielhafte, lebensbejahende Figuren, muß einer der Hauptgründe für das nicht nachlassende Interesse an den beiden sein.

Doch dieser Glaube hat weder Frieda noch Lawrence beim intellektuellen Mainstream oder bei den Feministinnen besonders beliebt gemacht. Ihre gemeinsame Feier des Mysteriums der Menschwerdung befindet sich nach wie vor im Widerspruch zu modischeren pessimistischen Weltanschauungen. Simone de Beauvoir machte sich über Lawrence' »kosmischen Optimismus« lustig, als besitze so etwas unter Rationalisten keinerlei Stellenwert, wohingegen Friedas nicht philosophisch überhöhtes Eintreten für Leben und Liebe mit Naivität und Unwissenheit gleichgesetzt wurde. Die Erneuerungskraft des menschlichen Geistes, an die sie beide glaubten, der Glaube an das, was Keats »die Heiligkeit der Regungen des Herzens« nannte, machte und macht Frieda, Lawrence und ihre Suche nach dem Eros zu Außenseitern.

Es ist wahr, daß Lawrence' Ideen vom Eros immer widersprüchlicher wurden – weswegen ihn viele als Sprachrohr des Patriarchats angesehen haben –, doch seine tiefsten spirituellen und schöpferischen Werte waren alles andere als patriarchalisch. Frieda spürte das und lehnte aus diesem Grund seine Verirrungen um so stärker ab. Er suchte *wirklich* nach neuen Wegen, er stellte wichtige Fragen über die Identität der Geschlechter, über Gefühle, Beziehungen und Erotik, und das in einem kulturellen Kontext, in dem es für einen Mann, der so etwas tat, nur wenig Verständnis gab. Diese Zielsetzung wurde durch seine eigene komplizierte Männlichkeit erschwert, ebenso wie der Versuch, seine Vision des Erotischen in Worte zu fassen; doch das Bemühen, Eros, die Liebe, Wirklichkeit werden zu lassen, blieb bestehen. »Liebe«, schrieb Frieda, »ist wirklich der Schlüssel zu Lawrence.«

Liebe ein Teil unseres Lebens werden zu lassen, bleibt nach wie vor die größte Aufgabe, der wir alle uns gegenüber sehen, sowohl auf persönlicher wie auf kultureller Ebene. Das Weibliche zu verteidigen und zu befürworten, gleichgültig, ob wir Männer oder Frauen sind, die männlichen wie die weiblichen Seiten unserer Psyche und Gesellschaft voll zu integrieren, ist nach wie vor die einzig weitreichende Lösung, die in der Einseitigkeit unserer patriarchalen Kultur Abhilfe schaffen kann.

Lawrence' eigene Versuche, diese »feminine« Seite auszuleben, wurden von ihm selbst verworfen, verkompliziert und vereitelt, und als Ergebnis war Friedas Beziehung zu ihm schwierig und komplex. Je mehr er sich vom Weiblichen distanzierte oder es verunglimpfte, desto bombastischer und starrer wurde seine Philosophie – und desto wütender reagierte Frieda –, so als sei ihr individuelles Drama eine Allegorie des größeren kulturellen Kampfes zwischen männlichen und weiblichen Prinzipien. Die Tatsache, daß beide oft genug nicht gemäß ihrer großen Vision der Liebe zu leben vermochten, daß sie nicht in der Lage waren, ihre eigenen Egos zurückzustellen und daß Lawrence sich einer (bisweilen) arroganten Männlichkeit nicht enthalten konnte, ist nicht nur ein Zeichen ihrer Menschlichkeit, sondern der übermächtigen kulturellen Kräfte, die gegen die volle Verwirklichung einer solchen Vision arbeiten.

Die Suche nach Frieda Lawrence: »Bejahung«

Sie war ganz sicher nicht modern. Wenn primitive Völker sich als Einheit mit der Welt fühlten, als die Fische, die Kuh, der Stein, immer als ein Teil des Ganzen, dann war sie wie diese. Das Universum als Rückendeckung hinter sich zu haben, gab ihr ihre Kraft, ihre tiefe Zufriedenheit. Das war kein Mystizismus, sondern eine Tatsache. Wie hungrige Tiere sind wir auf der Suche nach dem lebendigen Reichtum der Welt, um uns zu nähren, und der Reichtum ist da.

FRIEDA LAWRENCE, MEMOIRS

Frieda Lawrence hatte nichts Magersüchtiges an sich. Sie hatte einen immensen Appetit aufs Leben und weigerte sich, ihn zu unterdrücken. Sie war stolz auf ihre Erscheinung, und ihre starke physische Präsenz kann als ein Zeichen ihres Verlangens gesehen werden, vollständig in der Welt zu sein. Ihr einziger Glaube war der, den sie mit Lawrence teilte: die Feier des Seins im Körper, ein ewiges Staunen über die Wunder der Menschwerdung. Selbst auf den Photos, die während ihrer letzten Lebensjahre aufgenommen wurden, strahlt sie ein ganz und gar offenes Wesen aus, das Gefühl eines erfüllten Lebens.

Jammern lag nicht in Friedas Natur, und sie teilte Lawrence' Misanthropie nicht. Es gibt keine Anzeichen dafür, daß sie jemals in Depressionen oder Melancholie versank oder von

Verzweiflung heimgesucht wurde. Ihre inneren Reserven und Willenskraft, ihr Stoizismus und Humor waren scheinbar unerschöpflich. Als Katherine Mansfield an Friedas häufiger Bezugnahme auf sexuelle Symbolik Anstoß nahm und sarkastisch vorschlug, ihr Ferienhaus in Cornwall in »The Phallus« umzubenennen, begrüßte Frieda das fröhlich als »eine sehr gute Idee«.[84] Selbst die Tabuisierung ihres Namens im Hause Weekley verwandelten sie in einen Witz.

Sie sagte dann: »Ich bin wie das WC, das man nicht erwähnen darf.«

Friedas Lebensfreude war unzerstörbar: »Ich bin eine glückliche alte Frau und liebe das Leben, jeder Moment ist ein Geschenk.« Ihr Stoizismus ermöglichte es ihr, mit allem fertig zu werden, was die Welt ihr entgegenschleuderte, und ihr Optimismus wurde nie wirklich gebrochen. »Wenn ich geradezu gezwungen wurde, unglücklich zu sein, dann kam bald etwas, das mich ganz schnell wieder aus meinem Unglück hinauskatapultierte. Ich wache morgens auf, und die Sonne geht über meinem Bett auf, und ich laufe durch das Haus, glücklich und dankbar, daß ich lebe.«

Ihre Unverwüstlichkeit und Vitalität ermöglichten es ihr, Lebensumstände durchzustehen, in denen viele andere auf der Strecke geblieben wären. Lawrence während seiner langen Krankheit zu umsorgen, muß eine unglaubliche psychische wie physische Kraftanstrengung gewesen sein, und die Photos verdeutlichen, wie sehr seine letzten Jahre ihr das Herz gebrochen haben müssen. Aber Frieda ließ sich nie zur Märtyrerin machen. Sie war stoisch, ohne etwas zu verdrängen, besorgt und mitleidend, aber nicht selbstgerecht.

Friedas privilegierte Jugend – eine Familie, in der der Vater Befehle gab, die Mutter die Arbeit organisierte und Bedienstete alle anstrengenden Aufgaben verrichteten – befreite sie von den Zwängen und Pflichten, die das Leben so vieler Frauen erschweren. Es war nicht pure Trägheit ihrerseits, die Lawrence (willig) viele der Haushaltspflichten übernehmen ließ: Sie waren ganz einfach kein Teil ihrer erlernten Fähigkeiten.

Auch für gesellschaftliche Konventionen hatte sie kein Verständnis. Oberflächliches Zeremoniell machte sie ungeduldig – auch wenn sie tiefergehende Rituale schätzte –, und sie scherte sich wenig um Formalitäten oder eitles Gepränge: »Vergnügungen und gesellschaftliche Dinge ließen mich unbefriedigt.« Sie definierte sich als im Grunde vollständig außerhalb der Gesellschaft stehend. »Ich war überhaupt kein soziales Wesen. Ich glaube nicht, daß ich je verstanden habe, was Gesellschaft bedeutet.« Das machte sie so gleichgültig gegenüber Lob oder Tadel, Gerüchten, Ruf oder sozialem Ansehen und ließ sie so unbeschadet durch all die Jahre der Anfeindungen hindurchgehen. »Wenn die Leute sie haßten, bitte schön, laß sie hassen, doch sie antwortete nicht mit Haß, weil das einem die Freiheit nahm.«[85] Das ließ sie jedoch auch naiv und etwas leichtgläubig werden.

Sie war zufrieden, oft alleine zu sein, sie zog sich gerne vor den Menschen zurück. Sowohl sie als auch Lawrence waren sehr schlicht. Es war Dr. Housman, der zu ihr sagte: »In Ihrer Demut und Bescheidenheit sind Sie eine große Frau.« Aber sie war so naiv. Nach Lawrence' Tod tauchten ständig junge Männer auf, seine Jünger, und wollten über sich selbst reden... einer erschien splitterfasernackt beim Frühstück und fragte, ob Lawrence das gutgeheißen hätte. Statt ihn

fortzuschicken, damit er sich etwas anzog, versuchte Frieda
ihm eine vernünftige Antwort zu geben!

So wie D. H. Lawrence haßte Frieda Heuchelei und Oberflächlichkeit und verabscheute das Gehabe des literarischen Esta-
blishments, ganz besonders die Treibhausatmosphäre der
Bloomsbury-Gruppe. »In dieser Gruppe von Lytton Strachey
und den Bloomsburies floß nichts von der Milch menschlicher
Wärme, nicht das kleinste Tröpfchen. Sie waren viel zu beschäftigt, witzig und schlau zu sein.«[86] Ihre Abneigung gegen
l'art pour l'art war ähnlich heftig. Trotz aller persönlicher
Differenzen stimmte sie in Lawrence' Bilderstürmerei und
Anti-Ästhetizismus voll ein: »Ich hasse Kunst, sie kommt mir
vor wie Grammatik, will eine ganze Sprache nur in Grammatik
verwandeln.«[87] Sie lehnte auch die Dekadenz und das Dandy-
tum der literarischen Avantgarde ab. Friedas Priorität war nie
das geschriebene Wort, sondern das gelebte Leben, und kulturelle oder literarische Moden ließen sie kalt.

Und so fällte sie drastische Urteile über etliche zeitgenössi-
sche Schriftsteller. Sie verabscheute Ezra Pound und seinen
Faschismus. »Armer Ezra! Wie konnte jemand nur diese
Schwarzhemden so gern haben! Er war nicht sehr klug!«[88] Für
Joyce und Eliot hatte sie ähnlich abfällige Worte. »Dieser Eliot
zum Beispiel ist als eine Art Professor ganz passabel, aber sein
Schreiben ist, als wolle man Skelette herausputzen, es hat kein
Leben... weder Fleisch noch Blut noch Knochen noch einen
Hauch von Leben...« Laut Huxley brachte sie auch H. G.
Wells und Henry James Verachtung entgegen: »Und diese
Damen und Herren in den Romanen von Henry James –
konnten die es je über sich bringen, fragte sie, sich aufs WC zu
begeben?«[89]

Bezeichnend für Friedas kulturelle Vorlieben war ihre zunehmende Ablehnung des Faust-Stoffes, in dem ein Mann dem Teufel seine Seele für weltliche Macht und Reichtum verkauft. In der modernen Literatur, in der sooft spirituelle Werte für materielle geopfert wurden, war Faust häufig viel eher eine heroische als eine tragische Figur. Doch Frieda haßte den Faust-Mythos. Ganz und gar nicht bereit, Goethes Version des *Faust* die übliche Wertschätzung entgegenzubringen, sah sie es als selbstverliebtes Stück über männlichen Egoismus und verwarf es als »Blödsinn«. Über die westliche Kultur insgesamt machte sie sich nur wenig Illusionen und betrachtete sie als kaum mehr als dünne Tünche über den primitiven Regungen des Menschen. »Bisweilen habe ich das Gefühl, als wäre die ganze Menschheit ein Dschungel, und all die Ideale und Moral nichts weiter als eine Tarnung...«[90]

Nachdem sie die Zerstörung zweier Weltkriege miterlebt hatte, kannte Frieda sozialen und kulturellen Zerfall nur zu gut, aber ihre Reaktion war nicht die modische Konzentration auf das Negative. Angesichts weitverbreiteter Verwirrung und Entwurzelung vertrat Frieda den Glauben, daß man eigene Werte und innere Kraftquellen entwickeln müsse. Und so blieb sie von Eliots Eklektizismus in *The Waste Land* mit seinem Abgesang auf die Zivilisation und anderen überklugen Modernisten ungerührt. Sie stand Lawrence' Glauben an wiedererstehende spirituelle Werte sehr viel näher als dem Pessimismus der weltlicheren Kunst. Wie er zog sie es vor, sich von sterbenden Dingen abzuwenden und sich diese wiedergeboren vorzustellen. Ihr persönliches Schicksal hätte von Trauer überschattet sein können (über den Verlust ihrer Kinder und die langwierige, todbringende Krankheit ihres Mannes), doch die Tragödie reizte sie nicht. Ganz im Gegenteil stand ihre verzeihende, wiederbelebende Weltsicht den großen Komödien sehr viel näher. Ein Kritiker hat ihren Optimismus mit einer nicht-patriarchalischen Sicht auf die Welt in Verbindung gebracht:

> Diese untragische Erfüllung verdankte er [Lawrence] Frieda... In Friedas Welt gab es immer auch ein Morgen; nichts erschien ihr endgültig, alles war Wiederkehr und Erneuerung. Die Tragödie war der Lebens- und Denkweise der Männerwelt angemessen, dieser Welt mit ihrer linear voranschreitenden, moralistischen Geschichte. Doch für Lawrence – das hatte er Frieda zu verdanken – sieht das Schiff des Todes immer einen Lichtpunkt am Horizont größer werden, nachdem es so tief wie nur möglich in die völlige Nacht hineingefahren ist. Lawrence' Welt war die zyklische Welt der Komödie...[91]

Selbstauferlegtes Exil war ein Grundzug des künstlerischen Lebens um die Jahrhundertwende, doch Lawrence und Frieda hätten ihr eigenes Exil weniger als politische Aussage denn als eine Suche nach beständigeren Werten bezeichnet.[92] (Es war außerdem ein kluger Schachzug, den auch andere Frauen der Zeit machten, um dem Skandal der Ehescheidung zu entfliehen.) In Lawrence' Worten: »Wie gern möchte ich die große alte heidnische Vision zurück in die Welt bringen.« Ihr vorindustrielles Utopia fanden sie in Mexiko, und nach Amerika kehrte Frieda auch nach Lawrence' Tod zurück. Weil sie wußte, daß sie nicht mehr in »das verrückte alte Europa« hineinpassen würde, ließ sie sich in Taos nieder, das für den Rest ihres Lebens ihre Wahlheimat blieb: »Es ist wunderbar, hier in paradiesischem Glück zu leben, die Pferde, der wunderbar freie, schöne Ort.« »Amerika, das wußte sie, hatte sie verwandelt ... In Amerika wurden die meisten Gefühle ausgebrannt und fortgespült. Ein Mensch war nicht länger eine Seele, sondern eine Einheit von Zellen, und Problemen begegnete man mit dem Versuch, sie offenzulegen und zu lösen ... Amerika ... war härter, weniger verletzlich, weniger ängstlich. Es hatte sein Gefühl von Abenteuer noch nicht eingebüßt, und wenn es etwas wollte, dann bekam es das auch.«[93]

Frieda teilte Lawrence' Anti-Industrialismus und zog es vor, unter Menschen aus der Arbeiterklasse oder von bäuerlicher Herkunft zu sein.

Sie sagte zu mir: »Barby, heirate einen einfachen Mann.« Sie meinte einen Mann aus der Arbeiterklasse, weil es unter ihnen mehr Realitätssinn gab.

Ihr Kleidungsstil, der sich ganz und gar nicht an oberflächlichen Moden orientierte, zeugte ebenfalls von diesem Ideal der Einfachheit. Sie haßte Mode und bevorzugte ländliche Trachten, insbesondere bestickte Leinenkleider und Hüte (siehe Abbildungen 14 und 15). Anders als Nora Joyce, die mit ihrem schreibenden Ehemann ebenfalls im Exil lebte, mochte Frieda sich von der *haute couture* nicht verführen lassen und zog Schlichtheit und Bequemlichkeit jedem Schick vor. Sie sparte Geld, indem sie ihre eigenen Kleider nähte, wobei man allerdings sagen muß, daß ihre weiten Gewänder bisweilen etwas unordentlich und leicht exzentrisch wirkten. Selbstverliebtheit in ihr Äußeres war sicher keine ihrer Charakterschwachen: »Im gesellschaftlichen Sinne bin ich *nicht* schön ...«[94] Huxley gestand, von ihrem Mangel an Eitelkeit in Kleiderfragen beeindruckt zu sein: Ihre »Weiblichkeit hatte nichts Fatales oder Zwanghaftes an sich, keinen gewollten Sex-Appeal«. Dem Perfektionismus hatte sie sich genausowenig verschrieben. Sie hatte kein Verlangen danach, einen literarischen Salon zu führen und verspürte keinen Neid auf Frauen wie Lady Ottoline Morell. Ihre eigenen Werte waren ihr wichtiger als gute Sitten oder öffentliches Ansehen.

Frieda wollte, was nur wenige Frauen für sich in Anspruch zu nehmen gewagt haben. Sie wollte das schönste und erfüllteste Leben, nach ihren eigenen, unbeeinflußbaren Maßstäben, auch wenn man sie dafür verurteilen würde. Sie tat, was bei einem Mann eher akzeptiert wurde – den Ehepartner und die Kinder für einen Geliebten zu verlassen und verkehrte so die erwartete und akzeptierte Geschlechtersymmetrie in ihr Gegenteil. Sie wußte, daß das gegen sie verwendet werden würde. »Sex – dieses Wortes bin ich so überdrüssig«, schrieb sie. »Es kann einen göttlichen Trieb oder eine schmutzige Geschichte meinen, aber die schmutzige Geschichte hat immer das größere Publikum.«[95]

Frieda verfügte über einen gesunden Selbsterhaltungstrieb, sie dachte, ihr Leben würde nicht sehr erfreulich verlaufen, also entschied sie sich für einen großen Schritt, um sich zu retten. Sie war voller Lebenslust, was etwas anderes bedeutet als erotische Lust – eine Leidenschaft für das Leben und das Glück. Statt alles heimlich zu tun, wagte sie den großen Schritt und ging mit Lawrence fort und warf alle Konventionen über den Haufen. Lawrence muß eine große Kraft gehabt haben, etwas ganz Bemerkenswertes, daß er das Gefühl in ihr auslöste, sie müßte gehen, eine außergewöhnliche Macht. Frieda sagte später, ihr Fortgehen sei schrecklich für uns Kinder gewesen, aber es habe auch einen Bund zwischen uns geknüpft, was auch stimmte, aber damit beruhigte sie

sich nur. Natürlich war es selbstsüchtig von ihr wegzugehen,
aber wenn man sich nicht manchmal gegen die Ordnung der
Dinge stellt, würde niemals etwas geschehen. Das Leben
würde völlig stagnieren. Ich glaube, daß es richtig war, was
sie getan hat. Wenn sie nicht fortgegangen wäre, hätte sie sich
zur Ruhe gesetzt, vielleicht die ein oder andere Affäre gehabt
und wäre eine unzufriedene ältere Dame geworden.

Es war eine Ära, in der radikale Experimente zur Befreiung des
Erotischen gemacht wurden, eine Zeit, in der der Einfluß von
Freud und solcher Figuren wie Edward Carpenter oder Dora
und Bertrand Russells Eintreten für die freie Liebe ein neues
Bewußtsein von Sexualität schufen. Doch Friedas Haltung zur
Sexualität entstammte keiner politischen Überzeugung. Auch
unterbewußte Triebe, die zum Beispiel das Verhalten von Katherine Mansfield mit ihren zahllosen Affären völlig maßlos
oder sogar neurotisch werden ließen, spielten für Frieda keine
Rolle. Für sie war es nichts weiter als eine Erweiterung jener
Feier des Fleisches und der Lust am Leben, die ihr soviel
bedeuteten. Lawrence' Gefühl: »Das große Wunder ist das
Lebendigsein... der höchste Triumph ist es, ganz und gar
lebendig zu sein. Wir sollten hingerissen tanzen, daß wir lebendig und im Fleische sein dürfen und Teil des lebenden, verkörperten Kosmos«, wurde von Frieda geteilt. 1916 schrieb sie an
Mansfield: »Ich sehne mich so danach, endlich ohne weitere
Seelenbedrängnisse zu *leben*, ... wir wollen uns nicht mehr um
die tiefen Dinge kümmern, die sind schon gut so, leben wir
einfach wie die Lilien auf dem Felde.«[96]
Aus diesem Einklang mit der Natur heraus genoß Frieda die
einfachen Freuden des Lebens. Sie liebte es, an der frischen
Luft zu sein und genoß das Landleben – spazierengehen,

schwimmen, reiten, picknicken – sowie die gewöhnlichen
Pflichten des Haushaltes – Pflanzen und Blumen ziehen, auf
dem Markt einkaufen gehen, nähen, kochen, Besuche abstatten
und das Zusammensein mit Freunden und Bekannten genie-
ßen. Nach Lawrence' Tod nahm sie die freundschaftliche Verbindung zu Luhan und Brett wieder auf (siehe Abbildung 21).
Sie rauchte sehr gern – vielleicht ein Symbol ihrer Emanzipiert-
heit und ihres Desinteresses an Konventionen. Sie malte far-
benfrohe Aquarelle und gestaltete Möbel. Sie liebte Musik.
Bessie Smiths »Empty Bed Blues« versetzte sie 1929 in Verzük-
kung; allerdings spielte sie es dann so oft, bis Lawrence – der
den Song genauso wie Grammophone verabscheute – die
Schallplatte über ihrem Kopf zerbrach.[97] Sie teilte Lawrence'
Staunen über die Natur, und in ihren Schriften spricht sie oft
von ihrer Begeisterung für die Tier- und Pflanzenwelt. Jede
wissenschaftliche Disziplin war ihr zuwider. Ihre Lieblingsbe-
schäftigungen und größten Freuden waren sehr einfach und
ungekünstelt.

Friedas Herkunft vermittelte ihr das Vertrauen, daß es immer einen Rückhalt für sie gäbe (es ist möglich, daß Else Jaffe
sie und Lawrence in den Anfangsjahren unterstützt hat), und
so sah sie keine Notwendigkeit, ihren Lebensunterhalt zu verdienen. Allerdings war sie, bevor sie Lawrence' literarischen
Nachlaß erbte, nie reich: Einen Großteil ihrer Zeit mit Lawrence verbrachte sie in relativer Armut. Im Grunde lebten sie,
unbeschwert von Haus oder Besitztümern, wie Nomaden, die
sich nirgendwo für länger niederließen. Erst als Frieda aus
Lawrence' Erbe Geld erhielt, kaufte sie am Golf von Mexiko
ein eigenes Haus.

Es wäre jedoch falsch zu behaupten, Frieda hätte keinerlei
Arroganz gekannt. Sie konnte die Denkweise ihres Standes nie

ganz ablegen, und Lawrence bestätigte sie in jedem möglicherweise vorhandenen Gefühl, von Natur aus über anderen zu stehen, indem er snobistische Genugtuung über ihre adlige Herkunft zeigte. Seine Verehrung des heroischen Individualismus und Verachtung der Massen ähnelten bis zu einem gewissen Grade ihren eigenen Ansichten und verstärkten sie. Sie war stolz auf ihren Namen als Freiin von Richthofen und war sich ihrer Andersartigkeit bewußt.

Frieda hatte schon eine gewisse Arroganz. Sie sagte, die meisten Menschen seien Sklaven – und nach Lawrence' Tod bemerkte sie einmal recht traurig: »Man trifft nie seinesgleichen.«

Doch ist es irreführend, wenn man diesen Aspekt ihres Denkens mit faschistischen Tendenzen gleichsetzen wollte.

Die Saat dieser Anschuldigungen wurde von Bertrand Russell gesät. Er verglich Lawrence mit Hitler und Mussolini und behauptete, seine Ideen »führten direkt nach Auschwitz«, warf ihm vor, er habe »die ganze Philosophie des Faschismus entwickelt«, und Frieda sei seine Komplizin in dieser Verschwörung gewesen. »Er hatte die Beredsamkeit, aber sie hatte die Ideen ... Lawrence war seinem Wesen nach ein scheuer Mann, der seine Schüchternheit hinter einem Großmaul zu verbergen suchte. Seine Frau hingegen war nicht schüchtern ... Unter ihrem Schutz fühlte er sich verhältnismäßig sicher ...«[98] Die Entdeckung von Notizen fur einen Aufsatz zu Hitlers *Mein Kampf* unter Friedas unveröffentlichten Papieren, in denen sie die Qualität seines Stils erörtert, hat diesen Vorwürfen weitere Nahrung gegeben.[99]

Frieda hatte das Gefühl, daß es unklug von Lawrence war,

sich überhaupt in die politische Arena zu wagen, und war schlau genug, ihm nicht dorthin zu folgen. »Das einzige Mal, daß ich nicht an eines von Lawrence' Vorhaben glaubte, war, als er und Bertrand Russell Reformen in der englischen Regierung planten ... Ich dachte, sie seien beide von ihrer eigentlichen Bestimmung abgekommen.« Sie hatte ausreichend Realitätssinn, um zu sehen, daß beide politisch schrecklich naiv waren, und die Faschismusvorwürfe an Lawrence verwarf sie als absurd.

> Er war weder Faschist noch Kommunist noch irgendein anderer »-ist«. Sein Glaube an das Blut war eine ganz andere Sache als die »Ariertheorie« der Nazis zum Beispiel. Es war das genaue Gegenteil. Für Lawrence war das keine Theorie, sondern gelebte Erfahrung – eine Erfahrung, die ihn lieben ließ, nicht hassen. Er strebte nach einer neuen Bewußtwerdung der Dinge um uns herum ... Wir haben mehr Wege zum Verstehen als allein durch den Intellekt.[100]

Ihre eigenen Sympathien lagen sehr klar. Sie verabscheute sowohl Faschismus wie Nazismus, nannte Hitler und Mussolini Teufel, die »unheilige Erfolge« hatten, lehnte Ravaglis verbale Unterstützung Mussolinis vehement ab und wünschte den gesamten Zweiten Weltkrieg hindurch Hitlers Niederlage herbei. »Ich litt Höllenqualen der Scham darüber, daß die Nazis Deutsche waren, aber viele Mitglieder meiner Familie waren gegen die Nazis und taten, was sie konnten. Das Problem war, daß sie Hitler nicht ernst nahmen, bevor es zu spät war.«[101] Sie war weiter von der politischen Rechten entfernt, als man ihr bisher zugestanden hat: Barbara Barr erinnert sich, daß *Lenin einer ihrer Helden* gewesen sei.

Doch trotz all des Grauens und der Feindseligkeiten des Jahrhunderts gab Frieda ihre Hoffnung auf eine neue Menschlichkeit nie auf. Sie war bewundernswert fähig, durch Leiden hindurchzusehen und es zu verwandeln, und die Vision, die ihren wenigen Schriftstücken zugrunde liegt, strahlt dieses Wissen um Verwandlung aus, äußerer wie innerer, auf weltweiter wie persönlicher Ebene. Selbst mitten im Zweiten Weltkrieg, als die Naziherrschaft am schlimmsten war, verlor sie nie den Glauben an die Zukunft und die neue Menschheit.

Ja, die Welt ist ein Chaos, doch ich fühle mich merkwürdig glücklich und hoffnungsvoll, als würde aus dem Chaos etwas Neues geboren werden. Ganz sicher hat die Menschheit noch immer viele Möglichkeiten. Die Nazis werden an ihrem eigenen Grauen sterben, und dann, wenn wir weise sind und dem Besten in uns selbst folgen, wird ein wunderbares Volk kommen. Es ist so schön, dieses Leben, man scheint seinen Wert höher zu schätzen bei all dem Grauen, das vor sich geht.[102]

Der Tod war für Frieda ebenso wie für Lawrence weniger ein Ende als ein Moment der Verwandlung. Zu Lawrence' Begräbnis weigerte sie sich, Trauer zu tragen, weil sie wußte, daß er sie in Schwarz nicht leiden mochte, und warf liebevoll Mimosen in sein Grab, auch wenn ihr das den Ruf der *veuve joyeuse,* der lustigen Witwe, eintrug. Ihr eigener Tod kam schnell, und sie erduldete ihn mit gewohntem Stoizismus.

Sie haßte die Bezeichnung »historischer Vitalismus«, die ein Literaturwissenschaftler bei D. H. Lawrence gebrauchte, und hätte jede Assoziierung von ihm mit heidnischen Kulten oder Animismus abgelehnt. Doch sie war alles andere als eine Atheistin. Mit Lawrence vertrat sie die Überzeugung, daß die mechanistische Gesellschaft der westlichen Welt den menschlichen Geist abtötete und daß nur durch die Abkehr davon eine reiche, pantheistische Weltsicht wiederkehren könne. Diese würde Herz, Phantasie, Körper und Geist Nahrung bieten – eine holistische Weltsicht, die vom begrenzten Horizont der säkularisierten Kultur soweit entfernt war wie von den verknöcherten, lebensverneinenden Regeln der meisten Religionsgemeinschaften.

Es war nicht so, daß sie nicht an Gott geglaubt hätte. Manchmal hatte sie fromme Anwandlungen, aber sie ging nicht zur Kirche. Der Bericht, den Aldous Huxley ihr von Marias Tod in Kalifornien sandte, wie er ihr beim Sterben geholfen hätte, interessierte sie sehr, und als sie älter wurde, faszinierte und beschäftigte sie das. Sie hatte ein Buch mit dem Titel Ars Morandi, *die Kunst des Sterbens.*

In Huxleys Sicht war Frieda »nicht von der betenden Sorte. Für sie war das Übernatürliche das Natürliche; das Göttliche war weder etwas Geistiges noch spezifisch Menschliches; es war in Landschaften und Sonnenschein und Tieren, es war in Blumen... es war in Küssen... [und] in den nächtlichen Apokalypsen der Liebe, in der diffuseren, aber nicht weniger unaussprechlichen Seligkeit, sich einfach wohl zu fühlen.«[103]

In der unendlichen Weite der mexikanischen Landschaft, die ihr soviel bedeutete, fand Frieda ihre spirituelle Erfüllung. In ihren eigenen Worten:

Was war Religion? Was war Glauben?... Es war das Bewußtsein, Bewußtsein all dessen, was das Universum enthält und bedeutet. Glauben war das Geheimnis und das ewig unerklärliche Mysterium, das die Menschen Gott nannten, oder Götter oder Buddha oder Christus oder den Großen Geist. Es hatte viele Namen. Es spielte keine Rolle, wie es genannt wurde, aber es war da. Es war der große Ernährer jeder Kreatur, die Nabelschnur, die uns versorgt und mit dem großen Ganzen verbindet. Wenn die Verbindung einmal durchtrennt ist, werden wir einzeln treibende, bedeutungslose Atome, deren Zentrum verlorengegangen ist. Tiere und Pflanzen verlieren es nie, nur dem Menschen ist die Wahl gelassen, es zu zerstören oder zu bewahren.[104]

Dies hatte nichts mit einem geläuterten oder vergeistigten Leben zu tun. Frieda hielt die Verbindung zum Heiligen und Göttlichen nicht durch formale Religiosität aufrecht, auch nicht durch Askese, sondern durch den Genuß der Fleischwerdung in all ihrer Fülle und Sinnlichkeit: »Ich bin mir sicher, daß der liebe Gott uns in diese Welt gesetzt hat, damit wir uns voll und ganz an ihr erfreuen.« *Diese* Erde war für sie das einzige Paradies.

Diese Freude am irdischen Leben, dem voll ausgeschöpften und genossenen Leben, war eine Gabe, die Frieda nie verlor. Voller Fröhlichkeit schrieb sie über Lawrence: »Für mich war seine Beziehung, sein Bund mit der gesamten Schöpfung so erstaunlich, ohne vorgefertigte Ideen, einfach eine Begegnung zwischen ihm und einer Kreatur, einem Baum, einer Wolke, irgend etwas. Ich nannte es Liebe, aber es war etwas anderes – auf deutsch *Bejahung*.«[105]

Memoiren und Fiktionen:
»Nicht ich, aber der Wind«

Wenn England je eine vollkommene Rose hervorgebracht hat, dann war er das, Dornen und Duft und Pracht – seine Liebe hat er mir ohne jeden Groll zurückgelassen, unseren Groll hatten wir schon ausgetragen; und von jener anderen Seite, die ich vor seinem Tod nicht kannte, gibt er mir seine Kraft und seine Liebe zum Leben – Bemitleiden Sie nicht mich, das wäre falsch, ich bin so reich, welche Frau hat gehabt, was ich gehabt habe? – Andere Menschen sind es, die ich bemitleide, das kann ich Ihnen sagen, die die Pracht und das Wunder der Dinge nie kennengelernt haben.

BRIEF VON FRIEDA AN E. M. FORSTER[106]

Als Frieda nach New Mexico zurückgekehrt war und Lawrence' Asche in Vence zurückgelassen hatte, schrieb sie: »Ich kann immer noch nicht glauben, daß er tot ist! ... Es erscheint mir alles wie ein Traum, dieses Leben mit ihm, und ich sehe ihn als etwas ganz Wunderbares, als ein einziges Strahlen, trotz aller Launen und Schwierigkeiten!«[107] Je mehr sie über ihn nachdachte, desto wichtiger wurde er ihr: »Für mich wächst und wächst er«; »Ich habe das Gefühl, als hätte ich jahrelang in ein schrecklich helles Licht geschaut, und jetzt bin ich geblendet.«[108] Dieser Blick zurück gab Lawrence und ihrem gemeinsamen Leben einen immer stärker legendären Charakter.

Nach Lawrence' Tod übernahm Frieda eine wesentlich zentralere Rolle in literarischen und verwaltungstechnischen Angelegenheiten. Während der gesamten dreißiger Jahre war sie mit seinem Testament, mit komplizierten Streitfragen über Verträge, mit Verlagen und Agenten, mit Tantiemen, Verfilmungen und, als die Kritikindustrie um Lawrence wuchs, mit Biographen, Studenten und Akademikern beschäftigt. 1931 mußte sie versuchen, einen Raubdruck von *Lady Chatterley* zu unterbinden – »Wieviel Kämpfe man doch ausstehen muß« – und verlorengegangenes Geld und Manuskripte zurückzubekommen. Sie führte ausgedehnte Schriftwechsel über Lawrence' Veröffentlichungen mit dem Verleger Edward Titus, Ehemann von Helena Rubinstein, mit Caresse Crosby über die Eigentumsverhältnisse an dem Manuskript von Lawrence' Erzählung *The Escaped Cock [Auferstehungsgeschichte]*, mit Richard Aldington, den sie bei seinen Büchern über Lawrence und Laurence von Arabien und seine eigenen Romane unterstützte, sowie mit Aldous und Maria Huxley.

Die Rolle der literarischen Witwe bereitete ihr offensichtliches Vergnügen, und Ada Lawrence, die eifersüchtig auf Friedas Nähe zu ihrem Bruder war, beschuldigte sie, sich auf unangenehme Art und Weise in den Vordergrund zu drängen.

Die Ehrerbietung, die ihr als Witwe von D.H.L. [sic] zuteil wird, steigt ihr zu Kopfe und erfüllt sie mit einem falschen Gefühl der Wichtigkeit ... Sie ist überglücklich in ihrer Rolle als die wunderbare Frau, die Bert zu dem gemacht hat, was er war, außerdem hat sie jede Menge Geld, es wird ihr nie an etwas mangeln, und sie erfreut sich insgesamt ihres Lebens viel mehr, als sie es zu seinen Lebzeiten je getan hat.[109]

Frieda wußte um diese Verleumdungen, und einige ihrer Briefe verraten in der Tat eine gewisse Besorgtheit um Geld und Angst vor Übervorteilung, doch ihr Hauptantriebsgrund dafür waren weder Gier noch selbstsüchtige Ambitionen. Die Versuchung, sich in dem Ruhm zu sonnen, der Lawrence nun nachträglich zuteil wurde, wurde von ihrer eigenen Demut und Ironie in Schach gehalten. »Jetzt habe ich Lawrence' ›Ruhm‹, und nun weiß ich nicht, was ich damit anfangen soll! Dem wenigstens ist er entkommen!«; »All diese Berühmtheit ist fast zu viel!« »Ich las wieder *Der Regenbogen* und *Liebende Frauen,* und es wollte mir zu Kopfe steigen – ich bin das, ich, soviel davon bin ich! – Aber dann dachte ich, nein, er spürte es, er verwandelte es in Kunst, und da beruhigte ich mich wieder.«[110] Es war keine pure Selbstsüchtigkeit, daß Frieda einforderte, was Lawrence ihrer Meinung nach zustand.

Nach Lawrence' Tod fand sie, daß sie ihn aus dem Dreck ziehen müßte, nachdem ihm soviel Schlechtes nachgesagt worden war.

Ironischerweise war die Frau, die 1923 geschrieben hatte: »Sollte der Tag kommen, was Gott verhindern möge, daß ich Lawrence als den ›berühmten Mann‹ sähe, wäre er ein totes Ding für mich, und es würde mich langweilen«, nun im Alter voller Energie damit beschäftigt, genau diese »Berühmtheit« zu erhalten und zu mehren, der sie einst mit solch erstaunlicher Gleichgültigkeit begegnet war. Allerdings war sie mittlerweile auch zutiefst überzeugt, daß Lawrence ein Prophet war, dessen Zeit noch nicht gekommen sei. 1948 schrieb sie:

Seit kurzem sehe ich Lorenzo in einem neuen Licht. Ich sehe ihn in der Tradition des heiligen Augustin... sogar von Franz von Assisi... Ich konnte Lawrence noch nie in einer Reihe mit englischen Schriftstellern sehen, es ist etwas anderes... Stimmen Sie nicht zu, daß Lawrence ein Nachkomme dieser Männer ist?

Nicht ich, aber der Wind, Friedas für die Öffentlichkeit bestimmtes Zeugnis ihrer Beziehung zu Lawrence, war ein Beginn des Prozesses, der ihn mehr und mehr in eine spirituelle anstelle einer ausschließlich literarischen Tradition einordnet. 1934 wurde der Text erstmals veröffentlicht, inmitten einer Flut von Erinnerungen und Huldigungsschriften, die nach Lawrence' Tod in aller Eile aus dem Boden gestampft worden waren. *Nicht ich, aber der Wind* stellt Friedas Versuch dar, einige der wüstesten Versionen ihrer gemeinsamen Lebensgeschichte richtigzustellen. Es ist ein flüchtig hingeworfenes Werk, was sowohl seine Stärken – es besitzt die Unmittelbarkeit und Direktheit des unreflektierten Schreibens – wie seine Schwächen ausmacht – Ereignisse werden skizziert, ohne daß ihre Bedeutung wirklich überdacht wurde. Vor sich selbst rechtfertigte Frieda das damit, daß sie für die Zukunft ein längeres und vollständigeres Werk versprach, eines, das ein umfassenderes Porträt ihres eigenen Lebens bieten würde, das jedoch nie vollendet wurde.

Nicht ich, aber der Wind ist direkt aus dem Herzen geschrieben. Es faßt Friedas Jahre mit Lawrence in einer ungekünstelten, chronologischen Erzählung zusammen. Es enthält einige lyrische Passagen und Reflexionen, doch insgesamt gesehen liegt der Schwerpunkt eher auf einer Auflistung der äußeren Ereignisse und einer impressionistischen Darstellung ihres Gefühlslebens. Auch wenn es Friedas Memoiren sind, konzentrieren sie sich nicht auf ihr eigenes Innenleben. Das Zentrum bildet nicht das Ich, die Frau, sondern er, der Mann. Wie sehr Frieda das Interesse auf Lawrence richtet, zeigt sich auch daran, daß die Hälfte des Originaltextes von Lawrence' Briefen eingenommen wird (von denen die meisten in der vorliegenden Ausgabe weggelassen wurden).

Friedas Stil ist geradlinig und direkt. Englisch war nicht ihre Muttersprache, doch sie bewegte sich mit natürlicher Leichtigkeit und Anmut in ihr, ohne jeden Versuch intellektueller Komplexität. »Ich glaube, daß ich einfach und schön schreiben kann«, meinte sie in ihren *Memoirs,* und all ihre Werke sind geprägt von der gleichen unprätentiösen, aus dem Herzen kommenden Qualität, die von jeder Befangenheit bewundernswert frei ist. Alice Dax, eine der frühen Liebschaften von D. H. Lawrence, las 1935 *Nicht ich, aber der Wind* und schrieb Frieda aus ihrem Haus in Shirebrook, Nottinghamshire, um ihr zu sagen: Es »brach mir fast das Herz vor Trauer und Glück und anderen widerstreitenden Gefühlen ... Ich bin so froh, daß Sie sich von einem Wind, so frisch, so nach Einfachheit und Ernsthaftigkeit duftend, hinforttragen ließen. Eine Geschichte, bewegend und schrecklich, und doch so voller Reichtum und Schönheit, geschrieben von der einen Person, die es so gut wissen muß ...«.

Anders als Lawrence verspürte Frieda keinen Drang zum Schreiben. Seine eigene Gleichsetzung des Schreibens mit Neurose – wie in seiner berühmten Maxime formuliert – »man streift seine Krankheiten in seinen Büchern ab« fand in Frieda keine Entsprechung. Für ihr Überleben benötigte sie keine Worte und hatte keinen wirklichen Antrieb, ihre Bücher zu schreiben oder zu vollenden. Daher auch das Aufblähen von

Nicht ich, aber der Wind mit Lawrence' eigenen Worten –
daher auch ihre eher halbherzigen Versuche, eigene Prosatexte
zu verfassen. In den ganzen sechsundzwanzig Jahren ihres
Lebens nach Lawrence' Tod setzte Frieda sich nie mit wirklicher Hingabe an den Schreibtisch – ein Anzeichen, daß ihr die
Motivation, die »Krankheit« oder Neurose, fehlte, die einen
(wie Lawrence glaubte) zum Schreiben trieb. Friedas kreative
Impulse richteten sich weniger auf die Produktion von Kunst
als auf den Erhalt des Lebens. So wie Lawrence der »geniale«
Schriftsteller war, war Frieda mit Lawrence' Beschreibung von
ihr als »genialer Lebenskünstlerin« zufrieden, als ob ihr das
Dasein selbst und die Kultivierung der Persönlichkeit ausreichten.

Indem sie in *Nicht ich, aber der Wind* die Aufmerksamkeit
fast gänzlich auf Lawrence gerichtet hält, schafft Frieda es
interessanterweise, eine Menge wichtiger Informationen über
sich selbst zurückzuhalten. Außer an den Stellen, in denen sie
über die Sehnsucht nach ihren Kindern spricht, offenbart sie
nur wenig von ihren eigenen Gefühlen. Ihre wachsende Unzufriedenheit mit Lawrence, die sie dazu brachte, Trost bei anderen Männern zu suchen, findet ebensowenig Erwähnung wie
ihre Affäre mit Ravagli. Dadurch ist ihre Offenheit etwas irreführend. *Nicht ich, aber der Wind* ist ein Text, dessen Auslassungen genauso aussagekräftig sind wie das, was er beschreibt,
und dieser unausgesprochene Stand der Dinge zwischen Frieda
und Lawrence muß bei der Lektüre bedacht werden. Das Werk
prasentiert sich als eine der großen Liebesgeschichten des frühen zwanzigsten Jahrhunderts, doch das ist nur durch sein
Schweigen und seine Auslassungen an vielen Stellen möglich.

Der in diesem Band abgedruckte Text von *Nicht ich, aber der
Wind* weicht von der 1934 veröffentlichten Fassung leicht ab;

einige der Briefe und Gedichte Lawrence', die das Original ausfüllten, wurden hier weggelassen, weil sie jetzt an anderer Stelle leicht zugänglich sind und gleichzeitig zu unserem Verständnis von Frieda selbst nichts Neues beitragen. Einige frühe Briefe Lawrence' an Frieda, die zur Zeit ihres Kennenlernens und der gemeinsamen Flucht entstanden, habe ich jedoch im Text belassen. Diese fangen nicht nur die Begeisterung ihrer anfänglichen Leidenschaft ein und werfen ein Licht auf Lawrence' Haltung zu ihrer Beziehung, sondern sie zeigen auch, wie Frieda 1953 schrieb, »seine fast religiöse Haltung zur Ehe«. Außerdem bedeuteten sie Frieda ungeheuer viel und zählten zu ihren wohlgehütetsten Schätzen. Friedas eigene Worte aus dem Originalmanuskript sind vollständig enthalten.

Den Buchtitel entnahm sie Lawrence' Gedicht »Song of a Man Who Has Come Through« – »Lied von einem Manne, der durchkam«, in dem er einmal wieder betont, wie wichtig die Auslieferung an die Kräfte, größer als das kleine »Ich« des Selbst, ist: »Not I, not I, but the wind that blows through me« – »Nicht ich, nicht ich, sondern der Wind, der mich durchweht.« Stärker als Frieda war Lawrence von der Dringlichkeit dieser Aufgabe überzeugt – sowohl für die kulturelle wie für die persönliche Erneuerung –, doch sie wollten beide im Kontakt mit der verlorengegangenen Ganzheit leben. Das Bild vom symbolischen Tod und der Wiedergeburt des Selbst war für Frieda so zentral wie für Lawrence, und sein immer wiederkehrendes Symbol, der Phönix – der Vogel der Auferstehung und inneren Verwandlung –, hätte genausogut das ihre sein können.

1915 warf sie Russell vor, nicht zu verstehen, daß in jedem ein »überpersönliches« Ich wohne. 1916 schrieb sie an Lady Cynthia Asquith: »Daß da zwei Menschen sind, genügt nicht für eine vollkommene Liebe; diese muß eine größere, allumfassende Verbindung enthalten«, was sie später in ähnlicher Weise wiederholte: »Ich glaube, eine wirkliche Beziehung beginnt erst dort, wo das allzu Persönliche aufhört...«[111]

Ihr großes Ziel war es, das Persönliche und Egoistische abzustreifen – ein Ziel, das Jungs Idee der Individuation verwandt ist. »Es erfordert harte Arbeit, ein wahrhaft menschliches Wesen zu werden, so wie wir es sein sollen... all die großen einfachen Erfahrungen unserer natürlichen Existenz haben wir verfälscht und dramatisiert, bis das Leben selbst uns nicht länger erkennt. Wir nehmen uns so schrecklich wichtig, fälschlicherweise.«[112]

In einem Brief an Aldington 1949 verwendete Frieda noch einmal die Metapher des Windes, wie sie diese bei Montaigne, einem ihrer Lieblingsautoren, gefunden hatte:

Ich glaube, einer der wichtigsten Punkte bei Lawrence ist, daß er sich des Elementaren, des Unvorhersagbaren im Menschen stets bewußt war, wie Montaigne sagt: »Wir sind alle Wind. Und selbst der Wind, weiser als wir, liebt es zu lärmen und umherzuziehen und ist mit seinen eigenen Aufgaben zufrieden, ohne sich Stabilität und Solidität zu wünschen, Qualitäten, die ihm nicht zu eigen sind.«[113]

Wie Lawrence hieß Frieda solch »eine Kraft, größer als man selbst« willkommen, weil sie spürte, daß sie in Verbindung mit einer spirituellen Erfahrung stand, die dem Intellekt allein verschlossen bleiben mußte. »Wir wissen so viel und erfahren so wenig.« Das erklärt auch ihre Liebe zu der weiten, unberührten Natur Mexikos, wo die Verbindung zu den Elementen – Erde, Wasser, Feuer und Luft – so machtvoll war. »Dieses Land paßt ganz und gar zu meiner Seele.« Und weiter: »Sie liebte das grobe, einfache Land. Jedes Ding war es selbst. Die Erde war die Erde und nackt, und der Himmel war eine große Kuppel, unter der die Wolken Platz hatten, umherzuziehen und sich zu treffen, und die Berge erhoben sich schwer und streng aus der Ebene. Keine Verzierungen, keine Verkleidungen, alle Dinge standen klar und unanfechtbar da.«[114]

Selbst wenn sie schrieb, war es nicht die Sprache selbst, die Frieda am meisten bedeutete, sondern die Wahrheiten, die sie damit vielleicht offenlegen konnte. »Schriftsteller liegen sooft daneben, sie sind nicht *direkt* genug.«[115] Sie bemühte sich nicht, besser zu schreiben oder über die Sprache zu reflektieren. Das unterstreicht noch einmal die Wichtigkeit jener doppeldeutigen Zeile aus *Nicht ich, aber der Wind:* »Ich wollte Lawrence mein Schweigen schenken.« Sie war dabei nicht die Frau, die sich vor dem Mann erniedrigt und nicht zu sprechen wagt, noch wollte sie den Frauen in irgendeiner Art und Weise das Recht zum Reden absprechen; sie suchte das Schweigen, das vor und hinter dem Plappern der Sprache liegt, das Schweigen, das das Verstehen überträgt, der Ort, an dem sie und Lawrence endlich eins sein könnten.

Abgesehen von ihren Briefen, den einzig bedeutsamen Schriftstücken nach *Nicht ich, aber der Wind,* existieren Prosafragmente, die als Teil eines längeren autobiographischen Romans gedacht waren und den provisorischen Titel *And The Fullness Thereof* . . . trugen. Aus dem Wissen heraus, daß *Nicht ich, aber der Wind* ihrem eigenen Leben nicht angemessen gerecht wurde, begann sie 1935, an diesem Buch zu schreiben; sporadisch arbeitete sie während des Krieges und dem ganzen nächsten Jahrzehnt daran: »Sie war jetzt alt und wollte irgendein Resultat der Jahre ihres Lebens und der Befriedigung daraus hinterlassen.« Das Buch wurde nie vollendet, aber die Notizen und Fragmente wurden bald nach ihrem Tod gesammelt und von E. W. Tedlock herausgegeben. Zuammen mit ihren Briefen wurden sie in dem Band *Frieda Lawrence: The Memoirs and Correspondence* 1961 veröffentlicht.

Teile dieser Sammlung werden hier im Anschluß an *Nicht ich, aber der Wind* wiedergegeben. Sie sind offensichtlich auto-biographisch. Die weibliche Protagonistin Paula ist ganz ein-deutig Frieda, während die Namen Charles Widmer, Octavio, Andrew und Dario leicht zu durchschauende Decknamen für Ernest Weekley, Otto Groß, Weekley und Ravagli in dieser Reihenfolge sind. Doch die halbfiktionale Form gestattet es Frieda, persönliche Gefühle tiefgehender zu erforschen und zu dramatisieren, als das in einem sachlichen Bericht wie *Nicht ich, aber der Wind* möglich war. *And The Fullness Thereof* wirft nicht nur ein faszinierendes Licht auf Friedas Sichtweise ihrer engsten Männerbeziehungen – und die schmerzhafte Tren-nung von ihren Kindern –, sondern es zeigt auch, welch talen-tierte Schriftstellerin sie war. Sie vermag intensive Gefühle einfach und überzeugend zu vermitteln und gleichzeitig die Intensität durch Humor und Witz aufzulockern.

Die Kapitel, die sie über Weekley (»Englische Heirat«) und Groß (»Octavio«) schrieb, sind hier mit wenig oder keinen Änderungen wiedergegeben, während jene über Lawrence (»Andrew«) und ihr Leben nach Lawrence' Tod stärker bear-beitet wurden. Das geschah nicht nur aus dem Grund, weil die Beschreibung ihrer Zeit mit Ravagli gegenuber den anderen Textteilen abfällt und von geringerer emotionaler Tiefe ist, sondern weil sie selbst den früheren Kapiteln mehr Zeit und Aufmerksamkeit gewidmet und sie mehrmals überarbeitet hat, weswegen sie von weit größerer literarischer Qualität sind. Die offensichtlich unfertigen Kapitel über Mexiko und Lawrence habe ich ausgelassen, abgesehen von einem Auszug aus »Freunde«, der eine Art von Abschluß zu der Zeit mit Lawrence bildet.

All ihre Schriftstücke sind von den Eigenschaften geprägt, die auch Friedas Leben erfüllten und die *Nicht ich, aber der Wind* und ihre Briefe zu solch gewinnbringender Lektüre machen: eine sinnliche Lust an der Natur, eine tiefe Freude an der Beschaffenheit der Dinge, eine Feier des irdischen Lebens und seiner göttlichen Erscheinungen. In ihren besten Momenten vermittelt Frieda Lawrence die Gnade solcher Augenblicke, in denen die Trennung zwischen Geist und Materie aufgehoben ist. Ihr Leben wurde von dem Versuch beherrscht, sich stets für das Unvorhergesehene und Elementare zu öffnen, weit entfernt von der verzweifelten Selbstkontrolle und der Gier nach materiellem Besitz, die das moderne Leben sosehr beherrschen.

Die Bilder von ihr als »lüsterner Germanin« und »deutscher Hausfrau« aus so vielen biographischen und literaturwissenschaftlichen Studien sind Zerrbilder dieser tieferen Seite von Frieda Lawrence' Wesen. Trotz der Mythen, die von ihr geschaffen wurden, war sie an Selbstdarstellung kaum interessiert. »Berühmtheit ist ein Ding der äußeren Welt, in der ich tatsächlich nichts bin und auch nicht mehr sein möchte!« Für sie hatte die tiefere, innere Welt, jenseits des individuellen Ichs, den höchsten Stellenwert, und ihre unerschütterliche Vitalität und Liebesfähigkeit – das, was Lawrence als »geniale Begabung zu leben« bezeichnete – waren außergewöhnlich.

Doch unter ihrer bemerkenswerten Stärke, Widerstandsfähigkeit und Sehnsucht nach Erfüllung lag eine seltene Demut. »Wir sind soviel mehr, als wir verstehen«, schrieb Frieda.

»Unser tiefstes Wesen liegt so tief vergraben ... Wir denken, wir wissen soviel, und im Grunde wissen wir nichts, und über uns selbst vielleicht am allerwenigsten.«[116]

Das äußere Leben:
»Eine wahre Bestimmung«

Ich glaube, ich hatte, was nur wenige Frauen haben, eine wahre Bestimmung.

FRIEDA LAWRENCE, MEMOIRS

1879 11. August, Frieda (Emma Maria Frieda Johanna Freiin von Richthofen) kommt in einem ländlichen Vorort von Metz als Tochter protestantischer Eltern zur Welt: Baron Friedrich von Richthofen (1845 in Schlesien geboren) und Anna Marquier (1851 geboren, französischer Herkunft). Die ältere Schwester Else wurde 1874 und die jüngere, Johanna oder »Nusch«, 1882 geboren.

1880er Jahre Frieda besucht eine römisch-katholische Klosterschule, dann ein Internat, Haus Eichberg, im Schwarzwald.

1897 Frieda lernt Ernest Weekley kennen.

1899 29. August. Weekley und Frieda heiraten in Freiburg und lassen sich in Nottingham nieder, wo sie später an den Stadtrand nach Mapperley ziehen. Innerhalb eines Monats nach Eheschließung wird Frieda schwanger.

1900 15. Juni, Geburt von Friedas erstem Kind, Charles Montague, genannt »Monty«.

1902 13. September, Geburt von Elsa Agnes Frieda, »Elsa«.

1904 20. Oktober, Geburt von Barbara Joy, »Barby«.

1907 Bei einem Besuch in Deutschland hat Frieda eine Affäre mit Otto Groß.

1912 März. Frieda lernt Lawrence bei ihr zu Hause kennen. 3. Mai. Frieda und Lawrence laufen davon. Sie fahren nach Metz, um das fünfzigjährige Jubiläum des Eintritts in die Armee von Baron von Richthofen zu feiern, und verbringen den Sommer mit Reisen durch die Alpen und in Gargnano, Italien.

1913 April, Abfahrt nach Bayern. Juni, Rückkehr nach England. Frieda versucht vergeblich, ihre Kinder zu sehen. Verbringen einige Monate in Kent. August, Besuch in Deutschland, fahren dann nach Italien. Ab September wohnen sie in der Nähe von Lerici, wo sie gemeinsam an *The Rainbow* arbeiten.

1914 Mai, Friedas Scheidung von Weekley wird rechtsgültig. Sie besucht allein ihre Familie in Deutschland, trifft in Heidelberg wieder mit Lawrence zusammen und reist mit ihm nach London. Am 13. Juli heiraten sie standesamtlich im Kensington Register Office, mit Mansfield und Murry als Trauzeugen (siehe Abbildungen 5 und 6). Während sie auf einer Rundreise durch den Lake District sind, bricht der Erste Weltkrieg aus. Sie wohnen in Buckinghamshire und werden allmählich in die

144

literarische Szene Londons eingeführt, wo sie unter anderem Catherine Carswell, Richard Aldington, Hilda Doolittle, Amy Lowell, H. G. Wells, David Garnett, Samuel Koteliansky und Compton Mackenzie kennenlernen. Im Dezember besucht Frieda inkognito Weekley in Nottingham. Ihre Bitte um Zugang zu den Kindern wird abgelehnt.

1915 Januar. Frieda und D. H. Lawrence ziehen in Viola Meynells Haus in Greatham, Sussex. Durch Lady Ottoline Morell lernen sie Julian und Aldous Huxley kennen, Bertrand Russell, Ford Maddox Ford, Ivy Low und die Bloomsbury-Gruppe. In Deutschland stirbt Friedas Vater im Alter von siebzig Jahren. Am 30. September Veröffentlichung von *The Rainbow*, der im November die Beschlagnahmung durch die Polizei und das Verbot als obszön folgt. 30. Dezember, Umzug nach Zennor, Cornwall. Dort bleiben sie zwei Jahre.

1916 Mansfield und Murry gesellen sich zu ihnen, ziehen dann aber nach South Cornwall.

1917 Oktober, Frieda und Lawrence werden aus Cornwall unter dem Verdacht, deutsche Spione zu sein, ausgewiesen. Dezember, Umzug in ein Häuschen in Berkshire.

1918 Mai, Frieda und Lawrence mieten ein Häuschen in Derbyshire bis zum Ende des Krieges. 11. November, Waffenstillstand.

1919 Juli bis September, Aufenthalt im Haus von Rosalind Thornycroft bei Pangbourne. 15. Oktober, Frieda fährt allein nach Deutschland. 14. November, Lawrence fährt nach Italien.

3. Dezember, Treffen in Florenz, Umzug in den Süden nach Capri.

1920 März, sie ziehen nach Taormina, Sizilien. August bis September, besucht Frieda wieder ihre Mutter in Deutschland. Lawrence reist in Italien und verbringt Zeit mit Rosalind Thornycroft in Fiesole. Oktober, Frieda und Lawrence kehren zurück nach Taormina.

1921 Januar, Sie unternehmen einen gemeinsamen Ausflug nach Sardinien. Im Frühjahr fährt Frieda nach Deutschland, um für ihre Mutter zu sorgen, wo Lawrence sie im Mai und Juni besucht. Im Juli besuchen sie Friedas jüngere Schwester in Tirol. Rückkehr nach Taormina.

1922 März, Reise nach Ceylon, wo sie bei Earl und Achsah Brewster wohnen. Dann nach Australien, lassen sich für drei Monate in New South Wales nieder. 10. August, mit dem Schiff über Tahiti nach Amerika. Ankunft in San Francisco am 4. September, Weiterfahrt nach Santa Fé, um Mabel Dodge Luhan zu treffen. Verbringen den Winter in der Nähe von Taos.

1923 März, Reise nach Mexico City. 11. April, besuchen sie die Pyramiden von Teotihuacan (siehe Abbildungen 9 und 10). Mieten ein Haus in Chapala (siehe Abbildung 13). Juli, reisen über New Orleans und Washington nach New Jersey und New York. August, Frieda schifft sich allein nach Europa ein. In London trifft sie ihre Kinder, Koteliansky und Freunde. Murry begleitet sie nach Deutschland, wo sie ihre Mutter besucht. November, Lawrence folgt Frieda nach London, lernt ihre Töchter kennen.

1924 Januar und Februar, Frieda und Lawrence sind beide krank. Lawrence bekommt Malaria, und bei nachfolgenden Untersuchungen in Mexico City wird Tuberkulose festgestellt. März, Rückkehr auf die Kiowa Ranch. 22. September, verlassen zum letzten Mal gemeinsam Amerika (siehe Abbildung 17). Kurzer Aufenthalt in London, besuchen dann Lawrence' Schwester Ada in Nottinghamshire und Friedas Mutter in Baden-Baden. Weiter nach Spotorno, Italien, im November mieten sie die Villa Bernarda von den Ravaglis.

1926 Besuch von Friedas beiden Töchtern und im Februar von Ada. Lawrence und Ada reisen nach Monte Carlo und Nizza ab. Lawrence fährt allein weiter nach Capri. Frieda bleibt mit ihren Töchtern in der Villa Bernarda, mietet dann die Villa Mirenda außerhalb von Florenz für die nächsten zwei Jahre. 12. Juli, Frieda und Lawrence fahren nach Baden-Baden zum fünfundsiebzigsten Geburtstag ihrer Mutter, dann weiter nach England. Lawrence sieht Monty zum ersten Mal seit seiner Flucht mit Frieda. August, Frieda bleibt in London, während Lawrence Eastwood und Schottland bereist. Frieda trifft ihn für einige Tage in Mablethorpe. 28. September, sie verlassen zum letzten Mal England und kehren zurück in die Villa Mirenda. Im Laufe der nächsten Monate erhalten sie dort Besuch von Richard und Arabella Aldington, Aldous und Marias Huxley und Ravagli. Lawrence beginnt mit der Arbeit an *Lady Chatterley.*

1927 Basis in Villa Mirenda (siehe Abbildung 18). Frühjahr, Frieda ist allein in Baden-Baden. Lawrence und Earl Brewster gehen auf ihre Etrusker-Studienreise. Barbara besucht sie in der Villa Mirenda. Juli, Lawrence erleidet einen Blutsturz.

4. August, Abreise nach Villach, Österreich, wo sie in der Villa Jaffe wohnen, die Friedas Schwester Else gehört. Oktober, fahren sie für vierzehn Tage nach Baden-Baden.

1928 Januar, Frieda und Lawrence reisen nach Les Diablerets, Schweiz, wohnen im Chalet Beau Site (siehe Abbildung 19). Frieda fährt allein nach Baden-Baden. März, Rückkehr in die Villa Mirenda. April, Besuch von Barbara, Frieda fährt mit ihr nach Alassio, dann alleine weiter nach Spotorno, um sich mit Ravagli zu treffen. Juni, Frieda und Lawrence verlassen die Villa Mirenda, um den Sommer in der Schweiz zu verbringen. Mieten ein Chalet in Gsteig-bei-Gstaad hoch in den Alpen (siehe Abbildung 20). Besuchen im September gemeinsam Baden-Baden. Oktober, Frieda trifft Ravagli in Triest, mit Lawrence' Wissen. Im November lassen sie und Lawrence sich für den Winter in Bandol an der französischen Riviera nieder.

1929 März, Frieda fährt allein zu ihrer Mutter; trifft sich in Paris mit Lawrence. Sie wohnen bei Harry und Caresse Crosby in Ermenonville. 7. April, Abreise nach Mallorca. 4. Juni, Frieda bricht sich den Knöchel. Mitte Juni, Lawrence reist ab nach Florenz und Frieda nach London. Anfang Juli, Frieda besucht die Ausstellung von Lawrence' fünfundzwanzig Gemälden in der Warren Gallery: dreizehn der Bilder werden von der Polizei beschlagnahmt. Lawrence, krank in Florenz, telegrafiert Frieda, sofort zurückzukehren. Juli bis September verbringen sie in Deutschland, wo sie auch Friedas Mutter besuchen. 12. August, Frieda feiert ihren fünfzigsten Geburtstag. 25. August, Reise nach Bayern, und im September Rückkehr nach Bandol, wo sie die Villa Beau Soleil mieten.

1930 6. Februar, Lawrence kommt in ein Sanatorium in Vence, oberhalb Nizzas. Frieda und Barbara wohnen in einem nahegelegenen Hotel. 1. März, alle ziehen in die Villa Robermond oberhalb von Vence. 2. März, Lawrence stirbt. 4. März, Lawrence' Begräbnis. Ende März, Frieda fährt nach London, versucht, Lawrence' Finanzen zu regeln, dann Rückkehr nach Italien und in die Villa Robermond. Murry kommt zu Besuch nach Vence und hat eine kurze Affäre mit Frieda. Frieda nimmt Barbara mit zu ihrer Mutter nach Deutschland, kehren dann nach Italien zurück, wo Barbara einen partiellen Zusammenbruch erleidet. Frieda wird erneut nach Baden-Baden gerufen, wo ihre Mutter am 21. November stirbt. Frieda kehrt zurück nach Italien, Barbara nach England, wo sie sich schnell erholt. Frieda verbringt Weihnachten in Florenz.

1931 Frieda kehrt mit Ravagli nach Taos zurück.

1932 November, Frieda fährt nach London zur Gerichtsverhandlung über Lawrence' Testament. Sie wird zu Lawrence' Alleinerbin erklärt.

1933 April, Frieda und Ravagli kehren nach Taos zurück. Am 30. Mai legen sie den Grundstein für ihre neue Ranch. Im Winter, auf dem Weg zu Ravaglis Geschwistern in Buenos Aires, versucht ein Bekannter, sie zu betrügen. Ravagli flieht nach Colorado, um einer Verhaftung zu entgehen, Frieda trifft ihn in Alamosa. Nach ihrem Besuch in Buenos Aires Rückkehr nach Taos.

1934 Friedas Memoiren *Nicht ich, aber der Wind* werden in Amerika veröffentlicht. Im Herbst errichtet Ravagli eine Kapelle für Lawrence' Asche auf der Kiowa Ranch und fährt nach Europa, um diese zu holen.

1935 Nach zahlreichen Zwischenfällen wird Lawrence' Asche schließlich in Taos beigesetzt.

1937 Die Huxleys verbringen den Sommer mit Frieda.

Ende der 1930er bis 40er Jahre Ravagli baut eine Werkstatt und Töpferei in Taos. Frieda kauft ein Haus für den Winter. Von nun an verbringen sie die Sommer auf der Kiowa Ranch und die Winter in El Prado. Bleiben während des Zweiten Weltkrieges in Mexiko.

1950 31. Oktober, um Ravagli als Immigrant mehr Sicherheit zu geben, heiratet Frieda ihn.

1952 Juni, Frieda macht ihren letzten Besuch in England, wohnt in London bei ihrem Sohn Monty und seinen Kindern.

1954 Frühjahr, Frieda trifft sich mit ihrer älteren Schwester Else in Albuquerque. Mai, Weekley stirbt in Nottingham.

1956 Frieda erleidet einen kleineren Schlaganfall. Barbara trifft am 15. Juli auf der Taos Ranch ein. 8. August, ein zweiter Schlaganfall lähmt Friedas rechte Körperhälfte. An ihrem siebenundsiebzigsten Geburtstag, am 11. August 1956, stirbt Frieda im Koma. Zwei Tage später wird ihr Leichnam in einer schlichten Trauerfeier vor Lawrence' Gedenkstätte beigesetzt.

Sie wurde hoch oben auf dem Berg begraben. Sie hatte um ein kleines, einfaches Holzkreuz gebeten, aber Angelo befürchtete, die Leute könnten ihn für kleinlich halten, also ließ er einen Grabstein anfertigen.

Anmerkungen

Der Streitfall Frieda Lawrence:
»Leben in größerer Tiefe«

1 Alle Abschnitte in Kursivschrift sind wörtliche Zitate von Friedas Tochter Barbara Barr. Sie entstammen Transkriptionen des persönlichen Interviews der Autorin mit Barbara, das am 16. November 1993 in Radda/ Italien geführt wurde, und werden mit dem Einverständnis von Barbara Barr wiedergegeben.

2 Ich würde es vorziehen, Frieda nicht beim Vornamen anzureden, da Männer gewöhnlich mit dem Nachnamen angeredet werden, aber mir schien sich keine andere Möglichkeit zu bieten, um Verwechslungen mit D. H. Lawrence zu vermeiden.

3 In Daly, *Reine Lust*, gibt es in der englischen Originalausgabe im Register das Schlagwort »Lawrence, D. H., schlägt seine Frau«; zitiert wird dort ein Zeitungsartikel über eine Lawrence-Konferenz – ein »Festival«, mit dem, zu Dalys Mißbilligung, »dieser Misogynist« nicht nur durch die Behauptung geehrt worden sei, er habe Frauen bewundert, sondern auf dem das Prügeln seiner Frau auch noch gerechtfertigt zu werden schien.

4 Zitiert von Whitney Chadwick in »Living Simultaneously: Sonia and Robert Delaunay«, in Chadwick, Hrsg., *Significant Others*, S. 34.

Legenden: »Die Mutter des Orgasmus«

5 Lucas, *Frieda von Richthofen*, S. 312.

6 Carswell, *The Savage Pilgrimage*, zitiert nach Lucas, S. 145. Dieses Zitat beleuchtet sehr schön, wie Frauen immer wieder als Naturgewalt dargestellt werden. Siehe auch de Beauvoir, *Das andere Geschlecht*, und Dinnerstein, *The Rocking of the Cradle and the Ruling of the world*.

7 Luhan, *Lorenzo in Taos*, S. 36.

8 Garnett, *Golden Echo*, zitiert nach Lucas, S. 112. 1928 hatte Rhys Davies Frieda in sehr ähnlichen Worten mit einer Löwin verglichen.

9 Tomalin, *Katherine Mansfield*, S. 170.

10 Leavis, *D. H. Lawrence*, S. 49–50.

11 Frieda Lawrence, *Memoirs*, S. 374.

12 Luhan, zitiert nach Lucas, S. 236.

13 Sagar, *The Life of D. H. Lawrence*, S. 57.

14 Miller, *Die Welt des D. H. Lawrence*, S. 33 + 35.

15 Frieda in einem Brief an Richard Aldington, Januar 1949, in *Frieda Lawrence and Her circle*, Hrg. Harry T. Moore und Dale B. Montague, S. 91.

16 Der Schutzumschlag von *Frieda Lawrence and Her Circle*.

17 Lucas, S. 12.

18 Miller, S. 29–30.

Friedas Männer: »Befriedigtes Verlangen«

19 Brief von Huxley an Mary Keller, 21. November 1957, in *Letters of Aldous Huxley*, Grover Smith (Hrsg.), zitiert nach Lucas, S. 254. Schon früher hatte Huxley seine Frieda betreffenden Phantasien verraten, als er ihr Gegenstück in *Das Genie und die Göttin* mit dem Erzähler ins Bett gehen und sie dann bei einem häßlichen Verkehrsunfall sterben läßt – vielleicht ein Anzeichen unbewußter Rache für sein Gefühl der Hilflosigkeit angesichts ihrer sexuellen Macht ihm gegenüber.

20 Moore und Roberts, *D. H. Lawrence*, S. 27.

21 Das war 1994 das Thema von Marina Warners hervorragenden Reith-Vorlesungen, insbesondere der ersten: »Monströse Mütter«.

22 *Memoirs*, S. 43.

23 *Memoirs*, S. 275.

24 Brief an Monty, 1954, *Memoirs*, S. 339–340.

25 Brief an Monty, *Memoirs*, S. 342.

26 Weekley ging keine weiteren intimen Beziehungen ein, heiratete nie wieder und lebte, nachdem die Kinder bei seinen Verwandten in London untergebracht worden waren, ein einsames Leben in seiner Junggesellenbude in Nottingham, vertieft in seine Bücher. Seine Veröffentlichungen umfassen *An Etymological Dictionary of Modern English* (1924), *Words, Ancient and Modern* (1927) und *The English Language* (1929). 1951 wurde ihm die Ehrendoktorwürde der Nottingham University verliehen.

27 Frieda, Brief an Else Jaffe, 1954, *Memoirs*, S. 340.

28 Moore, *The Intelligent Heart*, S. 351.

29 *Memoirs*, S. 339–340.

30 Barr, *London Magazine*, Aug./Sept. 1993, S. 29.

31 Barr, *London Magazine*, Aug./Sept. 1993, S. 31.

32 Groß' Version der Psychoanalyse war jedoch in vielerlei Hinsicht irreführend und zum Teil der revisionistischen Umdeutung Freuds durch Wilhelm Reich und anderen später im Jahrhundert vergleichbar. Siehe Mitchells Interpretation von Reich in *Psychoanalyse und Feminismus.*

33 Für Details dieser Beziehung siehe Feinstein, *Lawrence' Women*, S. 44–59.

34 Tomalin, *Katherine Mansfield*, S. 212–213.

35 Frieda in einem Brief an Aldington, *Frieda Lawrence and Her Circle*, S. 93.

36 West, *D. H. Lawrence*, S. 36; Miller, S. 40.

37 *Memoirs*, S. 353.

38 Huxley, *Das Genie und die Göttin*, S. 64, und Bedford, *Aldous Huxley: the Apparent Stability*, S. 263–264. In *Das Genie und die Göttin* beschreibt Huxley auf S. 39 seine Lawrence-Figur als »auf der Suche nach einer Frau, die fähig wäre, den Ansprüchen eines symbiotischen Verhältnisses zu genügen, bei dem alles Geben von ihrer und alles heißhungrige und infantile Nehmen von seiner Seite geschähe«.

39 Lucas, S. 254.

40 Lawrence an Ernest Collings, Januar 1913, *Briefe an Frauen und Freunde*, Hrsg. Süskind. S. 80.

41 Barr, *London Magazine*, Okt./Nov. 1993, S. 16.

42 Brief an Edward Garnett, *Memoirs*, S. 202.

43 Frieda, *Memoirs*, S. 190. Trotz all ihrer Ideale von freier Liebe war Frieda entschlossen, Lawrence treu zu bleiben. 1913 schrieb sie an Edward Garnett: »Ja, meine Theorien haben sich traurigerweise geändert; die menschliche Liebe hat zwei Seiten, eine, die treu sein möchte, die andere, die fortlaufen möchte; bei mir hatte bisher das Fortlaufen die Oberhand, aber jetzt soll es die treue Seite sein.«

44 Rosalind Thornycroft, *Time Which Spaces Us Apart*, S. 78–79. Diese Memoiren wurden von Rosalind Thornycrofts Tochter, Chloë Baynes, vervollständigt und von ihr zum ersten Mal im Eigenverlag 1991 veröffentlicht. Sie enthalten die wichtigsten Passagen aus Rosalinds Notizbüchern, die die wachsende Freundschaft zu Lawrence von 1919 an beschreiben, seinen Aufenthalt 1920 bei ihr in Fiesole und seine folgenden Briefe. Die Affäre wird als kurzlebig dargestellt, und ihre Korrespondenz ging mindestens bis 1923 weiter.

45 Moore, *The Intelligent Heart*, S. 477: »Frieda erzählte ihrem engen Bekanntenkreis: ›Lawrence ist seit 1926 impotent!‹«

46 *Frieda Lawrence and Her Circle*, S. 100.

47 Frieda, Brief an Murry, 1953, *Memoirs*, S. 333.

48 Tomalin, *Katherine Mansfield*, S. 170–171. Tomalin analysiert die komplizierten Verbindungen zwischen den vieren detailliert und bietet einfühlsame Porträts von Lawrence, Frieda und ihrer Beziehung.

49 Murry, Briefe an Frieda, 1946 und 1953, *Memoirs*, S. 282 und 330, zitiert nach Lucas, S. 252.

50 *Memoirs*, S. 311, zitiert nach Lucas, S. 252.

51 *Memoirs*, S. 368.

52 Bedford, *Aldous Huxley: The Apparent Stability*, S. 263, zitiert nach Lucas, S. 322.

53 *Memoirs*, S. 367.

54 Siehe Tomalin, besonders die Seiten 126–154, für eine der besten Darstellungen der komplizierten Freundschaft zwischen Murry, Mansfield, Lawrence und Frieda.

55 Lea, *The Life of John Middleton Murry*, S. 119.

56 Barr, *London Magazine*, Okt./Nov. 1993, S. 16.

57 Frieda, Brief an Martha Gordon Crotch, 1930, *Frieda Lawrence and Her Circle*, S. 43.

58 Maria Huxley, zitiert in Bedford, *Aldous Huxley: The Apparent Stability*, S. 346.

Frieda und Mutterschaft: »Die Blumen des Schmerzes«

59 Moore, *The Intelligent Heart*, S. 162.

60 Mein eigenes Buch, *Mothers Who Leave*, das sich dieser Thematik tiefgehender widmet, enthält ein Kapitel über diesen Aspekt von Friedas Lebensgeschichte.

61 Frieda, Brief an Edward Garnett, Januar 1913, *Memoirs*, S.189–190. Alle folgenden Auszüge aus ihren Briefen sind diesen *Memoirs* entnommen.

62 Frieda, *Memoirs*, S. 360.

63 Zitiert von Lucas, S. 100.

64 Garnett, *The Golden Echo*, zitiert nach Lucas, S. 124.

65 Lawrence, *Selected Poems*, S. 65.

66 Tomalin, S. 117.

67 Moore, *The Intelligent Heart*, S. 199.

68 Lawrence an Edward Garnett, 17. Juli 1914, zitiert in Sagar, S. 73.

69 Thornycroft, S. 58.

70 Barr, *London Magazine*, Aug./Sept. 1993, S. 28.

71 Brief von Frieda, August 1923, in *Letters to Thomas and Adele Seltzer*, Lacy (Hrsg.), S. 105.

Frieda, Lawrence und das Weibliche: »Jenseits einer Apartheid der Geschlechter«

72 Frieda, *Memoirs*, S. 167.

73 Frieda, Brief an Edward Gilbert, *Memoirs*, S. 303.

74 Sagar, Brief an die Autorin, 21. Oktober 1993, mit seiner Erlaubnis zitiert.

75 Sagar, S. 127.

76 Lawrence, *Fantasia of the Unconscious*, S. 188–189.

77 Siehe Light, *Forever England*, insbesondere S. 7, in bezug auf die Frauenfeindlichkeit und Etablierung der männerzentrierten literarischen Kulturszene in den Zwischenkriegsjahren: »Großbritannien ist ein Land, in dem es nicht länger möglich ist, wirklich männlich zu sein – ein kastriertes Land, wie Lawrence gesagt hätte, durch die Kriegsfolgen entmännlicht.«

78 Faludi, *Die Männer schlagen zurück*, S. 339–346, bietet eine brillante Analyse des antifeministischen Vorhabens von Robert Blys »New Age«- und »Neuer Mann«-Bewegung.

79 In einem Brief an Aldington erinnert Frieda sich an einen Zwischenfall: Lawrence »war sehr aufgeregt und hatte schließlich die Hände um meinen Hals und sagte grimmig: ›Ich bin der Herr im Hause, ich bin der Herr!‹, und ich sagte erstaunt: ›Ist das alles? Das ist mir egal, du kannst so lange Herr im Hause sein, wie du willst.‹ Und da war er wirklich erstaunt.« *Frieda Lawrence and Her Circle*, S. 98–99.

80 Mailer, *Gefangen im Sexus*, S. 154–156.

81 *Memoirs*, S.14.

82 Der Begriff »Apartheid der Geschlechter« stammt aus MacLeods *Lawrence' Men and Women*, S. 129. Für eine ausführlichere Diskussion Bachofens und Lawrence', siehe Green, *Else und Frieda*, S. 81–83.

83 Frieda, Brief an Koteliansky, 1923, *Memoirs*, S. 231.

Die Suche der Frieda Lawrence: »Bejahung«

84 Brief von Katherine Mansfield an Beatrice Campbell, 4. Mai 1916, zitiert in Tomalin, S. 211.

85 *Memoirs*, S. 119.

86 *Memoirs*, S. 137.

87 *Memoirs*, S. 186.

88 Brief an Aldington, 1956, in *Frieda Lawrence and Her Circle*, S. 134.

89 Huxley, *Das Genie und die Göttin*, S. 37–38.

90 Frieda, Brief an Dorothy Brett, 1945, *Memoirs*, S. 411. Ein solcher Bezug auf *Faust* ist in den *Memoirs* zu finden, S. 52–53.

91 Green, S. 180.

92 Light, S. 7, erörtert diese Auswanderung einzig als politisch motiviert: »Es ist leicht, hier die Hysterie der Besitzlosen herauszulesen, die Angst vor wachsendem Egalitarismus, eine Reaktion auf die Märsche der Aktivisten aus Labour-Partei und Arbeiterklasse, die als Ansturm von ›Barbaren‹ und Vandalen gesehen wurden...«

93 *Memoirs*, S. 6.

94 *Memoirs*, S. 292.

95 *Memoirs*, S. 140.

96 Brief von Frieda an Mansfield, zitiert in Tomalin, S. 207.

97 Caresse Crosbys Autobiographie beschreibt Frieda als »gut gepolstert, gereizt und voller Stolz«, und daß »Lawrence in einem Wutanfall eine Schallplatte nach der anderen über ihrem Kopf zerbrach«, als sie das Grammophon laufen ließ. Siehe Moore, *The Intelligent Heart*, S. 491.

98 Bertrand Russell, *Autobiography*, zitiert nach Lucas, S. 164.

99 Green. S. 375.

100 Frieda, *Memoirs*, S. 135–136.

101 Frieda, Brief an Aldington, 1949, *Frieda Lawrence and Her Circle*, S. 92.

102 Frieda, Brief an Witter Bynner, 1942, *Memoirs*, S. 269.

103 Huxley, *Das Genie und die Göttin*, S. 95.

104 *Memoirs*, S. 135–136.

105 Brief an Edward Gilbert, 1944, *Memoirs*, S. 273.

Memoiren und Fiktionen: »Nicht ich, aber der Wind«

106 Zitiert in Sagar, S. 247.

107 *Frieda Lawrence and Her Circle*, S. 31.

108 All diese Auszüge entstammen Friedas *Memoirs*.

109 *Frieda Lawrence and Her Circle*, S. 55.

110 *Frieda Lawrence and Her Circle*, S. 90, 94.

111 Frieda, Brief an Edward Gilbert, 1944, *Memoirs*, S. 274.

112 *Memoirs*, S. 150.

113 *Frieda Lawrence and Her Circle*, S. 94.

114 *Memoirs*, S. 5.

115 *Memoirs*, S. 202.

116 *Memoirs*, S. 17.

Frieda Lawrence

Nicht ich, aber der Wind

Inhalt

Vorwort

Heute nacht war es noch kalt, obwohl Mitte Mai ist.

Hier zieht sich die Ranch, hinter der im Nordosten die Sangre de Christo Berge liegen, gegen die Wüste hin. Die hohen Tannen stehen wie Schildwachen in der Nacht um das große Alfalfa-Feld. Dahinter schwebt die Wüste. Weit ist die Sicht. Ein paar Lichter funkeln in Ranchos de Taos. Ein Hirtenfeuer glimmt. Alles überdeckt ein ungeheurer Himmel voller Sterne. Sterne, die in den Tannen hängen und in dem großen Baum, den Lawrence liebte, mit dem von der Brett gemalten Phönix, Sterne, die auf dem Rücken der Berge ruhn, Sterne, die aus der Milchstraße funkeln. Es ist so still. Nur Sterne, nichts als Sterne.

Heute früh war an den Rändern des Bewässerungsgrabens, der vom Gallina Cañon kommt, noch Eis. Viel Wasser rauscht herab. Hoch in den Bergen schmilzt das Eis, und der Sang des Wassers geht ins Blut.

Doch jetzt, um Mittag, wird es warm. Unten die Wüste kreist in Schatten und Sonnenschein. Das Alfalfa-Feld ist grün, in den letzten warmen Tagen ist es grün geworden.

Ich halte mich in der kleinen Hütte auf, die Lawrence mit den Indianern gebaut hat. Ich sitze in dem Stuhl, den er mit dem petit-point Canvas bezogen hat, den wir in Paris, in der Rue de la Paix kauften und den ich stickte. Es war eine mühselige Arbeit, und wenn ich genug hatte, stickte Lawrence ein wenig daran. Es ist ein hübscher Stuhl, wenn auch ein bißchen schwerfällig, weil er ihn nur mit dem Taschenmesser geschnitzt hatte.

Nun sitze ich hier und versuche zu schreiben.

Ich wollte dies Buch nicht schreiben. Ich wollte Lawrence mein Schweigen schenken.

Hätte er gewollt, daß ich es schreibe? Hätte er mich als eine jener intellektuellen Frauen verhöhnt, die er so sehr ablehnte? Hat es einen Sinn, daß ich schreibe?

Möchte ich mein eigenes Lob singen? Ja, das möchte ich. Aber wird es rein und tönend klingen oder ein wenig gepreßt und falsch? Kann ich das Lied unseres Lebens deutlich und klar hören, die frohen kühnen, traurigen, schreckensvollen Motive – oder kann ich es nicht?

Schließlich ist es ja mein Buch, das ich schreibe. Verstehe ich wirklich etwas, das der Mühe wert ist, oder zeichne ich nur langweilige, unlebendige Tatsachen auf?

Ist es mir eine innere Notwendigkeit zu schreiben, oder hat Lawrence schon alles tausendmal besser gesagt, als ich es je könnte?

Wird, was ich schreibe und mit Widerstreben schreibe, andern nützen oder Freude bringen? Werden andere, die nach uns kommen, aus unserem Leben lernen, das Gute annehmen und die Fehler vermeiden? Ich möchte es gern wissen.

Jedenfalls will ich so aufrichtig sein, als es in meinen Kräften steht. Lügen mögen gelegentlich angebracht sein, doch die Wahrheit scheint mir fesselnder und stolzer, nur ist die Wahrheit nicht so einfach zu gewinnen, es gibt immer ein Nochmehr; einer Tiefe ohne Grund gleicht die Wahrheit. Es hat einen langen Kampf zwischen Lawrence und mir gekostet, bis wir unsere Wahrheit fanden. Hart war das Leben mit ihm und unerbittlich aufrichtig – da gab es keine Verzierungen und Verhüllungen. Aber ein paar Wirklichkeiten blieben, eine große letzte Wahrheit siegte.

Was auch im Alltagsleben geschehen mochte, im Grund der Seele blühte die Gewißheit des unwandelbaren Bundes zwischen uns und die Offenheit für die allgegenwärtigen Wunder der Welt um uns.

Wir hatten viele Kämpfe auszutragen, so viel los zu werden, viel zu überwinden. Wir waren beide gute Streiter.

Wir kämpften den unvermeidlichen Mann- und Weib-Kampf. Es galt, das Gleichgewicht zu halten, nicht in die Sphäre des andern überzugreifen. Das Gleichgewicht in den Beziehungen von Mensch zu Mensch war eine der wesentlichsten Fragestellungen von Lawrence. Er fühlte, daß jeder sein eigenes Wesen und seine Abgeschlossenheit bewahren sollte und daß doch die Verbundenheit da sein mußte, wie zwischen Nord- und Südpol, die in sich die Welt beschlossen halten.

Dann war der *Klassenunterschied* zu überwinden. Wir kamen aus so verschiedenen Schichten. Wir beide mußten über unsere Klasse hinauswachsen, wiedergeboren werden in das Wesen unseres eigensten Ich, das Wesen, das so viel tiefer verwurzelt ist als irgend ein Klassenunterschied.

Und über die Klasse hinaus unterschied sich unsere Volkszugehörigkeit, die überbrückt werden mußte. Er, der Engländer, Puritaner, streng und unnachgiebig, äußerst gefestigt und verantwortungsbewußt; ich, die Deutsche, unsicher und suchend, ließ mich treiben.

Nur der heiße gemeinsame Wunsch, eine neue Art des Lebens zu schaffen, konnte uns so eng verbinden.

Ich bin nicht so unbescheiden oder so töricht, Lawrence

erklären zu wollen. Wir sind so viel mehr, als wir verstehen. So viel unerforschtes Gebiet liegt in uns, das Verstand allein nicht erfaßt. Nur zarte Fühler können wir ausstrecken, dem Neuen entgegen. Da Lawrence und ich Abenteurer von Natur waren, gingen wir auf die Suche und wollten jenes Hinterland der Seele erforschen. Ich war mir immer bewußt, daß etwas von Wunder an ihm war. Manchmal überwältigte es mich, löschte mein Bewußtsein aus, als habe eine Flamme mich verzehrt. Ich verblieb in Ehrfurcht und Staunen.

Manchmal haßte ich ihn und wehrte ihn ab, als sei er der Teufel in Person. Dann wieder nahm ich ihn, wie man das Wetter nimmt: Heute ist herrliches Frühlingswetter – wie genieße ich es! Und ein andermal ist alles frostig und grau. – Oh, wie ich mich danach sehne, daß es wieder schön wird!

Ich lernte in einer harten Schule, daß ein Auserwählter die ganze Skala menschlicher Gefühle, von den höchsten bis zu den niedersten, in sich trägt. Ich lernte, daß ein Mann er selbst sein muß, gut oder böse, um jeden Preis er selbst.

Unsere Beziehung war weder eine Liebesgeschichte noch eine Leidenschaft, ebensowenig wie sein Schaffen ein bürgerlicher Beruf war. Seine Liebe machte alle Beschämungen und Hoffnungen, die Irrtümer und Nöte meiner Vergangenheit zunichte. Er erkämpfte mir die Freiheit meines Wesens, daß ich leicht wie ein Vogel leben konnte. Er trug die Verantwortung. So wie er in seinen Werken versucht hat, mit seiner starken, verantwortungsbewußten Liebe seine Mitmenschen von einer stumpfen, ausgedorrten Vergangenheit zu befreien und die Bürde der jahrhundertealten, abgestorbenen Gedanken und Gefühle auf sich zu nehmen.

Wird er der Welt zum Gewinn, wie mir? Mit der Zeit – das ist meine Hoffnung.

Begegnung

Wenn ich jetzt zurückschaue, überrascht es mich, daß Lawrence mich auf den ersten Blick lieben konnte. Ich kann kaum glauben, daß ich damals eine besonders liebenswerte Frau war. Ich war einunddreißig und hatte drei Kinder. Meine Ehe schien glücklich. Was eine Frau vernünftigerweise erwarten kann, hatte ich – und doch war ich unerfüllt und voll inneren Zwiespalts.

Ich hatte vor kurzem einen bedeutenden Freud-Schüler kennengelernt und war voll unverdauter Theorien. Diesem Freund verdanke ich viel. Bis dahin hatte ich wie eine Nachtwandlerin in einem konventionellen Leben gelebt, er erweckte mich zum Bewußtsein meines wirklichen Ich.

Geboren und wiedergeboren werden ist kein Spaß und in das eigene, eigentliche Wesen geboren werden, durch das man von all den Übrigen abgetrennt und gesondert wird, ein schmerzhafter Vorgang.

Wenn Leute über Sexualität sprechen, verstehe ich sie nicht – als ob Sexualität etwas für sich sei und nicht in Beziehung stehe zu dem übrigen Leben, dem Wachsen und Reifen eines Menschen. Ich bin dankbar, daß sie für mich ein Mysterium bedeutet.

Theorien, die auf das Leben angewandt werden, versagen. Fanatisch glaubte ich, daß wenn nur für Sexualität Freiheit herrsche, die Welt sich umgehend in ein Paradies wandeln würde. Ich litt und kämpfte gegen die Gesellschaft und kam mir vollkommen abgeschnitten vor. Der Kampf brachte mich aus dem Gleichgewicht.

Ich war allein. Was konnte ich tun, wenn es so viele Millionen gab, die anders dachten als ich? Aber nachgeben, mich unterwerfen? Das konnte ich nicht. Nicht, daß meine Gefühle feindlich waren, nur anders. Ich konnte die Gesellschaft, wie sie war, nicht bejahen. Und da kam Lawrence – 1912, an einem Apriltag. Er kam zum Frühstück, um mit meinem Mann über eine Lektorenstelle an einer deutschen Universität zu sprechen. Lawrence stand damals ebenfalls an einem kritischen Zeitpunkt seines Lebens. Der Tod seiner Mutter hatte ein zweites Mal seine Gesundheit bis auf den Grund erschüttert. Er hatte seine Stelle als Lehrer in Croydon aufgegeben und mit seinem bisherigen Leben abgeschlossen.

Ich sehe ihn vor mir, wie er das Haus betrat. Eine lange schmale Gestalt, grade, lebendige Beine, leichte, sichere Bewegungen. Er schien so sichtlich einfach, dennoch erregte er meine Aufmerksamkeit. Hier war mehr, als der erste Blick verriet. Was für ein Vogel mochte das sein?

Die halbe Stunde vor der Mahlzeit unterhielten wir beide uns in meinem Zimmer. Die Verandatüren standen offen, Vorhänge flatterten im Frühlingswind, meine Kinder spielten auf dem Rasen.

Von seinen Versuchen, die Frauen kennenzulernen, habe er nun genug, sagte er. Ich war verblüfft über seine zornigen Anklagen. So etwas hatte ich noch nie gehört. Ich lachte, aber fühlte, daß er sich heiß bemüht und sein Herzblut daran gegeben hatte. Wir sprachen über Ödipus, und Verstehen sprang zwischen unseren Worten auf.

An diesem Abend ging er den ganzen Weg nach Hause zu Fuß. Es war eine Wanderung von mindestens fünf Stunden. Bald darauf schrieb er mir: »Sie sind die wunderbarste Frau in ganz England.«

Ich antwortete: »Woher wissen Sie das? Sie kennen nicht sehr viele Frauen in England.« Als wir uns das zweite Mal trafen, sagte er mir: »Sie bemerken Ihren Mann gar nicht, Sie sehen über ihn hinweg.« Diese Offenheit seines Urteils mißfiel mir.

Er kam am Ostersonntag. Es war ein heller, sonniger Tag. Die Kinder waren im Garten und suchten Ostereier.

Die Mädchen waren ausgegangen; ich wollte Tee machen und versuchte das Gas anzudrehen, wußte aber nicht, wie. Lawrence wurde über dieses Maß von Ungeschick wütend. Eine solche Kritik – daran war meine Selbstherrlichkeit wenig gewöhnt!

Dennoch verstand mich Lawrence. Von Anfang an durchschaute er mich wie Glas, sah, wie sehr ich bemüht war, eine heitere Außenseite zu bewahren. Es schien mir so verächtlich, unreinlich und so ohne Stolz, unglücklich zu sein, aber er sah durch meine harte helle Schale hindurch.

Wie er mich damals lieben konnte, kann ich nicht verstehen. Mir war wirklich, wie er es ausdrückte, die Sexualität, eine theoretische Verpflichtung zur Liebe, zu Kopf gestiegen.

Mein wirkliches Selbst fürchtete sich und schrak vor der Berührung zurück wie ein Geschöpf aus der Wildnis.

So entfaltete sich unsere Beziehung.

Eines Tages trafen wir uns an einer Station in Derbyshire. Meine beiden kleinen Töchter waren mitgekommen. Eine lange Zeit gingen wir durch die Wälder und Felder, die im ersten Frühlingsglanz standen. Die Kinder liefen hin und her wie junge Tiere.

Wir kamen an einen schmalen Bach, über den eine kleine

Steinbrücke führte. Lawrence machte Papierboote für die Kinder, legte Streichhölzer hinein und ließ sie unter der Brücke hindurchschwimmen. Er ließ Gänseblümchen mit aufwärtsgewandten Gesichtchen den Bach hinuntertreiben. Wie er da am Wasser kauerte und mit den Kindern spielte, vergaß er mich völlig.

Plötzlich wußte ich, daß ich ihn liebte. Eine ungekannte Weichheit hatte mich ergriffen. Danach nahm alles seinen raschen Lauf.

An einem Sonntag besuchte mich Lawrence; mein Mann war verreist, und ich sagte: »Bleibe heute nacht bei mir.« – »Nein, ich will nicht in seiner Abwesenheit in deines Mannes Haus sein, aber du mußt ihm die Wahrheit sagen, und wir wollen zusammen fort, denn ich liebe dich.«

Ich erschrak. Ich wußte, wie furchtbar dies für meinen Mann sein würde, der mir immer vertraut hatte. Aber eine Gewalt, die stärker war als ich, zwang mich, ihm diesen Schlag zu versetzen. Den folgenden Tag ging ich. Ich ließ meinen Sohn bei seinem Vater, meine beiden kleinen Mädchen brachte ich zu den Großeltern nach London. Auf der Heide von Hampstead nahm ich, blind und betäubt vor Schmerz, Abschied von ihnen, ahnend, daß ich nie wieder so wie bis dahin mit ihnen zusammen leben würde.

Lawrence traf mich am Bahnhof Charing Cross, ich fuhr mit ihm, um ihn nie mehr zu verlassen.

Mit Leib und Seele hatte er mich aus meinem früheren Dasein herausgehoben. Dieser junge Mann von sechsundzwanzig hatte mein ganzes Leben, mein ganzes Schicksal in seine Hände genommen. Wir hatten uns kaum sechs Wochen lang gekannt. Aber mir blieb kein anderer Weg offen, als mich zu ergeben.

Miteinander in die Welt

Wir fuhren über den nächtlichen Kanal, während wir auf einem Stapel Taue in Hoffnung und Qualen saßen. Nichts war da als die graue See und der dunkle Himmel, als das Pulsen des Schiffes und wir.

Dann kamen wir in Metz an, wo mein Vater sein fünfzigjähriges Dienstjubiläum feierte. Vorkriegsdeutschland: Das Elternhaus war voller Enkel und Verwandte, so wohnte ich in demselben Hotel, in dem auch Lawrence abgestiegen war. Es waren fiebrige Tage. Militärkapellen spielten meinem Vater zu Ehren vor dem Haus, von England flogen Telegramme herüber. Lawrence zog mich nach der einen Seite, meine Kinder nach der andern. Meine Mutter redete mir zu, bei ihr zu bleiben, mein Vater, der mich liebte, sagte mir in großer Not und Sorge: »Mein Kind, was tust du? Ich habe dich immer für so verständig gehalten. Ich kenne die Welt.« »Ja, vielleicht, aber das Beste hast du nie gekannt«, gab ich zur Antwort.

Es war damals gerade Jahrmarkt in Metz. Ich ging mit meiner Schwester Johanna durch die Reihen der Buden mit türkischem Honig, den Schlangenmenschen und Damen in Trikots, den aufgestapelten Schüsseln und Töpfen.

Johanna oder Nusch, wie wir sie nannten, war in der Blüte ihrer Schönheit, das Höchste an Chic und Eleganz. Plötzlich erschien Lawrence um eine Ecke, er sah in seiner Mütze und dem Regenmantel befremdlich aus. Was wird sie von ihm denken, ging es mir durch den Kopf.

Er wechselte ein paar Worte mit uns und ging weiter. Zu meinem Erstaunen sagte Johanna: »Mit dem kannst du gehen. Auf den ist Verlaß.«

Zuerst wußte niemand von seiner Anwesenheit außer meinen Schwestern. Eines Nachmittags gingen Lawrence und ich in dem Festungsgelände von Metz spazieren, als ein Posten ihn bei der Schulter faßte; er hatte ihn im Verdacht, daß er ein englischer Offizier sei. Ich mußte meinen Vater zu Hilfe rufen, um uns aus der peinlichen Lage zu befreien. Damit war die Katze aus dem Sack, und ich nahm Lawrence zum Tee mit nach Hause.

Er ist meinem Vater nur dieses eine Mal begegnet. Sie sahen sich zornig an, mein Vater der Aristokrat, und Lawrence, der Bergmannssohn. Mein Vater bot ihm feindselig eine Zigarette an. In dieser Nacht träumte mir, daß die beiden miteinander kämpften und daß Lawrence meinen Vater besiegte.

Die Gespanntheit in Metz war für Lawrence zu viel, er ging an den Rhein, und ich blieb zurück.

Einige seiner Briefe, die hier folgen, geben unsere Geschichte jener Tage in seiner Auffassung wieder.

Eastwood, Dienstag

Mir ist so scheußlich und hilflos zumute. Ich weiß, daß Dich das alles anekelt und die Stricke bei Dir am Reißen sind. Und was gestern noch anständig war, kann heute vielleicht furchtbar unanständig sein. Es ist genau wie während einer Krankheit: Man kann nichts anderes machen, als die Zähne zusammenbeißen, sich gegen die Wand drehen und warten.

Du willst also morgen nach G. Selbst das ist offenbar noch

172

unsicher. Und ich muß doch über die Züge Bescheid wissen. Wann Du nach Deutschland fährst, an welchem Tag, zu welcher Stunde, auf welcher Strecke, welche Klasse? Ich bitte Dich, laß es mich wissen, sobald Du kannst, sonst weiß ich nicht, was ich machen soll. Ich komme zu jeder Zeit, die Du angibst, aber gib mir Bescheid.

Dein Inneres muß in einem irrsinnigen Wirbel sein. Ich fühle mich ohne Hilfe und steuerlos, ein dummer verstörter Trottel. Um Gottes willen, sage mir etwas und etwas Bestimmtes. Alles auf der Welt würde ich für Dich tun, und nichts kann ich tun. Daß es gestern anständig sein würde, wußte ich, aber heute gefällt mir mein Gefühl nicht. – Vorahnung. Ich fürchte etwas Niederes: einen Aal, der aus dem Schlamm heraus schnappt und sich mit den Zähnen festbeißt. Ich kann nicht atmen, solang wir in England sind, so ist mir zumute. Ich wollte, ich könnte Dich besuchen oder Du mich.

D. H. Lawrence

Queens Square, Eastwood, Notts, 2. Mai 1912

Ich werde morgen um 1.25 in Kings Cross ankommen. Ist das recht? Verstehst Du, ich konnte heute nicht kommen, weil ich auf die Wäsche und auf die Sachen vom Schneider wartete. Ich hatte mich auf Freitag eingerichtet, aber Donnerstag war unmöglich. Es tut mir leid, wenn Du deswegen Umstände hast.

Willst Du mich in Kings Cross treffen oder mir jemand schicken? Oder mir sehr früh telegrafieren, was ich machen soll? Unsere Lage ist aufreibend.

Ich habe mich endlos um Dich gesorgt. Beleidige ich Dich damit? Aber ehe ich Dich nicht sehe, tue ich keinen freien Atemzug. Morgen, genau um diese Zeit, bin ich in London.

Hoffentlich hast Du etwas Geld für Dich. Ich kann nur elf Pfund aufbringen. Jemand schuldet mir fünfundzwanzig Goldfüchse, aber der sitzt selbst so in der Patsche, daß ich es nicht fertig bringe, ihn zu drängen. Auf alle Fälle kommen wir mit den elf Pfund nach Metz, dann muß ich mein armes Gehirn zermartern.

Herrgott, ich muß schon sagen, »Geschichte machen«, wie Garnett sich ausdrückt, gehört nicht zu den bequemsten Dingen auf Erden. Wenn ich wüßte, wie es Dir geht, wäre mir das verdammt gleichgültig. So zerfleische ich mir das Herz.

Auf morgen, auf morgen, auf morgen! (Beinah hätte ich geschrieben à demain.)

D. H. LAWRENCE

PS. Ich habe niemandem etwas gesagt. Gott, wenn ich nur wüßte, wie es Dir geht.

D. H. L.

Metz

Verfluchter Regen! Du wirst wohl nicht ausgehen, solange es so weiter macht. Ich werde mich in einer Minute hinauswagen – schon 9.15 Uhr. Ich weiß nicht genau, wo Du wohnst – wenn ich Dich nicht finde, werde ich das in Nummer 4 einwerfen. Das ist das zunächst Liegende. Stimmt es so?

Wenn ich Dich nicht treffe, werde ich Dich heute wohl nicht sehen, denn heut ist ja der große Tag. Es schadet nichts, das heißt doch, aber ich verstehe, daß es nicht anders sein kann.

Ich will aus der Stadt hinaus, sobald es etwas besser bleibt – werde voraussichtlich gegen 2.30 Uhr wieder hier zu Hause sein. Ich kann, sobald ich Lust habe, arbeiten.

Laß uns von Metz fortgehen. Sage Else, ich sei nicht böse. Wie sollte ich? Du bist der gute Wille in Person – wie kann man Dir böse sein. Ich wünschte nur, ich hätte unsere Angelegenheit geregelt.

Liebe mich nicht um der Dinge willen, die ich nicht bin – aber sage mir auch nicht, ich sei ruppig. Ich frage mich, was heute morgen mit Dir los war. Wolltest Du weise und brav sein und auf meine Gesundheit Rücksicht nehmen? Das brauchst Du nicht. Ich lege keinen Wert darauf, morgen bei Euch zu Hause zu frühstücken – aber ich bin in Deinen Händen – »in Deine Hände, o Herr, befehle ich« usw. Ich möchte, daß Du in kleinen Dingen, z. B. ob ich in das Haus Deines Vaters kommen soll, tust, was Dir paßt. In den Einzelheiten ist Dein Wille der meine.

Ich liebe Dich, aber ich muß mir immer auf die Zunge beißen, ehe ich es sagen kann. Nur weil ich so ein Engländer bin.

Empfiehl mich Deiner Schwester. Ich lege ein Gnadengesuch in ihre Hände. Ich werde ihr sagen – da es ja nichts hilft, es Dir zu sagen – »Ayez pitié de moi«.

Nein, ich mache nur Spaß. Es liegt gar nichts daran, was in diesen paar Tagen geschieht oder – richtiger gesagt – nicht geschieht. Aber wenn Du Deine Tage in Deutschland an den Fingern abzählst und sie mit den Tagen danach in Nottingham vergleichst, so wirst Du sehen, daß Du – (so meine ich es nicht) – Goldstücke zu je einem Pfennig verkaufst. Nein, Du tust es nicht – aber es wird uns angetan.

Sei nicht gekränkt, oder ich werde – laß mich überlegen – in ein Kloster gehen – dies Hotel ist sowieso schon fast eins.

Dies ist der letzte Tag, den ich Dich freigebe – so genieße ihn nach Kräften und sei vergnügt.

Jetzt kann ich es nicht mehr länger ertragen, ich kann nicht. Zwei Stunden lang habe ich keinen Muskel gerührt – nur gesessen und gedacht. Ich habe E. einen Brief geschrieben. Du brauchst ihn natürlich nicht abzuschicken. Aber Du mußt ihm alles sagen, was ich gesagt habe. Keine Ehrlosigkeit mehr, keine Lügen. Laß sie ihr – Dümmstes – tun, aber keine Ausflüchte mehr, kein Lügen, keinen Schmutz, keine Furcht mehr. Mir ist, als erwürge es mich. Es ist ja alles doch nur Aufschub. Nein, ich kann es nicht ertragen, weil es schlecht ist. Ich liebe Dich. Laß uns allem ins Gesicht sehen, alles tun, uns in alles finden. Aber dieses Kriechen unter Schlamm kann ich nicht ertragen.

Ich fürchte, ich habe einen Anfall von Heldenhaftigkeit bekommen. Ich habe mir solche Mühe gegeben, zu arbeiten – aber ich kann nicht. Diese Lage schnürt mir die Brust ein wie ein Strick. Sie darf nicht länger dauern. Ich will sofort abreisen, wenn es Dir recht ist. Ich will in Metz bleiben, bis Du E.'s Antwort auf die Wahrheit hast. Aber nein, ich will in dieser Sache nicht eine einzige weitere Lüge mehr aussprechen oder ausführen oder sie Dich mit meinem Willen aussprechen oder ausführen lassen.

Ich werde nicht Spaß machen, ich werde nicht lachen, ich werde Dir zulieb die Dinge nicht leicht nehmen. Die ganze Lage martert mich zu sehr. Diese Lage, diese Lage ist es, die ich nicht ertragen kann – nein, und ich will nicht. Ich liebe Dich zu sehr.

Zeige diesen Brief keiner Deiner Schwestern – bitte. Laß uns gut sein. Du bist rein, aber Du beschmutzest Deine Füße. Ich will mich so unterschreiben, wie Du mich nennst. – Mr. Lawrence.

Sei nicht unglücklich – wenn ich Dich nicht liebte, wäre es mir gleich, wenn Du lügst.

Aber ich liebe Dich und weiß Gott, ich zahle dafür.

Trier, 8. Mai 1912

Ich bin hier – habe zu Mittag gegessen – es scheint recht nett zu sein. Das Hotel ist klein – der Mann ist Besitzer, Kellner, Büro und alles übrige in einem, wie es scheint, spricht ganz reizend Englisch und Französisch und Deutsch – war offenbar in vornehmen Restaurants im Ausland – hat Instinkt für Anstand mit einem kleinen Beigeschmack von Großtuerei – ist billig – seine Frau (sie sind ein ziemlich junges Paar) zapft das Bier – es ist furchtbar nett. Das Zimmer kostet 2,50 Mark täglich, Frühstück inbegriffen. Das ist nicht teurer als mein Zimmer im Deutschen Hof, und hier ist's viel netter. Ich bin im zweiten Stock, zwei Betten, sehr anständig. Du solltest jetzt hier sein, Du solltest hier sein. Denke dran, daß Du meine Frau zu sein hast, – sorge dafür, daß sie Dir keine Briefe oder nur unter meiner Anschrift schicken. Aber Du bist ja noch nicht hier. Ich werde Trier gern haben – kein grauenhaftes Durcheinander wie Metz – neue Stadt, alte Stadt, Kasernen, Kasernen, Kathedrale, Montigny! Hier ist es hübsch, alt, mit Bäumen um die Stadt. Ich wollte, Du wärst hier. Den ganzen Weg hierher ist das Tal voll blühender Apfelbäume, rosige Wolkenbüsche wie Rauch einer Explosion und dazu starrende Rebstöcke, so daß die Hügel zornige Igel sind.

Ich liebe Dich so sehr. Sicher wird uns morgen wieder irgend eine Art von Tragödie aufgetischt werden, und unser Geld reicht nur noch vierzehn Tage und wir wissen nicht, woher das nächste kommen wird, trotzdem: Ich bin glücklich, ich bin glücklich. Aber ich wollte, Du wärst hier. Doch Du wirst kommen, und hier ist nicht Metz; Metz sei verflucht.

In diesem Hotel sind nur Männer, Geschäftsleute. Die kennen sich in Bequemlichkeit und billigen Preisen aus. Du kannst sicher sein, Männer kriegen das Beste für ihr Geld. Ich denke, es wird Dir hier gefallen. Ich weiß, Du hast nichts gegen eine Männeratmosphäre.

Allmählich fühle ich mich ganz als Mann von Welt. Ich sollte es wenigstens, mit der Sünde im Herzen, auf eines anderen Mannes Weib warten. Schadet nichts, im Himmel gibt es weder Freien noch Gefreitwerden.

Ich muß rasch zur Post – es wird spät. Komm früh am Samstag morgen. Frage die schwarze Hexe im Hotel, ob Briefe für mich da sind. Ich liebe Dich und Else – ich bin ihr mehr als dankbar. Liebe!

D. H. LAWRENCE

Trier, Donnerstag

Wieder ist ein Tag fast vorbei – eben geht die Sonne unter. Trier ist eine nette Stadt. Das Hotel ist nett. Der Mann ist ein aufgeblasener kleiner Kerl, aber gutmütig. Er hat in allen Ländern gelebt und prahlt mit seinen Sprachen. Englisch spricht er wirklich sehr nett. Er wird wohl um fünfunddddreißig sein. Als ich eben zurückkam – die Sonne geht unter – sagte er: »Sie sind müde?« »Selbstverständlich«, lachte ich. »Ein klein bißchen«, fügte er ganz zart hinzu. Das macht mir Spaß. Er würde, wie das meine Freunde, die Männer, immer möchten, in den unwichtigen, physischen Dingen gern ein wenig für mich sorgen.

Ich habe einen Zeitungsartikel geschrieben, den niemand auf Erden wird drucken wollen, weil er zu einfach und geradezu ist. Meinetwegen. Und ich habe einen großartigen Spaziergang gemacht, einen steilen, richtigen Berg hinauf, der wie eine Klippe jenseits des Flusses liegt. Samstag will ich Dich hinführen – so hübsch ist es: überall Apfelblüten und der Kuckuck und schimmernde Buchen. Die Blätter der Buchen scheinen im Frühjahr sich heraus zu stürzen, richtig mit éclat. Du kannst in einer netten Wirtschaft Kaffee trinken und auf die Stadt schauen, die wie eine Handvoll Asche und Abfall neben den Fluß unten hingeworfen ist. Und dann sind da immer die Vögel. An einer mit Blumen besteckten Madonna vorbei ging ich über den Kamm in die Falten und Wirrnis der Berge hinein: Das reine Paradies. Ich rauchte eine nachdenkliche Zigarette und philosophierte über Leben und Liebe und Kampf und Dich und mich und dachte über einen Stoff für meinen nächsten Roman nach. Und hatte das deutsche Wort für Streichhölzer vergessen, so daß ich einen jungen Geistlichen auf französisch um Feuer bitten mußte und er mir das rote Ende seiner Zigarre hinhielt.

Es gibt hier mehr Geistliche als Soldaten. So, wie ich sie hier sah – keine Spur jesuitisch – ziehe ich sie vor. Die Kathedrale ist verrückt – innen eine Grotte, keine Kathedrale – barock, barock. Die Stadt ist immer erfreulich, auch die Menschen.

Noch ein Tag und dann bist Du da. Plötzlich sehe ich Dein Kinn. Ich liebe Dein Kinn. In diesem Augenblick scheine ich Dich zu lieben, weil Du so ein nettes Kinn hast. Ist das nicht spaßig?

Ich muß zum Abendessen hinunter. Ich bin müde. Der Spaziergang war lang. Und dann die Spannung dieser Tage. Ich träumte, E. sei wahnsinnig, rasend böse mit mir gewesen – die Einzelheiten will ich Dir nicht sagen – dann beruhigte er sich, und ich mußte ihn trösten.

Ich träume verteufelt viel, es kommt vom späten Aufstehen.
– Nach sieben Uhr morgens träumt man immer.

Der Tag ist vorbei. Ich will noch ein wenig mit meinem
Kellnerfreund sprechen und dies zur Post bringen. Du kommst
doch am Samstag? Beim Zeus, wenn Du nicht kämst! Wir
werden immer mit dem Leben zu kämpfen haben, also wollen
wir nie miteinander kämpfen, nur uns gegenseitig helfen.

Bis Samstag. – »Ich liebe Dich schwer.«

D. H. LAWRENCE

Postkarte mit einem Bild der Porta Nigra, Trier

Hier ist Deine Porta Nigra, die Du dreimal nicht gesehen hast.
Ich komme mir ganz gescheit vor. Die Reise nach Waldbröl ist
schicksalsvoll und umständlich – sieben Stunden. Jetzt bin ich
in Niederlahnstein, rechtsrheinisch, nachdem ich gerade von
Koblenz herübergekommen bin! Ich fahre nach Troisdorf, hat
man je von solchen Orten gehört, weiter, dann nach Hennef,
und endlich Waldbröl, viermal Zugwechsel – »umsteigen« – bei
einer Reise von sieben Stunden. Aber ist das Moseltal nicht
hübsch? Der Rhein ist ganz schauderhaft deutsch. Er sieht
furchtbar nach Theaterdekoration aus.

Meine Adresse ist: bei Frau Karl Krenkow, Waldbröl,
Rheinprovinz. Ist etwas Neues und Widerliches passiert? Dies
ist meine gefühlvolle Reise. In Liebe

D. H. LAWRENCE

Postkarte mit einem Bild der Basilika, Trier

Jetzt bin ich in Hennef, meiner letzten Umsteigestation. Es ist
8.30 Uhr und noch eine Stunde muß ich warten. So sitze ich wie

180

ein trauriger Liebhaber neben einem netten, zwitschernden Bach und warte, bis die Dämmerung sich niedersenkt und mein letzter Zug kommt. Ich werde erst um elf in Waldbröl sein – elf Stunden unterwegs –, und das ist die rascheste Verbindung. Aber dies Hennef ist ein netter Ort, fast wie England. Es wird dunkel. Jetzt verläßt mich zum erstenmal heute meine Gleichgültigkeit, und ich weiß nur, daß ich Dich liebe. Alles übrige ist gar nichts. Und die Verheißung des Lebens mit Dir ist vollkommener Reichtum. Jetzt weiß ich es.

D. H. LAWRENCE

Waldbröl, Rheinprovinz

Es ist wirklich sehr nett hier – Hannah ist heiter und so anständig zu mir. Ihr Gatte ist ein »sehr guter Mann« – uninteressant. Sie hat ihn nie geliebt, hat ihn geheiratet, weil sie dreißig war und die Zeit verging. Schon mag sie mich recht gern, aber hab keine Sorge, sie ist vollkommen ehrenhaft, das Äußerste an Anständigkeit. Ferner gibt es »Opar – O'pa« – wie schreibt man das? – Stülchen. Er ist dreiundsiebzig, ein schöner alter Mann, von wahrhaft liebenswürdiger Gemütsart und nicht dumm. Der ist wirklich liebenswert. Gestern, Sonntag, war in einem der Dörfer Kirmes, wir gingen zum Zuschauen hin. Es war lustig. Onkel Stülchen kaufte uns ein Herz, ein großes Kuchenherz, das mit Zucker überzogen und mit Zuckertrauben, Zuckerrosen, einem Vogel und einer Taube verziert war.

Recht apart. Es ist merkwürdig, wie tief die Symbolik in Eurem Boden steckt. Herr Stülchen hat Hannah seit ihrem fünften Jahr erzogen, ihr Vater starb im preußisch-französischen Krieg oder kurz nachher. Ja, ich habe ihn gern.

Hier bin ich so anständig und so brav, es ist richtig ausruhlich. Wir langweilen uns nicht. Hannah ist wirklich sehr klug. Wir lachen oft über mein Deutsch. Nach drei Monaten hier würde ich eine Menge können.

Ein stilles, totes, kleines Dorf – meilenweit von der übrigen Welt – auf eine zahme Art recht hübsch – ein bißchen englisch. Wenn sie mich erst einmal anfangen lassen, werde ich ein ordentliches Stück Arbeit schaffen. Dieser Roman bedrückt mein Gewissen.

Ich schreibe des Morgens, da ist man wunderbar klar. Waldbröl tut meiner Gesundheit gut, es ist kühler, anregender. Trier war ein dauerndes Dampfbad. Diese Luft ist mir angenehm.

Wenn Du nach England mußt – mußt Du? – so reise, ehe ich von Waldbröl fortgehe. Lasse mich nicht in irgend einer unglaubhaften deutschen Stadt gestrandet sein. Wie geht es Dir? Ich will nicht besorgt um Dich scheinen, weil ich es ein bißchen bin. Du könntest mir schreiben und mir einige bezeichnende Einzelheiten erzählen. Die Tragödie wird jetzt allmählich nachlassen, nehme ich an. Ich habe Dir gestern geschrieben, aber es war kein netter Brief, so habe ich ihn nicht abgeschickt. Es geht besser, sicher, und wird besser, ganz gewiß. –

Waldbröl, Mittwoch

Ich habe Deine drei Briefe alle ganz richtig bekommen. Jetzt kommen wir schnell voran. Sage mir, wenn Du kannst, wozu sich E. endgültig entschließt. Er wird die Scheidung beantragen, denke ich, weil Du seiner Auffassung nach mich heiraten müßtest. Das ist das Ergebnis meines Briefes an ihn. Und dann wollen wir nach sechs Monaten heiraten – ist es Dir recht? Bald wollen wir nach München. Aber laß uns ein wenig Zeit. Wir wollen gekräftigt sein, eh wir miteinander beginnen. Waldbröl gibt mir meine ehrliche Gesundheit wieder. Bekommt Dir Metz noch schlecht, hoffentlich nicht? Für mich ist es besser, bis – sagen wir – Ende nächster Woche hier zu bleiben. Wir müssen uns sehr entscheidend entschließen, was wir tun werden. Wovon sollen wir leben, wenn ich nächste Woche nach München komme? Können wir genug zusammenscharren, damit es reicht, bis meine Zahlungen eingehen? Ich werde meinen Leuten nichts sagen, ehe Du geschieden bist. Wenn wir die ersten drei bis vier Monate anständig durchhalten – finanziell – so werde ich uns, glaube ich, später durchbringen. Sorge Dich nicht um das Kind. Sollte es kommen, so werden wir uns freuen und uns rühren, um für es zu sorgen – und sollte es nie kommen, so werde ich traurig sein. Es scheint mir nicht richtig, wenn Menschen sich lieben, da einzugreifen. Das ist für mein Gefühl sündhaft. Ich will, daß Du Kinder von mir hast – es ist mir gleich wie bald. Ich hätte nie gedacht, daß ich diesen ausgesprochenen Wunsch haben würde. Aber sieh, wir müssen eine mehr oder weniger sichere Grundlage haben, wenn wir das Risiko der Verantwortung für Kinder auf uns nehmen – nicht das Risiko, Kinder zu haben, sondern das Risiko der Verantwortung.

Ich denke, nach einer kleinen Weile werde ich wieder an E. schreiben. – Vielleicht würde er besser mit mir korrespondieren. ،

Kannst Du nicht fühlen, wie gewiß ich Dich liebe und wie gewiß wir heiraten werden? Nur laß uns eine kurze Zeit warten, um wieder stark zu werden. Zwei erschütterte, ziemlich elende Menschen zusammen – das wäre ein schlechter Anfang. Eine kleine Wartezeit gib uns, weil ich Dich liebe. Oder macht

Dich das Warten kränker? – Nein, doch nicht, da es ja nur eine Zeit der Vorbereitung ist. Weißt Du, wie die alten Ritter scheine ich eine Zeit der Vorbereitung zu brauchen – eine Art Vigilie mit mir selbst. Denn es ist eine große Sache für mich, mit Dir die Ehe zu schließen, nicht ein schnelles, leidenschaftliches Zusammenkommen. In meinem Herzen weiß ich: Dies ist meine Ehe. Ich fühle das mit einem gewissen Schrecken, – denn das ist eine große Sache in meinem Leben – es bedeutet mein Leben – ich bin ein bißchen von Ehrfurcht durchschauert – ich möchte mich daran gewöhnen. Wenn Du denkst, das sei Angst und Unentschlossenheit, so tust Du mir unrecht. Du bist diejenige, die eilen möchte, die unentschieden ist. Gerade die Gewalt und Unvermeidlichkeit dessen, was vor uns steht, ist es, die mich abwarten läßt, damit ich mich in Einklang damit bringe. Großer Gott, jetzt schließe ich die Ehe mit Dir, verstehst Du das nicht? Das ist etwas viel Größeres, als ich je gewußt habe. Laß mich wenigstens bis Ende nächster Woche. Wenn Du mich liebst, mußt Du verstehen.

Wenn ich Dir nur erschrocken und zögernd vorkomme – so mußt Du mir verzeihen.

Ich versuche, ich werde immer versuchen, wenn ich Dir schreibe, der Wahrheit so nah als möglich zu kommen. Ich quäle mich damit, aus Angst, Dich zu enttäuschen und aus Angst, Dir weh zu tun. Aber Du bist stark, wenn es nötig ist.

Du hast mich ganz und gar – ich flirte nicht einmal – es wäre mir viel zu langweilig – außer wenn ich einen Schwips habe. Es ist eine merkwürdige Sache, die Leidenschaft – das Begehren – nicht mehr wie etwas Herumsuchendes, sondern stetig und ruhig zu fühlen. Ich glaube, wenn man liebt, wird das sexuelle Begehren ruhig, zu einer steten Kraft statt eines Ungewitters. Leidenschaft, die einen halb wahnsinnig macht, ist weit ent-

fernt von wirklicher Liebe. Ich erfahre Dinge, die ich niemals
zu erfahren glaubte.

Ich werde Dich mein ganzes Leben lieben. Auch das ist mir
ein neuer Gedanke. Aber ich glaube daran. Auf Wiedersehen.

D. H. LAWRENCE

Waldbröl, Rheinprovinz, 14. Mai 1912

Ja, ich habe Deinen Brief später am Tag bekommen und heute
früh Deinen Brief und den von E. und Deinen an Garnett.
Beachte, wie sowohl in E.'s Brief wie in meinem an ihn die
Männer sich in ihrem Freimaurertum gegen Dich zusammen-
tun. Das ist sehr merkwürdig.

Ich will Deinen Brief an Garnett schicken. Einen von ihm
lege ich bei, er wird Dich lachen machen.

Ich habe soviel Druckbogen korrigiert und E.'s Brief gelesen, daß ich mich ganz abgeklärt fühle. Die Dinge ebnen sich.
Wenn Du nach London kämst und müßtest dem Richter ge-
genüberstehen, würde Dir übel werden. Wir sind nicht hart-
schlägig genug, um der Öffentlichkeit, dem ganzen Gewicht
der Mißbilligung der Welt sozusagen auf der Anklagebank
entgegen zu treten. Das zerstört uns, obgleich wir es ableug-
nen. Wir sind ganz aus dem Gleichgewicht, sind wie Waagschalen, die hin und her geschüttelt wurden. Wir sollten eine
Weile still sein, uns zu Ruhe kommen lassen.

Die Dinge gehen nun ihrem endgültigen Zustand entgegen.
Es war nicht unrichtig von mir, an E. zu schreiben. Schreibe
meiner Schwester noch nicht. Wenn alles ein fait accompli ist,
wollen wir es ihr sagen, denn dann ist es für sie zwecklos, sich
nicht damit abzufinden.

Ich bin ganz wohl, aber wie Du fühle ich mich etwas wacklig.

Sollen wir nicht unser Zusammentreffen aufschieben, bis wir wohler sind? Hier werde ich in kurzer Zeit wieder kräftig werden. Und wenn Du nach England mußt, willst Du vorher nach München – so weit? Nein, ich will nicht in München allein gelassen werden. Laß uns dort, wo wir zunächst hingehen, festen Boden unter den Füßen haben. Hin und Her und Unsicherheit sind unser Tod. Paß auf, sage mir genau, was Du vor hast. Ist die Scheidung eingeleitet? Gehst Du überhaupt nach England? Werden wir unsere Zelte endgültig in München aufschlagen? Werden wir genug Geld haben, um damit auszukommen? Hast Du etwas Endgültiges mit E. abgemacht? – Man muß Abstand wahren, unpersönlich, kühl und logisch sein, wenn man Geschäfte abwickelt. Es soll uns keine weitere Flotte von Schrecknissen angreifen, wenn wir uns auf einem ziemlich gebrechlichen Floß befinden – in einer geliehenen Wohnung mit geborgtem Geld leben.

Sieh, Liebe, nun da die Unsicherheit zu Ende geht, können wir sogar ein wenig fromm aufeinander warten. Wenn ich das nächste Mal zu Dir komme, so ist das feierlich, dem Wesen nach – es ist mir feierlich – nicht traurig zumute, o nein, aber es ist immerhin meine Hochzeit und eine große Sache – keine Sache, die man an sich reißen und plump anrühren sollte. Ich will nur zu Dir kommen, wenn es sicher und fest geschehen kann. Wenn ich gekommen bin, dürfen uns Dinge nicht wieder trennen. Darum müssen wir für die rechte Stunde wachen und auf sie warten. Von jetzt ab Ehrenhaftigkeit in unserm Tun, keine Ausflüchte und Heimlichkeiten. Und wir müssen uns über die Geldfrage im klaren sein. Ich will, wenn es nötig ist, an die Verleger um einen Vorschuß schreiben. Im August habe ich etwa 30 Pfund zu erwarten. Können wir darauf warten oder nicht?

Jetzt werde ich handeln, wie es mir gefällt, weil Du unsicher bist. Selbst wenn ich einen Monat in Waldbröl bleibe, will ich nicht kommen, ehe nicht unsere Beziehung fest zusammengeschweißt ist. Für eine sichere Sache kann ich einen Monat – beinah ein Jahr – warten. Aber etwas Unsicheres ist mir ein Graus.

Ich liebe Dich – und es ist mir Ernst damit –, und wir werden ein großes oder doch ein gutes Leben miteinander leben. Ich will nicht durch überhasteten Druck auf den Lauf der Dinge zermürbende Quälereien heraufbeschwören, die unsere Gemeinsamkeit verderben würden.

Glaube nicht, daß ich Dich weniger liebe, weil ich so bin. Du wirst es denken, aber es ist nicht wahr. Das Beste in mir liebt Dich. Und ich fürchte alles, was unsere Liebe herunterziehen könnte.

Sei bestimmt, Liebe, gehe ins Einzelne, sei geschäftlich. In unserer Ehe wollen wir geschäftlich verfahren. Die Liebe ist da – möge der gesunde Menschenverstand ihr gleich kommen.

Auf Wiedersehen

' D. H. LAWRENCE

Und ich liebe Dich und es tut mir leid, daß es so schwer ist. Aber es dauert nur eine kleine Weile – dann können wir uns todsicher fühlen.

Waldbröl, Donnerstag

Ich habe heut ordentlich an meinem Roman gearbeitet. Am Morgen haben wir uns die Himmelfahrtsprozession angesehen, es hat höllisch auf die armen Teufel geregnet. Als wir gestern nach Hause fuhren, zum Glück im geschlossenen Wagen, kam ein Hagel in riesigen Körnern, die größten waren wie Walnüsse.

Du bist jetzt viel kränker als ich. Kannst Du nicht anfangen, gesund zu werden? Mich macht der Gedanke unglücklich, daß Du so arg durcheinander bist. Nein, mir geht es hier gut. Es geht mir immer gut. Aber die letzte Woche hat mich elend gemacht – vor allem in der Seele, und ich möchte das in Ordnung bringen, ehe ich das neue Unternehmen, mit Dir zu leben, beginne. Befremdet Dich das? Laß mir bis morgen oder Samstag in einer Woche Zeit, nicht wahr? Ich glaube, es ist besser für uns beide. Laß mich bis zum Vierundzwanzigsten oder Fünfundzwanzigsten. Scheint Dir das lieblos und unnatürlich?

Vielleicht redet ein wenig der Mönch aus mir. Nein, das nicht. Es ist einfach der Wunsch, für den Anfang mit Dir im Besitz einer starken, gesunden Seele zu sein. Meine Briefe scheinen lange Zeit zu brauchen, bis sie zu Dir kommen. Sage, daß Du mich verstehst und denkst, daß es – wenigstens vielleicht – so am besten ist. Soviel hängt vom Anfang ab. Du hast den schlechten Anfang mit E. nie überwunden.

Wenn Du H. oder sonst wen haben willst, so nimm ihn. Aber ich brauche niemanden, bis ich Dich sehe. Nun, alle Naturen sind nicht gleich. Aber ich glaube, daß auch Du nicht Dein bestes Selbst bist, wenn Du H. als eine Dose Morphium benutzest – viel mehr bedeutet er Dir nicht. Manchmal freilich braucht man eine Dose Morphium, ich habe oft eine genommen. So wirst Du es am besten wissen. Nur, Geliebte, weil ich Dich liebe, sei nicht krank, wolle gesund und klaren Geistes sein.

Dies ist eine lange Wartezeit. Auch ich bin ein Gerippe ohne Dich. Aber da meine Seele ziemlich krank ist, will ich sie aufstehen und gesünder werden lassen, ehe ich von ihr verlange, daß sie wandle und mit Dir wieder lebe.

Denn ich komme jetzt nicht um der Ruhe willen zu Dir, sondern um ein Leben zu beginnen. Es ist eine Ehe, nicht eine Begegnung. Wie unentrinnbar scheint dies Geschehen. – Nur unentrinnbare Dinge – Dinge, die wir als unentrinnbar fühlen – sind richtig. Ich fürchte mich noch ein klein wenig, aber ich weiß, wir haben recht. Sicher fürchtet man auch, geboren zu werden.

Ich habe geschrieben und geschrieben und geschrieben. Ich werde froh sein, wenn ich weiß, daß Du verstehst. Ob Du wohl krank wirst? Bitte nicht, wenn Du es lassen kannst. Aber wenn Du mich brauchst – Frieda!

Vale!

D. H. LAWRENCE

Waldbröl, Freitag

Diesen Brief habe ich so erwartet – und habe ihn abscheulich gefunden. Tut nichts. Wahrscheinlich verdiene ich es so. Ich werde anschreiben, wie oft ich Dich in der Patsche sitzen lasse: Das ist auch eine historische Redensart. Dies ist das erste Mal. Ratten ist ein etwas harter Ausdruck als Kollektivname für alle Deine Männer – und Du bist das Schiff. Armer H., armer Teufel! Vous le croquez bien entre les dents. Mich wundert nicht, daß E. Deine Briefe haßt – sie würden jeden Mann auf Erden zum Wahnsinn bringen. Ich habe nicht die leiseste Absicht zu sterben, Du hoffentlich auch nicht mehr. Ich bin kein Tyrann. Bin ich einer, so wirst Du immer Deinen Willen durchsetzen. Also ist mein Herrschaftsbereich nicht groß. – Ich suche nach weiteren leicht sarkastischen Dingen, die ich Dir sagen könnte. Oh – Hannahs Stimme, meine Liebe, ist die Stimme einer Frau, die ihren frisch angetrauten Mann auslacht, wenn er einen kleinen Rausch hat und ein großer Esel ist. Du hältst mir H. unter die Nase. Dann will ich dir sagen, daß Hannah mich lieber und lieber hat. Sie gibt mir das Beste im Haus. So, da hast Du's.

Ich glaube, ich habe meine ganze Munition verschossen. Es geht Dir besser, Gott sei Dank. Mir ist viel wohler. Wir haben wohl beide wunderbare Genesungskräfte.

Denkst du ernstlich und ehrlich, daß ich nächsten Samstag nach München kommen und zwei Monate, bis zum August, dort bleiben könnte? Du glaubst, was die Geldfrage anlangt, würden wir uns einrichten können? Ich fange wieder an, die Flügel zu rühren. Ich komme, – je viens – I come – adviene.

Später werden wir heiraten, ehrbare Leute sein. Wenn Du mein Eigentum wärst, müßte ich auf Dich aufpassen, was Gott verhüten möge.

Es gefällt mir, wie Du Deine Stellung verteidigst. Das ist wirklich großartig. Wir wollen nicht miteinander kämpfen, denn Du würdest siegen, einfach weil Du kein Gefühl für Gefahr hast.

Schreibe mir schnell aus München, und ich werde ihnen hier Bescheid sagen. Ich kann im August hierher zurück.

Sei gesund und glücklich, ich befehle es Dir (Tyrannei).

D. H. LAWRENCE

Diese Briefe fand ich zufällig nach dem Tod von Lawrence im Schreibtisch meiner Mutter. Als er sie schrieb, war ich in einer so wirren Gemütsverfassung, daß die Tiefe ihres Inhaltes mich nicht ergriff, ich wollte nur bei ihm sein und Ruhe haben. Meine Briefe an ihn habe ich nicht gefunden.

Isartal

Gestern nacht schaute ich in die Flammen, die in dem großen Adobe Kamin züngeln, den Lawrence mit den Indianern hier auf der Ranch in meinem Zimmer gebaut hat. Er fand einen eisernen Reifen für die große Wölbung über der Feuerstelle. Ich weiß nicht, wie er es zustande gebracht hat, aber der Kamin zieht gut, die großen Klötze brennen schnell.

Diese züngelnden Flammen, dieses Flackern in der Nacht schienen er selbst zu sein. Heut morgen fand ich die wilden roten Akeleien, die ich mit ihm zuerst gesehen hatte. Da waren sie zu meinen Füßen in der Senke, wo die Arbeiter Stämme für das neue Haus schlugen. Ein zartes Feuer von Rot und Gelb leuchteten die Akeleien vor mir, wie fröhliche kleine Fahnen.

Ein wildes Kaninchen saß still hinter einem Eichengestrüpp und beobachtete mich. Ein Kolibri umsummte mich bestürzt, ebenso erschrocken wie ich. Diese Dinge bedeuten mir Lawrence.

Ich scheue mich, jene fast allzugroße Intensität unseres gemeinsamen Lebens zurückzurufen und niederzuschreiben. Es kränkt mich, dem Papier für andere preiszugeben, was so zauberhaft und neu war: unsere erste Gemeinsamkeit. Ich wollte das geheimhalten, für mich allein, geheim wollte ich in all den Reichtümern frohlocken, die er mir gab: sich selbst und seine Welt.

Aber ich bin es ihm und mir schuldig, die Wahrheit zu schreiben, so gut ich kann. Ich lache über die Behauptungen der andern, er habe sie lieben wollen, mich habe er nie geliebt. Er tat es nur allzusehr. Ich lache nur, wenn sie von ihm als dem einsamen Genius schreiben, der allein starb. Ich lache, wenn sie ihn zu einer brutalen und komischen Figur machen wollen, ihn, der so zart und großherzig und feurig war.

Was bedeutet es schon, daß er im Zorn nach mir schlug, wenn ich ihn in Wut versetzt hatte oder, wie meistens, ihn der Zustand der Welt um ihn herum zur Verzweiflung trieb? Ich habe mir nicht viel daraus gemacht. Wir haben unsere Kämpfe bis zum bittern Ende durchgekämpft, und dann war Friede, wahrhafter Friede.

Mir war es lieber so. Kämpfe müssen sein. Wie langweilig, wenn er schlechter Laune gewesen oder mir tagelang etwas nachgetragen hätte. Was geschah, geschah aus den tiefen Notwendigkeiten unserer Naturen. Wir waren auf der Suche nach mehr als dem Alltäglichen und dem trauten Heim. Um zu verstehen, was zwischen uns geschah, muß man erlebt haben, was wir erlebten, muß man so viel wie wir preisgegeben und so viel gewonnen Gestilltheit von Körper und Seele gekannt haben. Nicht vielen wird das zuteil geworden sein.

Hier bin ich weit von jener kleinen Dachwohnung in dem Bauernhaus im Isartal.

Lawrence und ich hatten uns in München getroffen. Er hatte den Gedanken an eine Lektorenstelle an einer deutschen Universität aufgegeben und lebte von nun an von seiner Schriftstellerei. Ein neues Leben fing für uns beide an. Aber auf mir lasteten schwer die Kinder, die ich verlassen hatte und nicht vergessen konnte. Doch waren wir beieinander, Lawrence und ich. Ein Freund hatte uns eine kleine Dachwohnung mit einem

(1) Frieda in den 1890er Jahren in Deutschland (Laurence Pollinger Ltd)

(2) Frieda mit Ernest Weekley und seinen Eltern, um ca. 1900 (Privatsammlung)

(3) 23. September 1911: Frieda mit Weekley und ihren Kindern bei der Goldenen Hochzeit von Weekleys Eltern (Photography Collection, Harry Ransom Humanities Research Center, The University of Texas at Austin)

(4) Frieda mit ihrem Sohn Montague (Laurence Pollinger Ltd)

(5) 13. Juli 1914:
D. H. Lawrence,
Katharine Mansfield,
Frieda und John
Middleton Murry
am Hochzeitstag
der Lawrences
(Nottinghamshire
County Library
Service)

(6) Juli 1914:
Middleton Murry,
Frieda und
D. H. Lawrence
(Nottinghamshire
County Library Service)

(7) Else Jaffe, Baronin von Richthofen und Frieda (Dr. Marianne von Eckardt)

(8) April 1923: Frieda mit Fahrer, Führer, Spud Johnson und D. H. Lawrence in Mexiko (The University of Nottingham)

(9) April 1923: Witter Bynner, Frieda und D. H. Lawrence auf dem Weg nach
Teotihuacan (The University of Nottingham)

(10) 11. April 1923: Auf der Spitze des Sonnentempels – Tempel des Quetzalcoatl
in Teotihuacan mit D. H. Lawrence und Witter Bynner
(The University of Nottingham)

(11) Mai 1923: Frieda und D. H. Lawrence in Chapala, Mexiko
(The University of Nottingham)

(12) Mai 1923: D. H. Lawrence und Frieda bei der Feier zu Ehren von Spud
Johnsons 26. Geburtstag, Chapala, Mexiko (The University of Nottingham)

(13) 1923: Frieda mit D. H. Lawrence in ihrem gemieteten Haus
in Chapala, Mexiko (The University of Nottingham)

(14) Frieda im bestickten Kleid in Mexiko, Anfang der 1920er Jahre
(The University of Nottingham)

(15) Frieda mit landestypischem Hut und Überwurf in Mexiko
(The University of Nottingham)

(16) Frieda in Mexiko (The University of Nottingham)

(17) 22. September 1925: Frieda und D. H. Lawrence verlassen zum letzten Mal
an Bord der S.S. Resolute gemeinsam Amerika (Privatsammlung)

(18) 1927: Frieda und D. H. Lawrence
in der Villa Mirenda, Italien
(Privatsammlung)

(19) Sommer 1928: Frieda in
Les Diablerets, Schweiz (Lady Huxley)

(20) September 1928: Frieda und D. H. Lawrence im Chalet Kesselmatte, Gsteig-bei-Gstaad, Bern, Schweiz (Mrs. Margaret Needham)

(21) Mabel Dodge Luhan, Frieda und Dorothy Brett, um 1930 in Taos
(Privatsammlung)

Balkon, drei Zimmern und einer kleinen Küche geliehen. In der Frühe schwammen die Alpen in zartestem Blau in der Ferne. Die Gletscherwasser der Isar rauschten unten und trieben die Flöße talab. Die großen Buchenwälder hinter dem Haus erstreckten sich stundenweit bis zum Starnberger See.

Da fingen wir das Leben miteinander an. Und was für ein Leben. Wir hatten sehr wenig Geld, etwa fünfzehn Mark in der Woche. Wir lebten von Schwarzbrot, das Lawrence so gern mochte, von frischen Eiern und »Schweinsripple«, später suchten wir Waldbeeren.

Das alltägliche Gefühl für Zeit und Raum hatten wir verloren. Die Blumen, die für Lawrence neu waren, die Glühwürmchen des Nachts, die gleich einem zarten Schleier in den Bäumen hingen, während unsere Füße in den dürren Blättern des vorigen Jahres versanken, das waren unsere Ereignisse, daran lasen wir die Zeit ab.

Als Lawrence zum erstenmal einen Enzian fand, war mir, als trete er in geheimnisvolle Verbindung mit der Blume, als liefere sie ihm ihre Bläue, ihr eigentliches Wesen aus. Alles, was ihm begegnete, wurde wie zum erstenmal geschaffen, schien eben erst zum Sein erwacht.

Ich brauchte keine Menschen, ich brauchte nichts anderes als die Fülle dieser neuen Welt, die Lawrence mir schenkte. Ich hatte gefunden, was mir not tat, jetzt war mir wohl wie einer Forelle im Bach oder einer Blume in der Sonne. Er verschenkte sich großmütig: Nimm, was du von mir brauchst, ich bin dein. – Und ich gab und nahm ebenso, rückhaltlos.

Wenn ich ihn fragte: »Was gebe ich dir, das du bei andern nicht gefunden hast?« antwortete er: »Du machst mich meiner selbst sicher – heil.«

Oft sagte er: »Du bist so jung, so jung!« Wenn ich einwen-

193

dete: »Aber ich bin älter als du« – »Ach, die Jahre sind es nicht, es ist etwas anderes. Das verstehst du nicht.«

Jedenfalls wußte ich, er liebte mein eigentliches Wesen so, wie er die Bläue des Enzians liebte, welche Mängel ich auch hatte. Davon lebte ich.

»Du hast eine geniale Begabung zu leben«, sagte er.

»Mag sein, aber du hast sie wachgerufen.«

Es kamen freilich noch furchtbare Nächte, in denen er krank und fiebrig war und im Delirium redete und ich Angst hatte. Der Tod schien nah. Doch bald verschwanden die Schatten der Krankheit in dem gesunden, frohen Leben, das wir führten. Er wurde kräftig und voller Energie und Hoffnung.

Fast die ganze Arbeit in der kleinen Wohnung tat er. Er brachte mir mein Frühstück mit einem kleinen Blumenstrauß, den Frau Leitner in der Frühe zu der Milchkanne gelegt hatte.

Frau Leitner hatte im Erdgeschoß einen Laden mit Schuhnesteln, Zuckerln, Speck, Besen und allem, was der Mensch etwa benötigt. Sie gab Lawrence, den sie »Herr Doktor« nannte, ihren Heidelbeerschnaps zu versuchen und unterhielt sich mit ihm in ihrem Oberbayrisch, während mir die Zeit in behaglichen Träumen dahinglitt.

Wir redeten und disputierten über alles. Lebendig stellte er mir die Menschen seiner Jugend dar, die Walker Straße mit ihren Einwohnern, das ihm vertraute persönliche Leben der Leute, die ich mangels eines besseren Wortes die gewöhnlichen nannte, seine Mutter, die so königlich in ihrem kleinen Haus schaltete, seinen Vater drunten in der Grube, wie er sein Frühstück mit dem Grubenpony teilte. Mir schien das alles romantisch. Und die Bergleute, die sich am Freitagabend unentrinnbar betranken und zu Hause Streit anfingen – stundenlang hörte ich wie verzaubert zu. Aber die Armut war grausam gewesen. Lawrence wäre nie so entsetzlich krank geworden, wenn seine Mutter ihm die nötige Pflege und die Nahrung hätte verschaffen können, die sie mit ihrem bißchen Geld nicht erschwingen konnte.

Bitter war es für ihn, als ein Freund in der Mittelschule, der ihn zum Tee eingeladen hatte, die Freundschaft abbrach, da er hörte, daß Lawrence der Sohn eines Bergmannes war. Dann erzählte ich ihm von meinem frühen Leben in Lothringen. Meine Kindheit war glücklich gewesen. Wir hatten ein hübsches Haus und einen schönen Garten vor den Toren von Metz. Ich lebte mit den Blumen, wie sie nacheinander kamen: Schneeglöckchen, Scylla und Krokus, der riesige türkische Mohn, der mit seinen grellen roten Blumenblättern einem so überwältigend nah vor dem kleinen Gesicht stand, die zarten ritterlichen Schwertlilien. Mein Vater stach die ersten Spargel, und ich trippelte hinter seinem gebeugten Rücken her. Später im Sommer lebte ich auf den Obstbäumen: Kirschen, Birnen, Äpfel, Pflaumen. Ich schlief sogar manchmal ein, wenn ich versucht hatte, meine Schulaufgaben in der Höhe zu lernen, und dann stürzte ich wohl auch einmal ab. Die Schule mochte ich nicht.

Zuerst ging ich zu den Nonnen, da lernte ich nicht viel. »Toujours doucement, ma petite Frieda«, sagten sie, wenn ich mit meinen Kanonenstiefeln in die Klasse gestürzt kam. Aber es half nichts, ich war ein wildes Kind, und die sanften Nonnen konnten mich nicht zähmen. Am glücklichsten war ich mit den Soldaten, die jahrelang in Aushilfsbaracken vor unserem Hause wohnten. Sie luden meine Schwester Johanna und mich zu ihrem großen Christbaum ein, an dem Würste, Zigarren, Lebkuchenherzen und kleine Holzfiguren, die sie für uns geschnitzt hatten, hingen. Und sie sangen für uns, wozu sie sich auf der klagenden Harmonika begleiteten:

»Wenn ich zu meinem Kinde geh'.«

Einst führte meines Vaters altes Bataillon eine Begebenheit des Krieges aus dem Jahre siebzig auf, bei dem er sich sein E. K. erworben hatte. Nach der Feier hoben ihn die Soldaten auf ihre Schultern und trugen ihn durch den Saal. Mein Herz schlug zum Zerspringen: »Mein Vater ist ein Held!«

Am liebsten spielte ich mit den mir befreundeten Jungen in den Befestigungswerken um Metz, zwischen den Hütten und Gräben, die von den Soldaten angelegt worden waren. Ich war gern mit Knaben und Männern zusammen, nur sie hatten die Interessen, nach denen ich suchte. Vor Frauen und Mädchen ängstigte ich mich. Erwachsen zu sein, die Jungmädchen-Zeit beunruhigte mich. Vergnügungen, Geselligkeit ließen mich unbefriedigt. Es mußte etwas anderes geben, wonach ich verlangte, ich verlangte so viel. Wo würde ich es finden, bei wem? Mit Lawrence fand ich, was ich gesucht hatte. Die ganze überquellende Lebensfreude meiner Kindheit kam mir wieder.

Eines Tages badete ich in der Isar, an dem zerklüfteten Ufer verlor ich den einen Absatz. Rasch zog ich beide Schuhe aus und warf sie in den Fluß. Lawrence sah mich starr an. »Es ist ihm peinlich, daß ich barfuß nach Hause laufen muß, aber der Weg ist einsam, also schadet es nichts«, dachte ich. So jedoch war es nicht – meine Verschwendung hatte ihn unangenehm betroffen. Er schalt mich: »Es dauert lange, bis ein Paar Schuhe gemacht sind, und du solltest die Arbeit achten, die jemand auf deine Schuhe verwendet hat.«

Darauf antwortete ich: »Die Dinge sind für mich da und nicht ich für sie. Wenn sie mir lästig werden, werfe ich sie weg!«

Ich war sehr unordentlich und unachtsam. Er gab sich

große Mühe, mich darin zu erziehen: »Sieh mal, deine wollnen Sachen tust du in dieses Schubfach, da hinein die seidenen und unten hin die baumwollenen.« Das klang ganz nett, also tat ich es.

Wenn ich sagte: »Aber ich möchte wie die Lilien auf dem Felde sein, die nicht spinnen«, erwiderte er: »Was! Die arbeiten hart genug, diese Lilien. Die müssen ihren Saft in die Höhe treiben, Blätter, Blumen und Früchte bringen!« Später wandte er sich an meine Selbstachtung. »Du kannst ja nicht mal eine anständige Tasse Kaffee machen. Jede einfache Frau kann tausend Dinge, von denen du keine Ahnung hast.«

»Oh«, dachte ich, »das wollen wir mal sehen.« Aber das war später.

Eines Tages, als ich in München alle die eleganten Leute in den Straßen sah, bekam ich einen aristokratischen Anfall. Ich kaufte Taschentücher, die über dem F mit einer kleinen Krone gezeichnet waren. Als ich sie nach Hause brachte, sagte er: »Jetzt werde ich mein Wappen zeichnen.« Er zeichnete eine Spitzhaube, eine Wandtafel, eine Füllfeder mit zwei steigenden Löwen. »Falls sie mich zum Lord machen – und das werden sie nie tun«, sagte er. Dann halb scherzend, aber ich nahm es ernst: »Möchtest du, daß ich König von England würde?« Ich war unglücklich: »Ist er unbefriedigt? Die ganze Welt liegt vor uns, will er etwas so Langweiliges wie ein König sein?« Aber ich habe nie daran gezweifelt, daß er hätte ein König sein können, wenn er gewollt hätte. – Und dann schrieb er Gedichte für mich, die ich etwas ängstlich entgegennahm in dem Gefühl, wie ganz und gar er mich kannte.

Er liebte es, weite, einsame Spaziergänge zu machen, und seine raschen leichten Füße kündeten mir mit ihrem Schritt, wie sein Unternehmen ihn beglückt hatte. Er brachte mir große, heroische Blumenbüsche oder kleine, fest gebundene Sträußchen oder eine bunte Vogelfeder. Dann berichtete er von seinen Abenteuern – ein Reh hatte ihn neugierig aus dem Unterholz angeschaut, mit einem hübschen Bauernburschen hatte er geredet, Himbeeren wurden reif, Soldaten marschierten auf der Landstraße.

Dann wieder wurden wir aus unserem paradiesischen Zustand geschleudert. Briefe kamen – das Leid, das wir andern getan, der Schmerz um meine Kinder stieg glühend heiß in mir auf.

Lawrence tröstete mich: »Sei nicht traurig, ich werde einen neuen Himmel und eine neue Erde für sie machen, weine nicht, du wirst sehen, ob ich das nicht fertig bringe!« Blieb ich untröstlich, so wurde er wütend: »In Wirklichkeit liegt dir verdammt wenig an diesen Bälgern und ihnen nichts an dir!« Ich weinte, und wir zankten uns. »Ich wäre ja ein entartetes Weib, wenn ich meine Kinder vergessen könnte!« Aber meine Seelenqualen ihretwegen waren in seinen Augen mein schlimmstes Verbrechen. Er schien meine Qualen noch über ihr gegebenes Maß zu verstärken. Vielleicht fühlte er, der seine Mutter so sehr geliebt hatte, daß es für eine Mutter fast eine Unmöglichkeit ist, ihre Kinder zu verlassen. Doch war ich so sicher: »Dieses Band gilt für alle Zeit. Nichts im Himmel und auf Erden kann es zerreißen. Ich muß warten, ich muß warten!«

Mein Vater schrieb: »Du fährst in der Welt herum wie eine Barmamsell!« Es war ein Schmerz für ihn, der mich liebte, daß ich arm und gesellschaftlich unmöglich war.

Ich fühlte mich nur wunderbar frei, wahrhaft »vogelfrei«, Lawrence hatte die Hitze des Angriffs zu ertragen, er schützte mich. »Du weißt nicht, wie sehr ich mich zwischen dich und die Welt stelle«, sagte er später einmal. Und wenn ich ihn mit all meinen Kräften trug, so haben die Flügel seiner starken Seele mir immer ein Obdach geboten.

Jetzt liege ich neben dem Bach, wo er einen kleinen Tümpel bildet, und schreibe. Die Büsche ringsum geben Schutz für einen Badeplatz, vor mir breitet sich das Alfalfa-Feld aus mit den Bäumen als Grenze, dahinter die Wüste, die so weit und in Sonne und Schatten so wechselvoll ist. Regenschleier, graue, zarte, leichte Wolken, heut gegen Westen weiß, schwer und rund geballt.

Es ist Ende Juni. Ob wohl die Erdbeeren in dem Graben bei der Wasserleitung reif sind oder die wilden Rosen, die ganz roten, am Bach blühen? Werde ich einen wilden Truthahn sehen, wenn ich den Pfad entlanggehe, den Lawrence so oft zum Eingang des Gallina Cañon einschlug, während ich hinter ihm herlief?

Er und Mr. Murry legten die großen Röhren auf Holzstützen für die Leitung dort, wo die hohen Espen stehen und die Wasser der Gallina-Schlucht herunterstürzen. Oft mußten die Röhren neu befestigt werden, wenn ein Wolkenbruch das ganze Bauwerk umgerissen hatte.

Wir sind tätig und voll Leben auf der Ranch, aber Lawrence wird das nie mehr sehen.

Gestern nacht haben die Coyoten ein junges Schaf in Stücke gerissen – das arme Geschöpf, das mich mit angstvollen Augen ansah, wenn ich nahe kam. Coyoten sind widerwärtig. Murry sagt mir, daß sie sogar mit den Lämmern spielen, mit dem Schwanz zwischen ihnen herumwedeln, um sie leichter auf die Seite zu treiben. Holde Natur!

Diese Zeit des Jahres ist einer der vollkommenen Augenblicke hier oben. Die Tage schwingen in heiterem Stundenlauf über den ungeheuren Himmel, die Sonne geht herrlich unter, dann kommen die Sterne und der junge Mond in den Armen des alten. Die Wasser singen lauter als am Tag. Mehr und mehr Sterne leuchten auf, je matter das Licht im Westen wird.

Aber dann haben in der Stille der schönen Nacht, ein paar Schritte vom Haus, die Coyoten ein Lamm zerrissen. Wenn doch jemand sie alle erschösse – nur sind sie so schwer zu treffen!

Da bin ich wieder in der Gegenwart und will doch aus der Vergangenheit schreiben. Ich will nach Icking zurück, zu unserem Dorf im Isartal und zu jenem jungen Lawrence, der anfing, seine Schwingen zu dehnen.

Ich erinnere mich, wie ich in einer Kapelle bei Beuerberg eine Madonna sah. Sie war keine mater dolorosa, auch nicht sehr durchgeistigt, sondern glich einer gelassenen Bäuerin. Ich sagte zu ihr: »Ja, du trägst einen Heiligenschein um den Kopf, doch mir ist, als leuchte ich von Kopf bis Fuß. Das Gefühl gibt er mir. Du hast nur einen toten Sohn. Das ist mir nicht genug. Gib mir einen lebendigen Mann.«

Als wir einmal auf einem kleinen Landungssteg am Kochelsee saßen und mit den bloßen Füßen baumelten, steckte mir Lawrence meine Fingerringe an die Zehen, um zu sehen, wie sie im klaren Seewasser glitzerten. Plötzlich überraschte uns ein Regenschauer. Hinter uns war eine Baumgruppe, an der die Straße vorbeiführte. Wir liefen dem Schutz zu und müssen wohl in entgegengesetzter Richtung gerannt sein. Ich sah mich um, Lawrence war nicht da. Angst überkam mich, ich hatte ihn verloren, vielleicht war er ertrunken, in den See abgeglitten. Ich rief. Ich suchte, er schien sich aufgelöst zu haben. Ich würde ihn nie mehr wiedersehen. Immer war ja dieses seltsame Unirdische um ihn.

Als ich ihn endlich eine Stunde später die Straße entlangkommen sah, war ich einem hysterischen Zustand nah. Ich schalt ihn »Bruder Mondschein«, wie im deutschen Märchen – das mochte er nicht.

Dann wieder saß er still und versunken in einer Ecke, um zu schreiben. Die Worte schienen unbewußt, von selbst, aus seiner Hand auf das Papier zu fließen, mühelos, wie Blumen blühen und Vögel vorüberfliegen. Er besaß eine besondere Kraft der Konzentration, dann schien er in eine andere, die schöpferische Welt entrückt.

Seine Stimmungen und Ansichten wechselten rasch. Das verwirrte mich. »Aber Lawrence, letzte Woche hast du genau das Gegenteil von dem gesagt, was du heut sagst!«

»Und warum nicht? Letzte Woche war mir so zumute und heut ebenso. Warum eigentlich nicht?«

Wir sprachen über literarische Stile, über den neuen Stil, den Amerika entwickelt hatte – er nannte ihn kinematographisch. Diese Gedanken über Stil und Form machten ihm zu schaffen. Ich dagegen war überzeugt, daß eine echte Schöpfung unentrinnbar ihre eigene Form aufbaut, wie es jedes Lebendige tut. Alle diese Redensarten »L'art pour l'art« und »Le style c'est l'homme« haben ihren Sinn, aber mit Schöpfung haben sie nichts zu tun. Lawrence indessen hatte das Bedürfnis, sich über alles klarzuwerden.

An manchen Abenden war er besonders lustig, dann führte er einen Missionierungsabend, wie er ihn im Bethaus seines Heimatortes oft erlebt hatte, für mich auf. Den Prediger, der, wenn er seine Zuhörer in fromme Raserei gebracht hatte, sich den Finger leckte, um die vorgestellten Blätter im Buch des Jüngsten Gerichts umzuwenden und dann plötzlich auf einen Sünder in der Versammlung deutend schrie: »Stehst du darin?« – die reuerfüllte Bergarbeitersfrau im kleinen Matrosenhut, die sich am Altar niederwarf und betete: »O Herr, unser Henry wär' auch jern jekomm, aber er traut sich nich! O Herr, ich komm' auch für ihn!«

Es war eine großartige Szene, ich schüttelte mich vor Lachen. Ein andermal erzählte er, wie er mit sechzehn Jahren an einer Lungenentzündung scheinbar hoffnungslos krank und fast schon tot gewesen sei und sich doch durch seinen Lebenswillen und mit zusammengebissenen Zähnen ins Dasein zurückgekämpft hatte. Das erfüllte mich mit Verlangen, ihn vollends stark und gesund zu machen.

Seine Seele war immer gesund. Er mag wohl manchmal zornig und reizbar gewesen sein, aber niemals wehleidig.

Zu Fuß nach Italien

Es ist fünf Uhr in der Frühe. Die Luft ist nach dem heftigen Regen der Nacht kühl. Ein leichter Nebel ist aufgestiegen, die Sonne über der Wüste wird ihn bald verjagen.

Plötzlich überkommt es mich mit Gewalt, daß Lawrence tot, wirklich tot ist. Der Schmerz um seinen Verlust wird der stetige Begleiter meines Lebens sein, manchmal als beruhigender Freund, der allen Dingen ihr rechtes Maß gibt, manchmal verfolgt er mich und schleicht hinter mir her wie eine Hyäne, die mir ans Leben will.

Ich erinnere mich, wie Lawrence mir sagte: »Du identifizierst dich immer mit dem Leben – warum?«

»Weil mir so zumute ist«, antwortete ich.

Jetzt erst weiß ich, wie ganz er mir sein Leben anvertraute, er, der den Tod immer in sich trug.

Ich haßte diesen Tod und kämpfte wie ein Teufel dagegen, unbewußt, aus einem Instinkt heraus. Erst Jahre später, als mir der Arzt in Mexiko es sagte, erfuhr ich, daß er schwindsüchtig sei. Durch mein ganzes Leben mit ihm zog sich diese Angst, die ich nicht mit ihm teilen konnte. Ich mußte sie alleine tragen. Dann zum Schluß kam das Wissen, das furchtbare Wissen, daß ich nichts mehr tun konnte. Der Tod war der Stärkere. Sein Leben hing an einem Faden, und eines Tages würde dieser Faden reißen. Vor seiner Zeit würde er sterben müssen.

Dieser echte Gebirgsmorgen ruft mir unsere Fußreise über die Alpen zurück.

Es war Mitte August, als wir fröhlich aufbrachen. Wir kannten damals beide Italien nicht, es war ein großes Unternehmen für uns. Wir packten unsere paar Habseligkeiten und schickten drei Koffer voraus an den Gardasee. Dann zogen wir zu Fuß los, jeder mit einem Rucksack und Regenmantel. Im Rucksack war ein kleiner Spirituskocher, auf dem wir der Billigkeit halber unsere Mahlzeiten bereiten wollten.

Voll Spannung machten wir uns an einem nebligen Morgen auf, die Bäume tropften an der Straße, aber wir waren glücklich, frei, auf dem Weg in das Abenteuer und die Fremde. Wir wanderten das dunkle Grün des Isartals entlang, Berge hinauf und hinunter. Einer meiner Wünsche, im Heustadel zu schlafen, ging in Erfüllung. Aber das Schlafen im Heu ist in Wirklichkeit reizlos. Es regnete viel, und wir waren tropfnaß. Der Wind bläst durch den Stadel, und wenn man sich auch mit einer Tonne Heu zudeckt, wird man doch nicht warm. Lawrence hat die Kruzifixe beschrieben, an denen wir vorbeikamen, die schöne Kapelle, die er hoch oben in den Bergen entdeckte. Er zündete die Kerzen auf dem Altar an, denn es war Abend, las die ex votos und vergaß, wie hungrig und müde er war.

Der Geburtstag von Lawrence fiel in die Zeit unserer Wanderung. Als Geschenk für ihn hatte ich nur ein paar Edelweiß. Am Abend tranken wir Bier und tanzten mit den Bauern im Gasthaus des Dorfes, durch das wir kamen. Sein erster Geburtstag mit mir. Es war alles so wunderbar. – Es geschah so viel Neues!

Könnte ich nur die Fröhlichkeit dieser Fußreise nach Italien, dem romantischen Italien mit seinem Zauber und seiner Sonne zurückrufen!

Wir kamen in Trient an – aber ach! Wo blieb der Zauber? Wir konnten uns nur ein sehr billiges Hotel leisten; die Spuren an den Wänden, die mehr als zweifelhafte Bettwäsche und schlimmer als alles, die sogenannten W. C., waren mehr, als ich ertragen konnte. Die Menschen waren mir fremd, Italienisch konnte ich damals noch nicht. So kam es, daß Lawrence mich eines Morgens auf einer Bank unter dem Dante-Denkmal in bittern Tränen fand. Er hatte mich barfuß über eisige Stoppeln gehen sehen, über Hunger, Nässe und Kälte hatte ich gelacht, aber der Schmutz einer Stadt und die W. C. brachten mich zum Weinen.

Sechs Wochen waren wir unterwegs gewesen. Nun fuhren wir mit dem Zug weiter nach Riva am Gardasee, das damals eine österreichische Garnison war. Elegante Offiziere in biskuitfarbenen Hosen und hellblauen Waffenröcken gingen mit ebenso eleganten Damen spazieren. Zum erstenmal sah ich Lawrence und mich kritisch an: zwei Landstreicher mit Rucksäcken! Seine Hosen waren ausgefranst, ich trug ein leichtes rötliches Baumwollkleid, dessen Saum sich in Wellen verzogen hatte, die Farbe des roten Samtbandes auf meinem Panamahut war in das Strohgeflecht ausgelaufen. Ich war den drei Damen, die uns in ihre Pension aufnahmen, dankbar; anstatt für ihr Silber zu fürchten, schickten sie uns goldene und blaue Trauben und Feigen in unser Zimmer, wo wir in Angst und Zittern vor dem Stubenmädchen unsere Mahlzeiten auf dem Spirituskocher bereiteten. Endlich bekamen wir unser Gepäck. Meine Schwester Johanna hatte mir wunderschöne Hüte und Kleider geschickt, Pariser Modelle, die für unsere Verhältnisse viel zu elegant waren. Aber wir schmückten uns stolz und gingen triumphierend aus.

In Gargnano meiteten wir uns in der Villa Igea für den Winter ein. Zum erstenmal hatte Lawrence eine eigene Wohnung, – das Erdgeschoß einer großen Villa, mit der Aussicht über den See auf den Monte Baldo und seinen rosigen Sonnenuntergängen und dem grünen Stern Sirius, der über den See hintröpfelt, wie Lawrence in einem seiner Gedichte sagt.

Hier machte ich meine ersten Versuche, im Haushalt selber zuzugreifen. Es war nicht so einfach in der großen leeren Küche mit den »fornelli« (Feuerstellen im gemauerten Herd) und den riesigen Kupferpfannen. Oft mußten das Gulasch und die »Fritti« gerettet werden; er kam hilfsbereit von seiner Arbeit und schalt nie, wenn ich rief: »Lorenzo, die Tauben brennen an, was soll ich tun?«

Als ich zum erstenmal Bettücher wusch, gab es eine Katastrophe. Sie waren so groß und so naß, die Nässe überwältigte mich. Der Küchenboden war überschwemmt, der Tisch strömte, ich tropfte von Kopf bis zu Fuß. Als Lawrence mich in meinem Elend fand, rief er: »Barmherziger, der wahre und einzige (nämlich wahre und einzige Phönix, wie er mich nannte, wenn ich hochmütig war) ertrinkt!« Ich wurde aus den Fluten geholt und getrocknet, die Küche aufgewischt, und bald hingen die Laken draußen im Garten, wo die »Cachi« rot von den Bäumen leuchteten. Eines Morgens brachte er mir das Frühstück ans Bett. In dem italienischen Schlafzimmer befand sich der unvermeidliche Spucknapf, auf dem zu meinem Entsetzen ein Skorpion saß. Zum Erstaunen von Lawrence sagte ich, als er ihn umgebracht hatte: »Gleich und gleich gesellt sich gern!« »Undankbare Frau... ich töte den Drachen für dich, und das ist dein Dank!«

Er schrieb damals sein »Sons and Lovers« – »Söhne und Liebhaber« – noch einmal, das erste Buch, das er mit mir schrieb; ich erlebte und erlitt es mit, und manchmal schrieb ich ein kleines Stück, wenn er mich fragte: »Wie, glaubst du, war meiner Mutter da zumute?« Ich mußte mich tief in den Charakter von Miriam und den andern hineinleben; als er vom Tod seiner Mutter schrieb, war er krank, und sein Gram machte auch mich elend. »Wenn meine Mutter gelebt hätte«, sagte er, »hätte ich dich nie lieben können. Sie hätte mich nicht frei gegeben.« Ich glaube, er hätte dies Gefühl überwunden, nur hatte diese leidenschaftliche und unbändige Liebe dem Knaben, der nicht stark genug war, sie zu ertragen, Schaden getan. Später sagte er: »Jetzt würde ich ›Sons and Lovers‹ anders schreiben, meine Mutter hatte unrecht, damals gab ich ihr vollkommen recht.«

Ich glaube, daß ein Mann zweimal geboren wird, das erstemal von seiner Mutter, dann von der Frau, die ihn liebt. Einmal sagte er auf dem kleinen Dampfer: »Diese kleine Frau dort ist wie meine Mutter.« So gegenwärtig und lebendig war sie ihm.

Während wir in der Villa Igea wohnten, schrieb Lawrence noch: »Twilight in Italy« und die meisten der Gedichte aus: »Look! We have come through!«

Sein Mut, den dunklen Gebieten der eigenen Seele auf den Grund zu sehen, hat mir immer Eindruck, oft angst gemacht.

Vielleicht hat er im innersten Herzen die Frauen immer gefürchtet, hat gefühlt, daß sie im Grunde die stärkeren sind. Die Frau ist absolut und unerschütterbar. Der Mann ist beweglich, sein Geist fliegt hierhin und dorthin, aber um ein Weib kommt man nicht herum. Vom Weibe ist der Mann geboren und zum Weib wendet er sich in den letzten Nöten des Leibes und der Seele. Das Weib ist wie Erde und Tod, wohin alle zurückkehren.

Dazwischen immer wieder Briefe und Tragödie. Ich war so sicher, daß ich meine Kinder nicht verlieren würde, aber endlich kam ein Brief meines Mannes, in dem er schrieb: »Wenn Du nicht nach Hause kommst, haben Deine Kinder keine Mutter mehr. Du darfst sie nicht wiedersehen.« Ich kam fast von Sinnen vor Schmerz. Aber Lawrence hielt mich, ich konnte ihn nicht mehr verlassen, er hatte mich nötiger als sie. Doch war ich wie eine Katze, der man die Jungen genommen hat, und in meinem Herzen war immer die Frage wach: »Wenn sie kämen, wo würde ich sie schlafen legen? – Ich fühlte die Trennung physisch, als ein Zerren in meinem Leib. Lawrence konnte das nicht ertragen. Dann wandte ich mich wieder ihm zu, um geheilt und getröstet zu werden und eine Weile zu vergessen.

Alle schienen sie gegen uns zu sein und uns zu verdammen; ich konnte und konnte trotzdem nicht verstehen, warum die ganze Welt nicht einsehen wollte, wie richtig und wunderbar es war, so zu leben wie wir. Ich fragte: »Lorenzo, warum können Leute nicht so glücklich sein und so viel aus ihrem Dasein machen wie wir? Alle müßten es können, wir brauchen doch so wenig Geld!« »Du vergißt, daß ich ein Genie bin«, antwortete er, halb scherzend, halb im Ernst.

Damals machte mir das Genie keinen Eindruck, ich nahm das alles hin wie Regen und Sonnenschein. Heut weiß ich, daß der Zauber, der über allem lag, von seinem Geist kam.

Er war seiner so sicher, fühlte immer, daß die Hand des Herrn über ihm war. Einmal kamen wir auf der Überfahrt nach Australien in einen schlimmen Sturm, und ich sagte: »Wenn das Schiff untergeht...« – »Das Schiff, auf dem ich bin, geht nicht unter«, antwortete er.

Briefe an meine Schwester.

Villa Igea, Gargnano, Lago di Garda, 14. Dezember 1912

Liebe Else,
ich war nicht böse über Deinen Brief. Ich denke, Du willst Friedas Bestes, das will ich auch. Aber ich glaube, Du verlangst von uns, daß wir einen wirklichen Apfel für einen vergoldeten hingeben. Heutzutage kostet es mehr Mut, eigene Herzenswünsche und Lebensnotwendigkeiten zu verfechten, als zu verzichten. Könnten Frieda und die Kinder glücklich miteinander leben, so würde ich sagen »Geh«, denn wenn zwei von dreien glücklich sind, so ist das genug. Aber wenn sie nur ihr Leben opferte, würde ich sie nicht gehen lassen, wenn ich sie halten kann. Denn wenn sie den Kindern ein Opfer bringt, wird es ihnen zum Fluch geraten. Hätte ich ein Gebet, so würde es wohl sein: »Herr, laß niemals lebendiges Leben für mich geopfert werden – denn es liegt schon Last genug auf mir.«
Was die Kinder jetzt auch entbehren mögen, sie bewahren ihre innere Freiheit, und ihr selbständiger Stolz wird stark sein, wenn sie erwachsen sind. Gäbe dagegen Frieda alles auf, um zu ihnen zurück zu gehen, so würde das ihre Kraft untergraben, weil sie als Erwachsene das Leben ihrer Mutter auszufüllen hätten. Sie wären nicht frei, aus sich heraus zu leben – sie müßten zuerst für sie leben, ihr vergelten. Als mache man ein Geschenk, das nie verlangt wurde und dem Empfänger die Verpflichtung einer Wiedervergeltung auferlegt, die manchmal über sein Vermögen geht.

Also müssen wir vorwärts! Nie die Kinder loslassen, sondern wollen, wollen, wollen, daß wir sie bekommen und selber haben, was wir für gut halten. Mehr kann man nicht tun. Du sagst: Lawrence kommt mir vor wie ein Held. Ich hoffe. Ich hoffe, es wird ihm auch so ausgehn. Er fühlt sich ganz und gar nicht heroisch, sondern nur in einer verdammten Patsche. Entschuldige, bitte, wie ich schreibe.

HERZLICH DEIN D. H. LAWRENCE

10. Februar 1913

Liebe Else,

Du kannst nicht annehmen, daß ich hier bleibe und wie ein Fisch auf dem Trockenen schnappe, während Frieda sich in München amüsiert, was meinst Du? Je vous en veux.

Was den Artikel betrifft – Frieda ist unglaublich unbegabt im Berichten –, die English Review, eine angeblich intelligente und fortschrittliche Monatsschrift, hat mich um einen Aufsatz über moderne deutsche Dichtkunst gebeten. Über das Moderne, Neue wollen sie hören, etwa was in den letzten zehn Jahren veröffentlicht worden ist – über Leute wie Dehmel, Liliencron, Stefan George, Ricarda Huch, Else Lasker-Schüler. Du hast doch sicher Deine bestimmten Ansichten über moderne deutsche Poesie? Schreibe doch, was Du so denkst – sage meinetwegen, daß Dehmel schwülstig und leer ist, aber sei nicht zu klassisch. Wenn es Dir so paßt, wird die English Review mit Andacht Dithyramben über schönen Druck und erlesene Buchausstattung anhören.

Tendenzen und Einflüsse werden sie begeistern, und um Himmels willen, bringe eine Menge kleiner Gedichte oder Verse als Beispiele. Es wäre doch eine feine Idee, über die

»Dichterinnen des heutigen Deutschland« zu schreiben oder über »Deutsche Dichterinnen von heute«. Das würde die Leser der English Review anlocken wie das Salz die Tauben. Sicher hat die Frau Aufsätze über das Thema. Ich würde das sehr gern selbst schreiben, wenn ich genug darüber wüßte. »Nicht wahr«, ich habe in England selbst zwei moderne deutsche Gedichtsammlungen besprochen?

Schreibe mir doch über die Dichterinnen, ja? – ihre Ziele und Ideale – und ein bißchen was Persönliches von denen, die Du kennst, wie sie lieber Bilder malen als Kinder pflegen, weil jede mütterliche Person das letztere könne, aber nur eine besondere und wunderbare Frau im Stand sei, der Welt eine Botschaft zu verkünden. Das hat Dir doch eine von ihnen gesagt? Hatte sie rote Haare? Das mußt Du alles erzählen.

»Deutsche Dichterinnen von heute«, das klingt entzückend. Schreibe es auf deutsch – ich lese Deine Briefe ganz leicht, weil Du nicht in gotischen Hieroglyphen schreibst.

Hier ist schönes Wetter. Wir finden die ersten Veilchen. Überall gibt es Polster von Primeln und Leberblumen, reizende kleine blaue Dinger und lilafarbene Krokusse. Du mußt kommen, es würde Dich glücklich machen, und wir kämen uns ganz großartig vor, Dich als Gast zu haben.

Frieda sagt, es sei zu lang, die Kinder weitere sechs Monate warten zu lassen, ehe sie die Mutter sehen – sie würden ihr entfremdet. Vielleicht ist das richtig. Aber die Kinder haben nur an Ostern Ferien, und kann bis dahin irgend etwas bestimmt werden? Wir werden abwarten müssen. Bitte schicke das wunderbare Buch. Die sechzig Franken sind gekommen.

Frieda schickt ein Bild, das ich für Professor W. Icking einrahmen lassen wollte, aber sie sagt, es sei für Dich. Und tausend Dank.   D. H. LAWRENCE

1913–1914

Im Frühling reiste ich von der Villa Igea nach Baden-Baden. Dort sah ich meinen Vater zum letztenmal. Er war krank und ein gebrochener Mann. »Ich verstehe die Welt nicht mehr«, sagte er.

Lawrence wanderte mit einem Freund über den großen St. Bernhard und fuhr nach England voraus. In London trafen wir uns. Ich wollte meine Kinder sehen, und die Scheidung mußte betrieben werden. Eines Morgens traf ich die Kinder auf dem Schulweg. Sie sprangen voll Entzücken um mich herum. »Mama, du bist wieder da. Wann kommst du nach Haus?«

»Ich kann nicht zu euch zurück, ihr müßt zu mir kommen. Wir werden warten müssen.«

Wie sehr litt ich, sie nicht mit mir nehmen zu können! So viel meines unmittelbaren Lebens war ihnen zugeströmt, das war nun unterbunden. Als ich versuchte, sie an einem andern Morgen wieder zu treffen, hatte man ihnen offenbar verboten, mit mir zu sprechen, nur ihre kleinen blassen Gesichter sahen mich an, als sei ich ein böser Geist. Es war schwer zu ertragen, und Lawrence in seiner Hilflosigkeit geriet in Wut.

Damals lernten wir Katherine Mansfield und Middleton Murry kennen. Diese Freundschaft war wohl unsere einzige ganz unmittelbare, harmlos fröhliche Beziehung. Katherine lud uns zum Tee in ihrer Londoner Wohnung ein. Wenn ich mich recht erinnere, lagen in ihrem Zimmer nur Kissen und Puffs, und ein großes Aquarium mit Goldfischen, Muscheln und Wasserpflanzen stand darin.

Ich fand Katherine mit ihrem feinen braunen Haar, der zarten Haut und den braunen Augen erlesen und vollkommen. Sie war die verläßlichste Freundin und tat alles, um mir wegen der Kinder zu helfen, sie redete mit ihnen und brachte ihnen meine Briefe. Ich liebte sie wie eine jüngere Schwester.

Auch Cynthia und Herbert Asquith lernten wir kennen. Cynthia erschien mir lieblich wie die Venus von Botticelli. In ihrem eigenartigen, aus Schiffsholz gebauten Haus trafen wir ihre Verwandten, auch Eddie March und Sir Walter Raleigh. Cynthia war immer eine treue Freundin, selbst während des Krieges, als Freunde selten wurden.

Aber Lawrence wollte nicht in England bleiben, auch weil die Scheidung nicht endgültig erledigt war. Später gingen wir wieder nach Bayern. Dort schrieb er »The Prussian Officer«. Der Kampf zwischen den beiden entgegengesetzten Naturen, dem Offizier und seinem Burschen, scheint mir besonders kennzeichnend für Lawrence. Die Novelle ist vor dem Krieg geschrieben, aber es ist, als habe er ihn vorhergefühlt. Der unglückliche, bewußte Mensch, der Vorgesetzte, der den andern Mann um seine in sich befriedigte Einfachheit beneidet. Mir war, als bestehe Lawrence selbst aus diesen beiden Naturen. Sie stellten die Spaltung seiner Seele dar, den Riß zwischen dem bewußten und dem unbewußten Menschen. Die Geschichte ist unheimlich, und damals erschreckte sie mich, sie und die dunklen Stellen in der Seele von Lawrence, in der Seele des Menschen.

Immer aber machte mir sein Mut, den Problemen und Abgründen des Lebens ins Gesicht zu sehen, Eindruck. Oft war er krank, wenn seine Seele versuchte, in tiefere Schichten einzudringen, Körper und Seele wirkten aufeinander, und in Todesängsten versuchte ich zu begreifen, was vorging. Er forderte viel von mir; ich mußte ganz und gar für ihn da sein. Manchmal war ich es, die ihn zwang, tiefer zu gehen und die den inneren Kampf auslöste.

Schrecklich war es, wenn ich fortging. Er haßte mich dafür. »Du brauchst mich wie ein Wissenschaftler das Tier, das er zerschneidet. Ich bin dein Versuchskaninchen«, sagte ich manchmal.

Wir wollten wieder nach Italien.

Im folgenden Winter fanden wir ein kleines Landhaus, Fiascherino bei Lerici, wo wir ein neues südlicheres Italien kennenlernten. Wieder schlugen wir für eine Weile unser Lager auf, wie Zigeuner.

Wir wohnten auf einem großen Stück Land mit Olivenbäumen und Gemüsepflanzungen, das sich zu der kleinen Bucht senkte, in der wir badeten und wo unser flaches Boot lag, in dem Lawrence durch die Brandung hinausfuhr. Ich stand besorgt wie eine Henne, die Enten ausgebrütet hat, am Ufer und schrie: »Wenn du schon kein richtiger Poet sein kannst, so wirst du doch wie einer ertrinken.« – Shelley war nicht weit von uns ertrunken.

Ich verbrachte müßige Tage in der Hängematte, sah den Fischern in ihren schönen Kähnen mit den roten Segeln zu oder den Unterseebooten aus Spezia, wie sie auf- und niedertauchten. Wir hatten eine Magd, Elide, die uns versorgte und liebte. Auch ihre Mutter Felice war meist da. Bocca di mosca – Mückenschnabel, schalt sie ihre Tochter. Sie liebten uns ganz unbändig, kämpften auf dem Markt um billige Preise für uns und fühlten sich überhaupt für uns verantwortlich. Für Elide war es ein Kummer, daß Lawrence in seinen alten Anzügen ausging, sie stürzte mit einer andern Jacke hinter ihm her: »Signor Lorenzo, Signor Lorenzo!« und zwang ihn, sich umzuziehen, was mehr war, als ich erreichen konnte. Als ich sie zu Weihnachtseinkäufen mit nach Spezia nahm, benahm sie sich, sehr zu meinem Kummer, als ob sie im Gefolge der Königin von Italien sei. Nichts war gut genug für »la mia Signora«.

Einmal besuchten wir die Waterfields in ihrem schönen alten Schloß Aula bei Sarzana. Wir übernachteten in einem so erschreckend großen Raum, daß wir, davon überwältigt, die Betten, die ganz winzig aussahen, eng aneinander rückten, damit sie in der Weite einen größeren Fleck darstellten. Es war eine wunderbare Besitzung hoch über der Magra, die in breiten Armen unten vorüberfloß, Blumen blühten auf den verwilderten Festungswällen, die Sonne ging wie bei Dante auf, – wir waren tief beeindruckt.

Das Häuschen in Fiascherino hatte nur drei kleine Zimmer und eine Küche; ich versuchte es so nett wie möglich zu machen. Aber wir waren ja den größten Teil des Tages draußen, aßen im Garten und machten weite Spaziergänge, bis es dunkel wurde und wir ein Feuer im Kamin des Erdgeschosses anzündeten. Ich glaube das stärkste Band zwischen Lawrence und mir war immer das Staunen über das Wunder des Lebens ... alles Große und Kleine, das geschah, trug einen Zauber in sich.

Wir erlebten freilich auch trübe Enttäuschungen. Mitchell Kennerly von New York hatte Exemplare von »Sons and Lovers« – »Söhne und Liebhaber« – von Duckworth für Amerika gekauft und einen Scheck von 25 Pfund geschickt. Da ich kein eigenes Geld hatte, schenkt mir Lawrence diesen Scheck für meine persönlichen Bedürfnisse. Auf der Bank in Spezia sagten sie mir, da das Datum verändert sei, müsse der Scheck nach New York zurück. Er ist nicht wieder zurückgekommen. Lawrence hat erst nach zwölf Jahren irgendeine Einnahme aus Amerika gehabt. Gemeinheit versetzte Lawrence in schweigenden Zorn – man dachte besser nicht daran, weg damit, tun konnte man doch nichts dagegen, also warum Kräfte verschwenden! Aber ich mußte mich törichterweise austoben, wenn ich enttäuscht wurde. Solche Enttäuschungen erlebten wir später oft. Er nahm seine mehr als unsichere Lage als Folge der Gefahren hin, die das Wesen seines Werkes in sich schloß. Ich glaube, eines meiner Verdienste in seinen Augen war, daß ich nicht nach Reichtümern oder einer gesellschaftlichen Rolle verlangte; es war kaum ein Verdienst, denn arm zu sein machte mir Spaß, und an einer Rolle in der Welt lag mir nichts.

Wir hatten allerhand Leute, Engländer und Amerikaner, deren Besitzungen um die Bucht von Spezia lagen, kennengelernt. Sie waren uns wohlgesinnt, aber ich sagte zu Lawrence: »Ich will keine Schwindlerin sein, wir wollen ihnen sagen, daß wir nicht verheiratet sind. Vielleicht lehnen sie uns ab, wenn sie Bescheid wissen.«

Eine reizende, zum Katholizismus übergetretene Miß Huntingdon war sehr bekümmert. Sie schrieb uns: »Ich habe Sie beide gern, fern sei es von mir, Sie zu richten, aber ich muß Ihnen sagen, ich glaube, daß Sie unrecht haben. Ihr Leben miteinander ist Sünde.« Ihre tiefe Betrübnis tat mir deswegen leid, als habe sie vor derselben Frage gestanden und sich anders entschlossen. Ich aber empfand mit freudiger Bejahung und Hoffnung, daß ich für mein Teil das Richtige gewählt hatte.

Der Winter in Fiascherino war sehr glücklich. Lawrence schrieb dort »The Rainbow« – »Der Regenbogen« –. Als Edward Garnett das Manuskript las, mochte er es nicht. Daß er nicht mit ihm ging, machte Lawrence sehr betroffen. Ich tröstete ihn: »Du kämpfst gegen die alten Werte und bereitest neuen Boden!« Sie sagen, ich hätte das Genie von Lawrence gefährdet, aber ich weiß, daß es nicht so ist.

Er war immer aktiv, so lehrte er mich eine Menge neuer Lieder. Des Abends sangen wir oft stundenlang. Er liebte meine kräftige Stimme, er selbst sang nur leise, aber als echter Künstler vermittelte er die Musik und den Geist des Liedes auf wunderbare Weise.

Wir malten auch zusammen. Ich sehe ihn vor mir, so versunken und eifrig, wie er den Pinsel leckt und mit raschen Strichen über das Papier führt – er gab sich allem, was er tat, völlig hin und verstand nicht, daß ich alles obenhin und zum Spaß tat.

Ich erinnere mich an den Tag, als das Klavier mit dem kleinen Boot von Spezia über See gebracht wurde. Wir beobachteten, wie es um die Landspitze vorschaukelte und die drei Italiener darin voll Angst sich schon auf dem Grund des Meeres glaubten. Wir fühlten mit ihnen, denn die Sache sah wirklich recht gefährlich aus. Endlich legten sie auf dem riesigen Strand an, und das Klavier wurde mit fürchterlichem Geschrei: »Avanti Italiani!« zu uns heraufgebracht.

Weihnachten kam. Elides Verwandtschaft, etwa ein Dutzend Bauern, sangen bei uns, wo sie sich ganz zu Hause fühlten. Elides alte Mutter sang: »Da quella Parte dove si lev il Sol« und ein Duett mit dem alten Pasquale: »Di' a la Marcella che lui sa fa l'Amor«. Der schöne Luigi war da, der so hübsch aussah, wenn er die Oliven von den Bäumen erntete, auch die Schullehrerin von Telaro, die ihn liebte – doch sie war von höherem Stand, und er liebte sie leider nicht wieder.

Immer aber stieg Tragik wieder auf ... sie überfiel mich von Zeit zu Zeit wie eine Krankheit. Wir hatten gegen die Gesetze der Menschen, wenn nicht Gottes gesündigt, und dafür muß bezahlt werden. Lawrence und ich haben voll bezahlt; die andern dagegen hatten für ihre Armut und Liebe und Herzenswärme zu zahlen, und das tut niemand gern. Es ist ein ewiges menschliches Gesetz: Zu viel Glück ist uns Sterblichen nicht erlaubt. Lawrence und ich schienen zu Zeiten die Grenzen menschlicher Glückseligkeit zu überschreiten. Er konnte so reich und tief glücklich sein, jener junge Lawrence, den ich gekannt habe, ehe der Krieg seinen Glauben an die menschliche Zivilisation und Kultur untergraben hat, seine tiefe, natürliche Liebe zu seinen Mitmenschen. Wie abgestorben waren sie, wie gaben sie ihre Seelen-Mechanismen preis!

Er war immer so ganz und gar, so unbestreitbar jemand von Gewicht. »Auf die Dauer können sie mich nicht totschweigen«, sagte er mit zusammengebissenen Zähnen, »sie können mich nicht übergehen, so gern sie es möchten.« Und sie haben es auch nicht gekonnt.

Wenn ich daran denke, wie diese erstaunliche Begabung beiseite geschoben wurde, wie sie Lawrence verhöhnten, unterdrückten, herabsetzten, im besten Fall begönnerten, so macht mich die Torheit unserer Kultur betroffen. Wie sehr wurde Lawrence gebraucht, wie bitter nötig war er! Nun da er tot und seine große Liebe zu seinen Mitmenschen nicht mehr im Fleisch da ist, ergehen sie sich in Sentimentalitäten über ihn...

Wir herrlich waren die Morgen in unserm kleinen Gut am Mittelländischen Meer, wenn wir fröhlich mit der Sonne auf standen und ich unter den Oliven nach Telaro zur Post wanderte. Ich, als Nordländerin, brauchte einige Zeit, um die Schönheit dieser Bäume zu sehen, die so wechselnd sich zeigen. Der Wind, der über sie hinläuft, wandelt sie zu Quecksilber, dann wieder scheinen sie dunkel, still und müde. Bei diesen frühen Morgengängen warf die Sonne zarte, zitternde Schatten auf den steinigen moosigen Pfad. Zu meiner Rechten war die See. Es hätte mich nicht überrascht, wäre mir Jesus mit seinen Jüngern begegnet.

Lawrence konnte Menschen lehren zu leben, einfach dankbar für das Leben selbst zu sein. Er, der so zart und jeden Augenblick dem Tod so viel näher war als andere, fühlte fromm den Wert jedes guten Augenblickes, der großen und kleinen Dinge. Ich hatte nicht gewußt, was Leben ist, ehe ich bei ihm war. Vorher war es Plage, graue, müde Tage voll endloser Mühen. Liebe und Ekstase mit ihm bedeuteten nur einen kleinen Teil des Ganzen, immer des Ganzen, mit dem wir uns in Einklang fühlten, des Universums um uns, das uns zu Gebot stand und von dem wir in diesen achtzehn Jahren der Gemeinsamkeit in Fülle zehrten.

Was hat Lawrence nicht alles aus seinem kurzen Dasein gemacht durch sein tiefes Gefühl für die Wirklichkeit des Lebens! Er wußte, was die Lebensflamme speist: nicht Luxusautos oder erstklassige Hotels oder das Kino. Mit wahrhaftem Schöpfertum fand er im eigentlich Lebendigen die bleibenden Werte und sprach das in seinen Werken aus. Immer neu erstaunt es mich, wie wenig ihn die Menschen verstanden – vielmehr wie sehr sie ihn mißverstanden haben.

Er war sich der Feindseligkeit gegen ihn bewußt, aber wie tief sie ging, haben wir damals wohl kaum ermessen. Auch wuchs mit seiner wachsenden Bedeutung die Ablehnung. Wir lebten viel zu eifrig, um davon viel Notiz zu nehmen. Unsere eigene Welt, die den andern draußen so klein und arm vorkam, war in Wirklichkeit eine starke uneinnehmbare Festung.

Noch eines habe ich gut verstanden. Er wußte: »Ich bin

D. H. Lawrence von Kopf bis zu Fuß. Damit bin ich umgrenzt und darin lebt meine Seele. Alles andere ist nicht ich, aber ich kann zu alldem, was nicht ich in der Welt ist, in Beziehung treten, und je mehr ich das Anderssein der übrigen Dinge um mich herum begreife, um so reicher bin ich.«

Wie albern kommt mir der amerikanische Arzt vor, der über Lawrence schrieb und nur einen kranken, lüsternen Geist in ihm sah, in ihm, der so sauber, solch ein Puritaner war. Er haßte jeden Hautgout, jede Liederlichkeit. Der ganze Apparat der Verführung, kokette Unterwäsche und dergleichen schien ihm töricht, nichts als Kniffe – wozu das?

Im Frühling 1914 fuhren wir nach London, wir wohnten dort bei einem irischen Freund, Gordon Campbell, in Kensington. Die Murrys sahen wir oft und führten lange Gespräche miteinander. Katherine war jung und zugleich alt, wie ein frühreifes Kind. Damals hätte ich nie so viel Traurigkeit in ihr vermutet, ihre Beziehung zu Murry schien so frisch und jung.

Ich erinnere mich an einen schauerlichen Sonntag nachmittag, als wir uns amüsieren wollten. Wir nahmen ein Themse-Boot nach Richmond, Campbell, Murry, Katherine, Lawrence und ich. Ein paar schäbige Leute fuhren mit, ein tristes Exemplar von Mann spielte »Erleucht uns, Gnadenlicht« auf einem Harmonium – wir wurden bei dieser Art Vergnügen immer schweigsamer. Dann warfen weiter draußen Leute Sixpence vom Boot in den jahrhundertealten entsetzlichen Themseschlamm, und kleine Jungen tauchten danach – der Themseschlamm schien in unsere Seelen einzudringen. Wir hatten bald genug, stiegen aus und fuhren mit dem Bus nach Hause.

Endlich konnten Lawrence und ich heiraten. Campbell und Murry waren die Zeugen. Unterwegs stürzte Lawrence aus dem Wagen zu einem Goldschmied, um einen neuen Trauring zu kaufen. Meinen alten schenkte ich Katherine, und jetzt liegt sie in Fontainebleau damit begraben.

Die Trauung war ganz einfach und nicht ohne Würde. Mir war es gleich, ob ich verheiratet war oder nicht, ich sah keinen Unterschied, aber ich glaube Lawrence freute sich, daß wir ein ehrbares Ehepaar waren.

Bei diesem ersten Aufenthalt in London waren seine Arbeiten schon etwas bekannt, und ich dachte es mir amüsant, einige interessante Leute kennenzulernen. Aber dann, du lieber Himmel, wurden wir von einigen Salongrößen eingeladen, und ich fühlte mich nur in meiner Menschenwürde beleidigt. Man wurde mehr oder weniger gut gespeist, saß neben jemand, dessen Name auch in den Zeitungen erschienen war, die Wirtin wußte nicht, was oder wer man war, verwechselte einen mit jemand anders und scheuchte einen, nachdem man gefüttert worden war, weg wie lästiges Hühnervieh. Das war alles. Daher gingen wir kaum irgend wohin.

Wie gut sie sich mit uns hätten unterhalten können, haben diese Leute nie begriffen, wahrscheinlich hatten sie das Zeug dazu nicht in sich. Lawrence und ich blieben also meist allein.

Einmal fragte mich ein Freund:

»War es denn nicht sehr schwierig, da doch Lawrence und Sie aus verschiedenen Klassen kommen? War das tägliche Zusammenleben nicht erschwert, hat Ihre Empfindlichkeit nicht gelitten?«

Ich weiß nicht, ob es sein Geist war oder weil er aus dem Volk kam – jedenfalls war seine Rücksicht gegen mich zarter und feinfühliger, als ich es je für denkbar gehalten hätte.

Einmal hatte ich mir den Kopf gegen einen Fensterladen gestoßen und war ein wenig betäubt. Lawrence konnte sich an Mitgefühl und Zärtlichkeit nicht genug tun. Das erstaunte mich, bisher hatte sich, wenn ich mir weh getan hatte, niemand besonders aufgeregt, und ich hätte auch nicht gewußt, warum. Nun war es ein besonderes Wunder, so in Zärtlichkeit eingehüllt zu sein.

Der Krieg

Dann kam für uns beide ganz aus heiterm Himmel der Krieg. Lawrence war gerade mit zwei Freunden auf einer Fußreise im englischen Seengebiet und ich in London. Als Lawrence wieder da war, frühstückten wir mit einigen Freunden, und ich erinnere mich, wie Eddie March sagte: »Es wird Krieg geben, fürchten wir, es sei denn, daß das Auswärtige Amt und Earl Grey ihn heute abend abwenden können.«

Wir konnten es uns nicht vorstellen... Krieg... Winston Churchill aber hatte nur gesagt: »Wieder dieser verfluchte Friede.«

Und dann wurde der Krieg erklärt. Zuerst schien das nur aufregend. Aufregend, weiß Gott! Niemand ahnte damals, welche Hölle, welche tiefste Dämonie losgelassen war.

In Charing Cross sahen wir Soldatenzüge abfahren. Die Frauen nahmen mit blassen und gespannten Gesichtern Abschied, sie wollten tapfer sein und nicht weinen. Ich weinte über diese fremden Frauen und ihren Kummer. Lawrence schämte sich meiner Tränen.

Er war kein Pazifist, er hat sein Leben lang gekämpft. Aber diesen Weltkrieg, seine unmenschliche, mechanische, bloße Zerstörung verdammte er mit allen Kräften. Zerstörung zu welchem Zweck? Als dann Lloyd George zur Macht kam, verlor Lawrence alles Zutrauen zum Geist seines Vaterlandes –

Lloyd George, der so unenglisch war, sollte das Prestige Englands vertreten. Es schien unglaublich!

Krieg, immer mehr Krieg! Eine ungeheure Katastrophe, der Untergang allen menschlichen Anstandes – so fühlte Lawrence. Ich konnte nur Angst fühlen – alle niederen Instinkte entfesselt, alle Sicherheit entschwunden.

Eines Abends kamen wir auf dem Rückweg von einem Besuch bei Freunden auf der Heide von Hampstead in eine dichte Menge.

Am Himmel hing, verschleiert und furchterweckend zwischen den Wolken ein Zeppelin. »In diesem Zeppelin«, dachte ich, »sind vielleicht Männer, mit denen ich getanzt, Jungen, mit denen ich gespielt habe, und jetzt kommen sie, um Tod und Zerstörung zu bringen. Und wenn diese finstere Menge wüßte, daß ich eine Deutsche bin, würden sie mich in ihrer Angst in Stücke reißen.« Traurig gingen wir nach Hause, wir waren so hilflos, allen Schrecken preisgegeben.

In Berkshire mieteten wir ein kleines Häuschen. Mißtrauen war überall. Selbst als wir Brombeeren in den Hecken suchten, tauchte ein Polizist hinter den Büschen auf und wollte wissen, wer wir seien. Warum haben so viele Leute in Lawrence, der in seinen Schriften so mutig ans Licht tritt, eine finstere Gestalt gesehen? Nicht in ihm, in den andern war die Finsternis. Es gibt heut noch eine Frau, die sich rühmt, daß sie uns als Spione aus Cornwall vertrieben hat.

Freunde wohnten in unserer Nähe, eine Stunde zu Fuß entfernt hatten Murry und Katherine ihr Häuschen. In den dunklen Winternächten gingen wir zu ihnen hinüber durch entlaubte Wälder und Felder von abgestorbenem Kohl mit seinem fauligen Geruch.

Zu Weihnachten schmückten wir unser kleines Haus prächtig mit Stechpalmen und Mistel, wir kochten und brieten und sotten und buken und verlebten ein fröhliches Fest mit unsern Freunden. Wir tanzten auf dem wackligen Fußboden, Gilbert sang erhobenen Hauptes: »Gleich dem Adler, gleich dem Adler hoch im Himmel.« Katherine trug mit langem, lächerlichem Gesicht diese traurigen Verse vor:

Ich bin ein Pechvogel,
Ich bin ins Kellerloch gefallen,
Ich habe das Bein gebrochen,
Und habe drei Monate sitzen müssen.
Wegen Kohlen klauen.
Ich bin ein Pechvogel,
Wenn es den ganzen Tag Suppe regnet
Hätte ich keinen Löffel,
Nur eine Gabel.

Sie sang auch:

Ton sirop est doux, Madeleine,
Ton sirop est doux.
Ne criez pas si fort, Madeleine,
La maison n'est pas a nous.

Die Melodie gefiel mir. Damals waren wir auf Jahre hinaus das letztemal wirklich lustig.

Im Frühjahr waren wir in Sussex zu Besuch. Dort erfuhr ich, daß mein Vater gestorben war. Ich sprach mit niemandem davon, sondern behielt es für mich. Als ich es Lawrence erzählte, sagte er: »Du hast doch nicht annehmen können, daß du deinen Vater dein Leben lang behältst?«

225

In jener Zeit lud Bertrand Russell Lawrence nach Cambridge ein, der sich viel von diesem Beuch versprach. »Was tun sie dort? Was haben sie gesagt?« fragte ich, als er zurückkam.

»Na, am Abend haben sie Portwein getrunken und sind im Zimmer auf und ab gegangen, und dann haben sie über die Lage auf dem Balkan und ähnlichen Dingen gesprochen, von denen sie nichts verstehen.«

Wir hatten Lady Ottoline Morell kennengelernt. Sie hat auf das Leben von Lawrence großen Einfluß gehabt. Ihre gründliche Bildung, ihr schönes Heim »Garsington«, ihre soziale Stellung haben ihm viel bedeutet. In jenen Tagen war mein Gefühl: Vielleicht sollte ich Lawrence ihrem Einfluß überlassen. Was könnten sie zusammen alles für England tun. Ich bin machtlos und ein »Hun«, eine Hunnin, und bedeute nichts. Garsington war während des Krieges eine Zuflucht für viele und eine Stätte der Freiheit in jenen unfreien Tagen.

Später hatten wir eine kleine Etage in einem Londoner Vorort. »The Rainbow« – »Der Regenbogen« – erschien und wurde verboten. Mir war zumute, als sei ein Mord geschehen, Mord an einer neuen Lebensäußerung auf dieser Erde. Ich hatte mir eingebildet, das Buch werde freudig als Erholung von dem üblichen langweiligen Zeug begrüßt werden, als Weg zu neuen und unbekannten Gebieten. Lawrence hatte es mit voller, ringender Seele geschrieben. Und nun wurde es verdammt. Niemand stand dafür ein – welche Bitterkeit. Sie sagten, er sei liebestoll. Selbst jetzt begriffen die Menschen noch nicht, was Männer wie er für den Kern des Lebens tun, was er tat, um den gefallenen Engel der Geschlechtlichkeit zu retten. Die Geschlechtlichkeit war in den Rinnstein gefallen, sie mußte herausgezogen werden. Was für eine Qual war es, die Flamme in ihm zu kennen und sie von seinen Mitmenschen erstickt zu sehen. »Ich will nie mehr ein Wort, wie ich es wirklich meine, schreiben«, sagte er in seiner Bitterkeit, »sie sind nicht gut genug dafür.« Eine Zeitlang war die Flamme in ihm erloschen.

Nicht für sehr lange konnte es sein. Mit Freude denke ich an ein Wort von Frere: »Lawrence ist wie ein Mann, der so weit vor uns auf der Straße geht, daß er klein erscheint.« Und angesichts seiner Kritiker kommen mir die Worte des Heraklit ins Gedächtnis:

»Die Epheser würden gut daran tun, sich zu erhängen, alle, die erwachsene Männer sind, und die Stadt bartlosen Knaben überlassen, denn sie haben den Hermodorus, den Besten unter ihnen, verjagt, sagend: ›Wir wollen keinen, der der Beste ist, unter uns. Gibt es einen solchen, so möge er es woanders und bei andern sein.‹«

Die Besten wurden während des Krieges so behandelt. In jenen dunklen Tagen ging es mir schlecht. Selbstverständlich mußte ich unter den gequälten und gereizten Stimmungen von Lawrence leiden. Seine Liebenswürdigkeit war verschwunden, und zeitweise wandte er sich gegen mich so wie gegen die übrige Welt. Er war krank geworden. Nirgends gab es ein wenig Hoffnung oder Fröhlichkeit. Er mochte die Vorstadt und unsere Wohnung nicht, er mochte mich nicht und niemanden ... und überall war Krieg ...

In Cornwall, bei Zennor fanden wir Tregerthen Cottage. Wie wir es nun schon gewohnt waren, wandelten wir es aus einer Granithöhle zu einer bewohnten Behausung um. Es kostete fünf Pfund Miete im Jahr.

Wir hatten es reizend hergerichtet, die Wände hatten wir sehr matt rosa und die Schränke leuchtend blau gestrichen. Das war im Vorraum, der klein, aber von guten Verhältnissen war.

Auf dem hübschen Kamin standen zwei Steingut-Figuren, »Jasper und Bridget«, die zu Markte ritten. An der Wand hing eine schöne Stickerei, die Lady Ottoline Morell nach einer Zeichnung von Duncan Grant gearbeitet hatte – ein Baum mit großen hellen Blüten, Vögeln und Tieren.

Hinter dem Vorzimmer lag die dunkle holprige Spülküche, und oben war ein großer Raum mit dem Blick auf die See, ähnlich der großen Kabine auf dem oberen Schiffsdeck. Wie die Winde des ungebändigten Cornischen Meeres das feste kleine Haus schaukelten und es umheulten, wie der Regen es peitschte, so daß manchmal die Türe aufsprang und Wasser hineinströmte!

Ich sehe Katherine Mansfield und Murry in einem Wagen auf ihrer hoch getürmten Habe sitzend den Weg nach Tregerthen hinunterfahren. Wie eine Auswanderin sah Katherine aus. Ich liebte ihre kleinen Jäckchen, besonders das seine, das schwarz-golden, gleich einer Biene war.

Es war lustig, mit den Murrys gut gearbeitete Möbel für ein paar Schilling in St. Ives zu kaufen. Die Fischer schlugen ihre hübschen alten Sachen los, um sich modernes Zeug anzuschaffen. Unsere Einkäufe kamen mit Stricken auf einen wackligen Karren gebunden an, der die holprige Straße hinunterschaukelte. Ich glaube, unser bester Kauf war eine Bettstelle von guten Maßverhältnissen, die wir für einen Schilling bekamen. Dann brach in unserm und im benachbarten Häuschen der Murrys geradezu eine Raserei aus: Wir strichen Stühle an, polierten Messing, richteten alte Uhren her und stellten Teller auf; wir wollten unsere Schätze zur Geltung bringen. Als die Einrichtung fertig war, wanderte ich öfter mit Katherine nach Zennor; starken Wind haßte sie und trat mit dem Fuß dagegen. Später saßen wir zwischen den Fingerhüten in der Sonne und unterhielten uns, wie tapfere Indianer, sagte sie. Wir arbeiteten gern zusammen. Ich sehe ihre runden Augen, als Murry die Stühle mit Fußbodenlack schwarz anstrich, und sie sagte: »Sieh mal der Leichenzug von Stühlen!«

Katherine, Lawrence und Murry hatten sich einen Ort ausgedacht, einen wunderbaren Ort, wo wir alle in vollkommener Seligkeit leben würden, er hieß Rananim. Lawrence dachte an den neuen Geist des Lebens, den wir versuchen wollten, dort zu verwirklichen. Murry dachte an das Schiff und seine Ausrüstung, das uns zu unserer Insel Rananim bringen sollte. Katherine sah all die bunten Bündel, die wir mitnehmen mußten; stundenlang konnten wir von Rananim reden.

Noch lag so viel, so unermeßlich viel und Wunderbares vor uns allen. Damals waren wir unbekannte Habenichtse und doch so reich an Träumen und Fröhlichkeit. Aber dann wieder lehnte Lawrence all das in dem Gefühl ab, daß seine Träume bedeutungslose Hirngespinste seien, daß die einzige Wirklichkeit der Krieg sei, der alles überwältigte. Unerbittlich versuchte seine Seele zu verstehen, aber zum Schluß konnte sie nur an ihrem Glauben festhalten, an ihrem allereigensten unbekannten Gott. Er mußte sich durchkämpfen, das wußte ich, und ich wußte – so unglücklich er mich machte –, daß hier ein Mann um seiner Idee willen litt. Er wollte die Menschen so, wie sie aus der Hand des Herrn kamen, nicht sie vergewaltigen, sondern sie mit leichter Hand ihrer Eigenart gemäß dem Leben einfügen. So hat er niemals von mir erwartet, so arm wir waren, daß ich für ihn abschrieb, weil es mir zuwider war. »Die Menschen sollten tun, was sie freut, dann wird es gut«, sagte er.

Im ersten Jahr war Cornwall noch nicht ganz vom Krieg verschlungen, aber bedächtig wie ein Krake mit langsamen todsicheren Fangarmen kroch der Kriegsgeist heran, umspannte uns. Angst und Argwohn umgaben uns. Man atmete wie in verpesteter Luft, ging wie auf Sumpfboden.

Einmal saß ich mit Lawrence auf den Felsen an der See, nicht weit von unserm Häuschen in Tregerthen. Ich war von Sonne und Luft berauscht und mußte aufspringen und laufen; mein weißes Schultertuch wehte im Wind. »Halt es fest, halt es fest, du Schaf, du Schaf!« schrie Lawrence. »Begreife doch, daß sie glauben werden, du gibst dem Feind Zeichen!«

Ich hatte den Krieg einen Augenblick lang vergessen.

In St. Ives wohnte ein unglücklicher Polizist, der mußte unzählige Male zu unserm Häuschen heraufwandern, um immer wieder die Papiere von Lawrence durchzusehen, ob er auch wirklich Engländer und sein Vater sicher Engländer sei und die Mutter eine Engländerin.

Dieser Polizist sagte mir einmal: »O Madam, wenn ich sagen dürfte, was ich denke, aber ich trau' mich nicht!« Er nahm gern die Bohnen und Erbsen von unserm Feld an, das Lawrence mit William Henrys, des Farmersohns Hilfe gepflügt und mit Gemüsen eingesät hatte. Sie gediehen großartig, viele Leute holten ihr Gemüse während des Krieges von diesem Feld.

Wir hatten so wenig Geld, da niemand in jenen Tagen, wo Kriegsgewinnler und ähnliche Leute aufkamen und triumphierten, Lawrence und seine Leistung zu brauchen schien. Einmal schrieb er an Arnold Bennett: »Ich höre, Sie halten viel von mir und meiner Begabung, geben Sie mir eine Arbeit!«

Arnold Bennett antwortete: »Ja, ich halte viel von Ihnen und Ihrer Begabung, aber das ist kein Grund, warum ich Ihnen Arbeit verschaffen sollte.«

Der Krieg schien Lawrence zur Verzweiflung zu treiben. Er mußte sich zur Musterung stellen und erzählte mir nachher davon. »Du kannst dir nicht vorstellen, wie rührend all diese Männer, die nur ihr Hemd anhatten, ausgesehen haben!« Wie froh war er, zu seinem Häuschen und mir zurückzukommen!

Lawrence liebte die Leute von der benachbarten Tregerthen Farm. Ihre keltische Art bezauberte ihn. Stundenlang konnte er sich mit William Henry, dem hübschen, rötlichen Sohn des Farmers unterhalten. Damals schien er sich von mir abzuwenden – vielleicht weil etwas Deutsches in mir war. Ich fühlte mich völlig allein auf dem wilden, cornischen Moor in der kleinen Granithütte. Oft verließ er mich am Abend, um zur Farm zu gehen, wo er seine Zeit in Gesprächen mit William verbrachte und Stanley, dem jüngeren Sohn, französische Stunden gab.

Manchmal flog des Nachts die Türe auf, es schien, als stürmten die alten Geister und Gespenster des Ortes in mein kleines Haus. In der Einsamkeit glaubte ich die Stimmen der jungen Männer zu hören, die mir von den Schlachtfeldern her riefen: »Hilf uns, hilf uns, wir sterben, wir sterben!« Verzweiflung war durch die Nacht herein geweht. Ich dachte, daß in der Vergangenheit Frauen wie die heilige Katharina von Siena Geschehnisse beeinflußt hatten, aber was konnte heute eine Frau tun, um diese Lawine aufzuhalten oder abzulenken?

Und dann kam Lawrence streitsüchtig nach Hause, als sei er mir böse, weil auch ich traurig und hilflos und ohne Hoffnung war. Erst ganz zuletzt und aus äußerster Verzweiflung erhob sich eine Hoffnung und ein Glaube. Doch die äußere Welt wurde jeden Tag gemeiner.

Einmal kam ich mit einem Brotlaib im Rucksack von Zennor zurück. Küstenwächter stürzten plötzlich hinter einer Hecke auf uns zu und befahlen: »Öffnen Sie den Rucksack, Sie haben eine Kamera darin!«

Ich konnte fühlen, wie es Lawrence vor Wut übel wurde, riß den Rucksack auf und hielt ihnen das Brot unter die Nase. Und wenn sie mich im nächsten Augenblick gehängt hätten – was sie sicher gern getan –, ich mußte ihnen meine Geringschätzung zeigen.

Kein Wunder, daß Lawrence, der selbst so freimütig offen auftrat, zeitenweise halb wahnsinnig wurde über die versteckte Niedrigkeit um uns. Ich wußte, daß ihn ein Gefühl der Hoffnungslosigkeit überkam, als sei, woran er geglaubt, völlig verloren, er, der sich kraft seiner Begabung für den Geist seines England verantwortlich wußte, dessen Bestimmung es war, England eine neue Richtung zu geben.

Wenn nur der Krieg hätte ein Ende nehmen wollen. Aber er ging weiter und war überall unentrinnbar gegenwärtig. Eines Abends saßen wir nach dem Abendessen in Bosigran Castle, der Besitzung von Cecil Grey, als es klopfte und drohend vier Küstenwächter in der Türe standen: »Sie zeigen Licht!«

Zu Greys Bestürzung stimmte es. Er hatte eine neue Haushälterin aus London; das Licht ihres Zimmers konnte von der See her gesehen werden. Ich zitterte vor Angst; schon einmal war ich verdächtigt worden, deutsche Unterseeboote mit Proviant zu versorgen – dabei waren wir damals so arm, daß wir nicht mehr als einen Zwieback am Tag hätten liefern können.

Geheimen Spaß machte es mir, daß unsere Küstenwächter alle mit Kot bedeckt waren. Sie waren in einen Graben gefallen, als sie unter den Fenstern gehorcht hatten. Zum Glück hatte Grey einen Onkel, der Admiral war. Das rettete ihn und uns.

Ein paar Tage später kam ich von Bosigran Castle nach Hause. Lawrence war fort, er war nach Penzance gefahren. In der Dämmerung betrat ich allein das Haus. Sofort fühlte ich instinktiv, von Furcht überwältigt, daß etwas geschehen sei. Mit zitternden Knien lief ich zur Farm. Ja, wurde mir gesagt, zwei Männer hätten nach uns gefragt. Mir ahnte Übles, trotzdem Lawrence, als er später zurückkam, meine Furcht nicht teilte.

Früh am nächsten Morgen aber erschienen ein Kapitän, zwei Detektive und mein Freund, der Polizist. Der Kapitän las uns eine Verfügung vor, wonach wir die Grafschaft Cornwall binnen drei Tagen zu verlassen hätten. Lawrence, der so leicht außer sich geriet, blieb ganz ruhig. »Aus welchem Grund?« fragte er.

»Das wissen Sie besser als ich«, antwortete der Kapitän.

»Ich weiß es nicht«, erwiderte Lawrence.

Dann durchsuchten die beiden schrecklichen Detektive unsere Schränke, Betten, Kleider usw., während ich, töricht genug, voll Wut loslegte. »Da hast du deine englische Freiheit – wir leben hier harmlos und tun niemandem etwas zuleide, und diese Kreaturen haben das Recht, hereinzukommen und unsere Sachen zu durchwühlen.«

»Schweig«, rief mir Lawrence zu. Er war furchtbar ruhig, aber das Schwert seines Englands hatte seine Seele erneut durchbohrt, ich wußte, er litt mehr als ich.

Im Hintergrund stand voll Mitgefühl mein Freund, der Polizist. Wie traurig war ich und wie verzweifelt! Doch da war nichts zu machen – wie zwei Verbrecher verließen wir Cornwall. Als wir so verjagt wurden, hat sich etwas in Lawrence für immer verändert.

Eine Freundin lieh uns in London ihre Wohnung, in der ein großer Raum war. Richard Aldington war gerade auf Urlaub, wir kamen des Abends zusammen und waren sehr lustig. Woher wir den Mut nahmen, so ausgelassen zu sein, weiß ich nicht.

Lawrence erdachte wunderbare Scharaden. Einmal führten wir den Garten Eden auf, Lawrence war Gott Vater, Aldington mit einer großen Chrysantheme war Adam und ich, nicht ohne leisen Schreck über meine Rolle, die Schlange. Einige Tage darauf lud uns Cynthia Asquith in die königliche Loge in Covent Garden, die ihr von Lady Cunard zur Verfügung gestellt war. Sehr wenig Menschen wollten damals mit uns verkehren, ich war eine Hunnin und Lawrence unerwünscht.

Es war die Zeit der Luftangriffe auf London, die den Nerven viel zumuteten. Während der Angriffe sollte man sich im Keller aufhalten, aber Lawrence weigerte sich, er blieb im Bett. Es war ja auch mit all den andern bedrückten Menschen da unten im Keller recht trübselig. Ich verbrachte also Nächte damit, die Treppen auf und ab zu rennen und Lawrence anzuflehen, in den Keller zu kommen. Er tat es nie.

Unter unserer gelegentlichen Fröhlichkeit verbarg sich dumpfe Bitternis. Lawrence erboste seine Hilflosigkeit gegenüber diesem Lavastrom, der allem Besten im Menschen den Tod brachte. Wieder hatte ich viel zu erleiden. Es war eine Qual zu leben, mit ihm zu leben. Ich kam mir verloren und ausgestoßen vor, eine Belastung und Erschwerung für Lawrence, ich die Hunnin im fremden Land!

Endlich gingen wir nach Hermitage in Berkshire. Dort ist die Landschaft friedlich und sehr englisch. Unser einfaches Leben in dem kleinen Haus wirkte heilend auf ihn.

Ich sah meinen Sohn, der militärisch ausgebildet wurde. Es schien mir entsetzlich, daß er gegen seine eigenen Verwandten kämpfen sollte, ich schlug ihm vor: »Laß mich dich irgendwo verstecken, du sollst nicht in diesem Krieg umkommen!« Er jedoch war empört.

Die ganze Zeit verfolgten uns Detektive, Detektive waren

sogar zu meinem ersten Mann gekommen, um ihn über mich auszuholen.

Während wir in Berkshire waren, kam der Waffenstillstand – der Friede kam, hätte ich beinahe gesagt. Aber es war kein Friede, ist noch kein Friede. Der Krieg hat nicht den Frieden gezeugt, sondern ein Drachengeschlecht von Haß und Feindseligkeit, und hat uns fast nur den Tod als rein und erstrebenswert hinterlassen.

Lawrence und meine Mutter

Lawrence und meine Mutter waren einander sehr zugetan. Sie war für uns, ihre drei Töchter eine wunderbare Mutter. Wir waren sehr verschieden, aber sie half und verstand uns und war in allen Nöten, an denen es uns dreien nicht fehlte, immer für uns da. All den schrecklichen Lagen, in die wir gerieten, war sie gewachsen. Meine Schwester Johanna hatte entzückende Bezeichnungen für unsere Mutter, etwa Goldfasänchen – sie, die elegante Weltdame war zärtlich wie ein Kind zu ihr, die sich an ihr erfreute, nur halb mißtrauisch fragte: »Was willst du jetzt wieder?«

Schon sehr früh hatte die Mutter mich mit der Welt der Dichtung vertraut gemacht, den Sinn dafür habe ich von ihr.

In der Zeit nach dem Krieg wurden Lawrence und meine Mutter besonders gute Freunde. Sie wohnte in ihrem Stift in Baden-Baden, wo ältere Damen, meist Witwen von höheren Beamten und Offizieren, ein würdevolles Leben führten. Wir hatten uns dort tadellos zu benehmen, nur in den hübschen Zimmern meiner Mutter brach, besonders bei Johanna und mir, die ganze Unbändigkeit unserer Kinderzeit aus. Lawrence saß beglückt auf dem kleinen roten Sofa, während meine Mutter versuchte, ihn mit all den Dingen, die er mochte, zu füttern, mit Pumpernickel und Trüffelwurst. Nach dem Tee spielten wir mit Leidenschaft Whist.

Manchmal, wenn Lawrence sich über mich beklagen wollte, sagte sie: »Ich kenne sie länger als du, ich weiß, wie sie ist.«

In den Wäldern über dem alten Schloß schrieb er sein: »Phantasia of the Unconscious« – »Spiel des Unbewußten« – Wir wohnten in einem primitiven kleinen Gasthaus in Ebersteinburg. Einmal, als wir gerade Gäste hatten, flog ein Huhn in die Suppenschüssel!

In Ebersteinburg ging er des Morgens mit seinem Schreibheft und seiner Füllfeder in den Wald; dort fand ich ihn später dicht an einer hohen Tanne sitzend. Es war, als helfe ihm der Baum sein Buch schreiben, lasse seine Säfte in ihm aufsteigen.

Nachmittags wanderten wir hinunter zu meiner Mutter und brachten ihr wilde Blumen oder Früchte und Honig und ein bißchen Rahm, den Lawrence in jenen kargen Nachkriegszeiten für sie aufgetrieben hatte.

Unser Leben beglückte sie, es bereicherte ihr eigenes Dasein. Aber immer war es ihr eine Schreckvorstellung, daß die Damen im Stift etwa seine Bücher lesen könnten. Er war so artig zu ihnen, und wieder hieß er der Herr Doktor.

Er und meine Mutter in ihrer reifen Weisheit verstanden sich so gut; oft sagte sie zu mir: »Es ist doch erstaunlich, daß eine alte Frau einen Mann noch so gern haben kann wie ich diesen Lawrence.«

Ihre Beziehung war unbelastet und für beide eine Freude. Nur zuletzt, als meine Mutter selbst schon alt und gebrechlich war und Lawrence sehr krank, gingen sie sich gegenseitig auf die Nerven, besonders wenn sie ihn so reizbar mit mir sah. »Er dankt dir nicht, was du alles für ihn tust.« Ich selbst fühlte nicht so, mich machte es glücklich, für ihn zu tun, was ich konnte. Es war wenig genug.

Als wir uns das erstemal nach seinem Tod wiedersehen

wollten, hatten wir beide Angst davor. Sie wußte, was sein Tod für mich bedeutete, und ich wußte, was sie verloren hatte. So vermieden wir über unseren gemeinsamen Kummer zu sprechen, es bedurfte zwischen uns keiner Worte.

Einmal kam ich nach Baden, nachdem sie lange Wochen nicht hatte ausgehen können. Ich führte sie an einem jener zarten Vorfrühlingstage, die wir im Norden haben, in den ersten milden Hauch hinaus; mit Rührung denke ich daran, wie das kommende Erwachen der Erde sie zu einem fast heiligen Glück bewegte.

Nach dem Tod von Lawrence war wohl ihr Lebenswille erloschen. Weniger als ein Jahr nachdem er mir gesagt hatte: »Du hast viel Freunde, du hast noch viel, wofür du leben mußt«, erhielt ich ein Telegramm: »Komm.«

Ich reiste sofort, aber es war zu spät. Im Zug hörte ich das Geräusch der Räder: »Lebt sie noch? Ist sie tot?« Am Tor des Stiftes empfing man mich: »Die Frau Baronin ist vor zwei Stunden gestorben.« Zum letztenmal lag sie in ihrem Schlafzimmer, in das die Felsen über dem alten Schloß hineinsehen. »Dort ist für mich der Lawrence«, pflegte sie zu sagen. Zum erstenmal bewillkommte sie mich nicht mit offenen Armen. Mit dem silbernen Haar wie Distelflaum lag sie in der friedevollen Ruhe eines sanften Todes. Wir, ihre drei Töchter, standen an ihrem Totenbett. Ein halbes Jahrhundert lang hatte sie aus der Kraft und Harmonie ihrer Natur unser Leben gespeist.

Ich erinnere mich, wie meine Mutter einmal sagte: »Alle Frauen in Lorenzos Büchern sind du, immer bist du es!« Den Ausdruck ihres Gesichtes dabei konnte ich nicht deuten – war es ihr recht oder nicht?

Meine Schwester Nusch war die einzige, die sich etwas gegen Lawrence herausnehmen durfte. Sie konnte sich ihm leicht auf die Knie setzen und in ihrem gebrochenen Englisch sagen: »O Lorenzo, du bist so nett, ich mag deinen roten Bart!« Ihm war wohl in der freien, heiteren, offenen Atmosphäre von uns drei Schwestern und der Mutter. Nur wenn Nusch und ich unsere langen Weibergespräche führten, war er unzufrieden; er wollte dabei sein.

Einige Sommerwochen verbrachten wir einmal in Zell am See bei Nusch und ihrer Familie in ihrer Villa. Wir badeten und ruderten, und Lawrence schrieb dort »Captain's Doll« – »Die Hauptmanns-Puppe« –.

Eines Tages brachte uns der Jagdhüter meines Schwagers, der hoch oben in den Bergen wohnte, einen Topf mit Honig. Es fand sich, daß der Honig voller Maden war. »Hadu«, sagte Lawrence voller Wut zu meinem Neffen, »wir beide wollen den Leuten diesen Honig zurückbringen.« Also stiegen sie in der Nachmittagshitze zu der Jagdhütte hinauf, wo sie die Leute beim Essen trafen. Lawrence stellte den Topf mitten auf den Tisch und zog ohne ein Wort wieder ab. Die Bauern erstarrten.

»Ist erst einmal der Anstand, der ganz gewöhnliche Wald- und Wiesen-Anstand dahin, ist alles verloren, dann wird das Leben unmöglich«, war eines der Worte von Lawrence.

Nach dem Krieg

Der erste Schnee war gefallen, eine stille, schwarzweiße Welt liegt vor mir. Das Gold des Herbstes ist verschwunden. Grüngolden war es auf den Bergen, wo die Espen sich verfärbten, das Eichenniederholz war rotgolden, und goldgelb leuchteten die großen Sonnenblumen die Straße nach Taos entlang. Der Beifuß blühte mattgelb, Stoppeln und Lichtungen waren gelb von kleinen Sonnenblumen. Die Berge glichen Tigern mit ihren Streifen von Gold und dunklen Tannen. Jetzt ist diese goldene Welt dahin, Frost und Schnee haben sie verschwinden lassen. Ich schreibe in der Sonne auf dem verschneiten Hügel hinter den Hütten, wo die Indianer ihr Lager hatten, wo Lawrence und ich vor Jahren im Sommer schliefen; wieder hat ein graues Eichhörnchen sich scheltend gegen die Störung gewehrt – ob es wohl dasselbe ist? Von den Zedern, die vom Treiben der Vögel lebendig sind, tropft der Schnee, in der Wüste unten ist er fort. Die schwarzweißen Schweine folgen mir grunzend, die schwarze Katze, die zierlich hinter mir trippelt, steht glänzend gegen das Weiß, von dem die Ponys sich wie buntbemaltes Spielzeug abheben. In der Schlucht habe ich Spuren von wilden Truthühnern, Rehen und Bären gesehen. Wie weit liegt jener englische Herbst in Berkshire mit seinen Brombeerhecken und Wiesen und den matten Sonnnenuntergängen hinter dem Filigran nackter Bäume, zu dem ich mich wieder wende.

Lawrence, der so bald nach dem Krieg nicht nach Deutschland will, lasse ich zurück. Meine Reise ist ein wirrer Angsttraum, meine Koffer werden gestohlen. Ich komme nach Baden, glücklich, meine Schwestern und meine Mutter wiederzusehen – aber die vielen, vielen Toten, die unser Leben und unsere Jugend gewesen waren. Ein trauriges, ein anderes Deutschland!

Wir hatten alle so viel gelitten, so viel verloren. Und Geld war knapp geworden.

Unterdessen war Lawrence nach Florenz gefahren, wohin ich ihm folgte. Ich kam vier Uhr morgens an. »Du mußt mit mir durch die Stadt fahren«, sagte er, »ich will sie dir zeigen.« Wir fuhren im offenen Wagen, ich sah den blassen, hingekauerten Dom, den Giotto-Turm, dessen Spitze im dichten Mondnebel verschwand, wir kamen am Palazzo Vecchio mit dem David des Michelangelo und den Standbildern der vielen Männer vorbei. »Das ist eine Männerstadt«, sagte ich, »nicht wie Paris, wo alle Statuen Frauen sind.« Den Lungarno fuhren wir entlang und über den Ponte Vecchio, und immer ist seit jener Mondnacht Florenz für mich die schönste der Städte geblieben, die zarte, blumengeschmückte Lilienstadt.

Von Florenz gingen wir nach Capri. Ich mochte Capri nicht, die Insel war so klein, sie bot fast nicht Raum für all den Klatsch, der dort gedieh. Lawrence fuhr deshalb nach Sizilien und mietete Fontana Vecchia, eine einfache aber geräumige Villa außerhalb von Taormina für uns. Nach dem Krieg war diese Zeit in Sizilien wie ein Wiedererwachen zum Leben.

Fontana Vecchia gehörte zu einer ausgedehnten Besitzung, einem »podere«. Auf dem felsigen Abhang, der sich zum Meer senkte, lagen große »vasche«, Tümpel von sumpfigem Wasser, aus denen die Zitronen und Orangenbäume getränkt wurden. Frühe weiße und rosige Mandelblüten, Asphodelos, wilde Narzissen und Anemonen fanden wir auf unsern Spaziergängen, nichts entging Lawrence, wir wurden nicht müde, neue Herrlichkeiten zu entdecken.

Bauern ritten laut singend unsern steinigen Pfad entlang, Hirten trieben ihre Ziegen vorüber, sie bliesen die Rohrflöte wie in den Tagen der Griechen. In unserm Garten stand ein alter griechischer Tempel, dem Ätna gegenüber lag das wunderbare griechische Theater von Taormina. Eine herrliche Bühne für ein Schauspiel – freilich kein modernes! Wie sehr hätte mich verlangt, einen der alten Großen, Sophokles vor allem, dort aufgeführt zu sehen!

Die aufgehende Sonne schien gerade auf unsere Betten, den ganzen Winter hatten wir Rosen; wir lebten im Gleichklang eines einfachen Lebens, standen früh auf, dann schrieb Lawrence oder half im Haus, pflückte Mandarinen von den kleinen runden Bäumen im Garten, sah nach den neugeborenen Zicklein. Darauf kam die Mahlzeit, Spülen, den Boden aufwischen und Wasser aus dem Trog an der Mauer holen, wo die große gelbe Schlange aus ihrem Mauerloch hinkam, um zu trinken.

Die alte Grazia besorgte unsere Einkäufe; es machte mir großen Spaß, zuzusehen, wie Lawrence und sie miteinander abrechneten, wie ihr schlaues altes Sizilianergesicht ihn beobachtete, um wieviel sie ihn wohl beschwindeln dürfe.

»Ein bißchen beschupsen darf sie mich, aber nicht zu sehr«, sagte er und hielt sie fest im Zaum.

Wo Lawrence hinkam, machte er die Umwelt lebendig. In der Fontana Vecchia kochten wir meist auf Holzkohlenfeuer, aber sonntags zündete er den großen Küchenherd für mich an, und ich, die inzwischen eine ganz gute Köchin geworden war, buk Kuchen und Torten, große und kleine, süße und Fleischpasteten und baute sie auf der Anrichte im Eßzimmer auf. Das nannte ich Mrs. Beetons Ausstellung, nach dem bekannten Kochbuch.

Einmal frühstückten wir mit drei Freunden in deren Villa. Es war ein lustiges Frühstück, wir tranken einen weißen Wein, der harmlos schien, aber nicht war. Auf dem Heimweg spürte ich seine Wirkung, hatte sie aber rasch überwunden.

»Wir müssen eilen, denn die zwei englischen Damen kommen ja zum Tee.« So eilten wir nach Hause; unglücklicherweise spürte Lawrence den weißen sizilianischen Wein erst später. Die sehr englischen Damen erschienen; er war ungeheuer freundlich und vertraulich mit ihnen. Ich versuchte, ihn am Ärmel zu zupfen und flüsterte: »Zieh dich zurück!« Umsonst! »Was hast du? Warum soll ich weggehn?« antwortete er.

Ich sah, daß die beiden Besucherinnen unruhig wurden und aufbrechen wollten. »Nein, nein, Sie müssen noch ein paar Mimosen mitnehmen« bedrängte sie Lawrence. Also ging er mit ihnen durch den Garten, versuchte auf einen niederen Mimosenbaum zu klettern und fiel herunter. Die Damen eilten davon.

Am nächsten Tag war er geknickt; als er eine der Damen traf, versuchte er sich zu entschuldigen, aber sie blieb sehr steif. »Sie soll zum Teufel gehn«, sagte er nachher.

Dieser Zwischenfall mag wohl Anlaß zu dem Gerücht gegeben haben, Lawrence sei ein Trinker. Armer Lawrence, der von Natur so enthaltsam war, der sich Wein nicht hätte leisten können, selbst wenn er gewollt hätte. In unserm ganzen gemeinsamen Leben habe ich ihn nur zweimal berauscht gesehen.

Wir blieben während des Sommers in Taormina. Ich erinnere mich, wie er einmal in der Badehose auf den Maulbeerbaum stieg, um die köstlichen Früchte zu pflücken. Sie waren so überreif, daß der rote Saft über ihn hinrieselte; er glich einer jener realistischen Christusgestalten, die wir vor Jahren in den Alpen gesehen hatten.

In der Fontana Vecchia schrieb er: »Birds, Beasts and Flowers« und »The Lost Girl«. Unmittelbar nachdem wir von Sardinien zurückkamen, schrieb er in ungefähr sechs Wochen »Sea und Sardinia«. Ich glaube, daß er kein Wort am Manuskript geändert hat; mir scheint, als habe er jede Minute dieser kleinen Winterreise mit erstaunlicher Genauigkeit geschildert. Seine anderen Werke, besonders die Romane, hat er mehrere Male geschrieben, wenigstens zum Teil. Manchmal gefiel mir die erste Fassung am besten, aber ihn erfüllte eine bestimmte Idee, er wußte die Form, in der sie sich ausdrücken sollte.

Eines Tages fand ich das Manuskript von »Sea and Sardinia« im W. C. der Fontana Vecchia. »Aber warum hast du das getan, es ist doch so hübsch geschrieben und ordentlich?« fragte ich. Ich hatte damals keine Vorstellung von dem Wert, den diese Blätter einmal haben würden, nur ihr klägliches Ende tat mit leid. Aber nein, er hatte die Leidenschaft, was er geschrieben hatte, zu zerstören. Es war ihm verhaßt, Persönliches preiszugeben. »Ich möchte alles, was ich geschrieben habe, verbrennen. Gedruckt ist es was anderes.«

So wollte er auch Lawrence, den Privatmann, von Lawrence, dem Schriftsteller, dem Mann der Öffentlichkeit auseinandergehalten haben. Mit wildem Eifer verteidigte er seine Zurückgezogenheit. Am liebsten verkehrte er mit Menschen, die nichts von ihm wußten, über seine Arbeiten sprach er ungern: »Sie mögen sie ja doch nicht«, sagte er.

Aber ich las jeden Tag, was er geschrieben hatte, es war die Frucht unseres täglichen Lebens. Ich mußte es in mich aufnehmen und mußte Gefallen daran finden. Dann war er zufrieden und fragte nichts nach der Zustimmung der übrigen Welt. Was er schrieb, dessen war er sicher, er hatte es gelebt.

Reisen mit ihm – das bedeutete in jedem Augenblick ein neues eindringliches Erlebnis.

Von Fontana Vecchia aus verließen wir also wirklich zum erstenmal Europa.

Viel haben wir mit dem wenigen Geld, das wir hatten, getan. Immer wieder ein Heim gegründet und es wieder aufgelöst. So auch unsere geliebte Fontana Vecchia. Wir fuhren nach Palermo, wo die wilden Facchini sich auf unser Gepäck stürzten; ich sehe noch Lawrence, wie er eben so wild im Gedränge mit dem Regenschirm um sich schlug. Es war Mitternacht, ich fürchtete mich.

Ein amerikanischer Freund hatte mir die Seitenbretter eines sizilianischen Karrens geschenkt, nach denen ich mich immer gesehnt hatte. Sie waren in bunten, harten Farben bemalt, auf dem einen war ein Turnier, auf dem andern die heilige Genoveva dargestellt. Ich war beglückt darüber. Lawrence sagte: »Du hast doch nicht etwa vor, mit diesem Gegenstand nach Ceylon zu reisen?«

»Bitte, bitte laß mich!« flehte ich ihn an. Also ließ er mich, und wir fuhren nach Neapel ab. Im dortigen Hafen wurden wir in unser P. & Q.-Schiff nur so hineingeschleudert, wir wären fast zu spät gekommen, das Fallreep wurde unmittelbar hinter uns hochgezogen.

Wie wir diese Reise genossen haben! Jeder fühlt sich frei und für eine Weile ohne Verantwortung; da sind Ehegatten, die zueinander reisen, Leute, die voll Spannung auf kommende

Wunder nach Australien fahren. Lawrence war ganz dabei und fühlte sich wohl. Wir kamen durch den Suezkanal in das Rote Meer, das wüste, wahrhaft erschreckend wüste Arabien auf der einen Seite. Dann wachte ich eines Morgens auf; roch es nicht nach Zimt? Das Schiff legte an, wir waren in Colombo! Es war mir: »Das kenne ich ja alles, das kenne ich!« Genau wie ich es mir vorgestellt hatte, die Tropen, die wunderbaren dunklen Menschen, der üppige, heftig rasche Pflanzenwuchs – und doch, wie Lawrence mit Recht fand, ein wenig erschreckend, ein wenig abstoßend. Wir wohnten bei unsern Freunden, den Brewsters in einem großen Bungalow mit einer Schar schwarzer Diener im Hintergrund. Früh mit der Sonne standen wir auf, ich fürchtete mich immer ein bißchen vor dem Tag und seiner Hitze. Die Sonne stieg und die Hitze mit ihr. Wir machten einen Spaziergang, ich sah ein haushohes Etwas auf uns zukommen; ein Elefant, der einen großen Baumstamm trug! Sein Führer ließ ihn Salaam vor uns machen, das ungeheure Tier! Junge Eingeborene kamen, um uns und die Brewsters, die sich für Buddhismus interessierten, zu begrüßen. Lawrence wurde dann entsetzlich englisch und behandelte sie meist schlecht. Ein junger Singalese behauptete, ich habe das Gesicht einer Heiligen! Wie ich das ausnutzte und wie oft Lawrence von seiner Heiligen hören mußte! Ein phantastisches Erlebnis war das große nächtliche Fest, das dem Prinzen von Wales zu Ehren gegeben wurde. Die elegante Gestalt des Prinzen, der auf einem der Balkone des dem Heiligen Zahn geweihten Tempels saß, stand in eigenartigem Gegensatz zu der dunklen, brodelnden, tropischen Menschenmasse – Dunst der Fakkeln und ölige Ausdünstung der schwarzen Menschen. Große Elefanten um Mitternacht und die Hitze im Dunkeln. Lärm der Tomtoms, der den nächtigen Grund der Seele aufrührt. Die

Nacht kommt so schnell, die Tomtoms beginnen, wir sehen die Feuer der Eingeborenen rings auf den Bergen. Geräusch aus dem Dschungel: Geschrei und Heulen der Urwelt, der Fiebervogel, gleitendes Schlüpfen auf dem Dach und Schleichen draußen im Dunkeln. Wie konnte man in solchen Nächten ruhen, die so furchterregend wach waren!

Das Klima bekam Lawrence nicht, er fühlte sich in Ceylon nicht wohl und war nicht glücklich, wir mußten fort. Die Tropen sagten ihm nicht zu.

Ich war von dem Leben um uns bezaubert, es war wie in einem Märchen. Manchmal gingen wir in einen kleinen Juwelierladen, Casa Lebbes Nr. 1 Trincomalee Straße in Kandy, und besahen uns die Edelsteine. Der Besitzer zog einen Beutel aus weichem Leder vor, knüpfte ihn auf und ließ uns farbige Wunder von Saphiren sehen, blaue und wunderbare gelbe, Rubine und Smaragde. Lawrence kaufte mir sechs runde blaue Saphire und einen gelben, die als Blume in eine Brosche gefaßt wurden, dazu schenkte er mir noch eine kleine Schachtel mit Mondsteinen und einen Rubin. Die blaue Saphir-Blume habe ich verloren, wie so viele Dinge in meinem Leben, die Mondsteine sind verschwunden, nur der Rubin ist geblieben.

Australien lockte mich, dort wollte ich hin. Wieder zogen wir los samt Koffern und sizilianischen Karren. Nur Engländer und Australier waren auf dem Schiff nach Perth, man konnte wirklich glauben, es ginge ans Ende der Welt.

Wir blieben nur ganz kurz in der Nähe von Perth, drangen aber tief in den fremdartigen Busch ein, wo alles so unbestimmt und verschwommen ist, wie vor den Tagen der Schöpfung. Das Land war noch nicht geboren – entrückt, unbestimmt, man selbst fühlte sich dort wie noch nicht geboren. Wir wohnten bei Miss Skinner, deren Manuskript »Boy in the Bush« Lawrence durchsah und später umgearbeitet als »Jack im Buschland« veröffentlichte.

Nach ein paar Wochen fuhren wir nach Sidney. Wir legten im Hafen an – wie angenehm, nicht eine lebende Seele zu kennen!

Ein junger Offizier auf dem Schiff hatte mir gesagt: »Der Regen auf den Wellblechdächern der Schützengräben hat mich immer an zu Hause erinnert.«

Da waren sie, die Wellblechdächer von Sidney, der schöne Hafen, die wunderbare Küste des Pazifik, die Luft, die so rein und neu war. Wir blieben ein bis zwei Tage in Sidney, verwehte Vögel, die ein wenig ausruhen wollten. Dann setzten wir uns mit unserm ganzen Gepäck in den Zug und beschlossen: »Wir wollen aus dem Fenster sehen, und wo es uns gefällt, da steigen wir aus.« An der Küste war es verlockend, aber auch bedrückkend: Wir kamen an verlassenen Heimstätten vorbei. In Australien wie in Amerika macht der Anblick dieser preisgegebenen Stätten menschlicher Mühe traurig. Wir kamen nach Thirroul, um vier Uhr waren wir ausgestiegen, um sechs Uhr hatten wir einen wunderschönen Bungalow dicht am Meer bezogen. Die Zimmer waren mit Hartholz getäfelt, es gab große Zisternen für Regenwasser, ein Grasplatz senkte sich bis an den Ozean, der in einen mattblauen, zartfarbigen Himmel überging.

Aber in was für einem Zustand befand sich das Haus! Eine Familie mit zwölf Kindern hatte vor uns darin gewohnt: Betten und verstaubte Decken lagen überall umher, die Sonnensegel über den Veranden waren zerrissen, der Garten voll von Papier, die schönen Hartholzböden grau von Staub und Sand, der Teppich farblos, das Ganze eine trostlose Schmutzerei. So machten wir uns dran und putzten, putzten und räumten auf, wie wir das sooft in unsern vielen vorübergehenden Heimstätten getan hatten. Böden wurden blank gerieben, der Teppich im Garten rein gescheuert, das zerrissene Segeltuch entfernt. Das schlimmste war das Papier im Garten, Tage und Tage lasen wir Papier auf.

Aber ich war glücklich: nur Lawrence und ich in dieser Welt. Immer hat er mir eine große, weite Welt geschaffen, sie mir geschenkt, wenn er nur irgend konnte. Wo es noch das Wunder gab, haben wir es ergriffen und uns davon berauschen lassen.

In der Morgenfrühe waren die Sonnenaufgänge über dem Pazifik voll all der Herrlichkeit des Neuen, einer noch nicht geschaffenen Welt. Lawrence fing sein Buch Kangoroo an, die Tage glitten wie Träume dahin, wie Träume, die in Erfüllung gegangen sind. Das häusliche Leben lief so glatt, die Lebensmittel wurden ins Haus gebracht, besonders der Fischwagen war eine Sensation: Er wurde hinten aufgeklappt, und wie Perlen und Juwelen lagen die glänzenden Fische im Wagen, in allen Farben und Formen – wir mußten sie alle kosten.

An dem einsamen, weltentrückten Strand machten wir lange Spaziergänge, die Luft war mild und belebend, wir wurden nicht müde, stundenlang am Ufer Muscheln zu suchen, die der Pazifik sanft auf den Sand gerollt hatte.

Lawrence las andächtig das »Sydney Bulletin«, das er wegen der Geschichten von wilden Tieren und der Berichte über alltägliche Ereignisse schätzte. Die einzigen Zeitungen, die er je gelesen hat, waren der Corriere della Sera und das Sydney Bulletin. Ob das letztere wohl seinen Charakter beibehalten hat? Ich habe es seitdem nicht wieder gesehen, damals war es unsere einzige geistige Nahrung.

Ich erinnere mich, wie verblüfft ich über die Großzügigkeit der Leute auf den Farmen war, von denen wir Butter, Milch und Eier kauften: Man verlangte ein Pfund Butter und bekam ein Stück von fast zwei Pfund, statt zwei Liter Milch gab es drei – alles war verschwenderisch wie Himmel, Meer und Land.

In all diesen Monaten hatten wir gar keinen Verkehr – eine merkwürdige Erfahrung: Offenbar kümmerte sich niemand um uns. In einer Buchhandlung, merkwürdig genug in der kleinen Buchhandlung von Thirroul, fanden wir mehrere Exemplare von Lawrence' verbotenem Buch »The Rainbow«. Wir kauften eines, der Buchhändler erfuhr nie, daß der Käufer der Autor des Buches war. Australien ist wie das Hinterland der Seele.

Der Pazifik glich einem Traumgebilde, durchscheinend und schimmernd verschmolz er mit dem Himmel, der so frisch, so neu schien. Dann war eines Tages dieser Glanz der ersten Zeiten dahin, und wir erlebten ein anderes Meer der Urzeit. Ein Sturm warf die Wogen hoch in die Luft, sie stiegen am plötzlich abfallenden Strand wie riesige Fensterscheiben hoch. Ich konnte seltsame, aus der Tiefe heraufgeschleuderte Seetiere sehen, Schwertfische und phantastische Ungeheuer – unvorstellbare Tiefseegeschöpfe, erschreckende, unvergeßliche habe ich in diesen Wogen erblickt.

Und dann die Ausfahrten mit dem Pony-Wägelchen aus der ordentlichen kleinen Stadt hinaus in den Busch, in die goldenen Mimosenwälder. Viel rote Blumen gab es und gelbe Mimosen in mancherlei Arten, fremdartige Farnbäume mit zartem Laubwerk. Wir kamen an einen breiten Fluß, dem wir folgten. Er wurde zu einem mächtigen Wasserfall und verschwand. Verschwand, und wir blieben verblüfft zurück. Warum war er verschwunden, wohin war er?

Lawrence arbeitete weiter an Kangoroo und verwob seine tiefen unterbewußten Eindrücke von Australien in diesen Roman. Thirroul selbst war eine saubere kleine Bungalow-Stadt, der vornehmste Gegenstand war eine deutsche Kanone, die stählern und unangebracht dort am Pazifik funkelte.

Ich wäre gern in Australien geblieben und hätte mich in diesem noch nicht geborenen Land verloren, aber Lawrence wollte nach Amerika. Mabel Dodge hatte uns geschrieben, daß er nach Taos in Neu Mexiko kommen und die Pueblo-Indianer kennenlernen müsse, die sagen, das Herz der Welt schlüge in Neu-Mexiko.

Das gab uns ein bestimmtes Ziel, wir rüsteten für die Reise.

In einem ziemlich kleinen Dampfer mit einem wohlgenährten, lustigen Kapitän fuhren wir nach San Franzisko. Wir kamen an Raratonga vorbei nach Tahiti, immer bei wunderbarem Wetter. Nur fliegende Fische, Tümmler, der große Ozean und unser Schiff. Tahiti muß früher zauberhaft gewesen sein, jetzt war die Freude dahin. Die reizenden eingeborenen Frauen, die mir Blumen und alte Glasperlen anboten, machten mich in ihren plumpen Hängekleidern traurig. Am Abend sahen wir in einer Art Riesenscheune eine Kinoaufführung; ein ungeheuer dicker eingeborener König saß mit mehreren hübschen Weibern in einer Loge nahe bei der Bühne.

Als wir in San Franzisko ankamen, gingen wir in eine Cafeteria und wußten nicht, wie man sich dort selbst bedient.

Amerika

Voller Erwartung fuhren wir von San Franzisko nach Taos. Es war im September und die Reise durch die inneramerikanische Wüste sehr heiß. In Lamy sollte uns Mabel Dodge abholen, auf deren Veranlassung wir kamen. Als wir aus dem Zug sahen, stand da Mabel in türkisblauem Kleid mit viel silbernem, türkisbesetztem Indianerschmuck, neben ihr ein stattlicher, in eine Decke gehüllter Indianer, den breiten Silbergürtel quer über der Brust. Ich betrachtete Mabel. »Sie hat Augen, denen man vertrauen kann«, sagte ich mir. Später habe ich immer festgehalten: »Menschen bleiben, was sie sind, was sie auch gelegentlich tun mögen.«

Da in Santa Fé alle Gasthöfe besetzt waren, nahm uns ein Freund von Mabel auf, samt Koffern, sizilianischem Karren und sonstigem Gepäck. Am nächsten Morgen fuhren wir durch das weite, wunderbare wüste Land mit seiner klaren, reinen Luft. Wir kamen tief unten am Fluß durch den Rio Grande Canyon und dann hinauf auf die Hochfläche von Taos. Der Anblick der Mesa beim Aufstieg aus dem Canyon ist ein unvergeßliches Erlebnis; die unendlichen Berge umschließen sie wie ein geheimnisvoller Ring, darüber der grenzenlose Himmel.

Mabel hatte uns in ihrer Mabeltown ein Haus für uns allein eingerichtet. Es stand auf indianischem Boden und gehörte

Tony, dem indianischen Gatten Mabels, ein reizendes reinliches und sonnendurchflutetes Adobe-Lehm-Haus mit mexikanischen Decken und indianische Tänze und Tiere darstellenden Malereien.

Ein neues Leben – wir nahmen es sofort auf. Einige Meilen östlich von uns lag das Pueblo, von dort kam die Atmosphäre der Indianer, die so anders war als alles, was wir bis jetzt kannten. Beide hatten wir nicht das Bedürfnis, unsere Gefühle zu übersteigern, aber wir waren sehr glücklich.

Lawrence besuchte mit Tony die Navajo-Dörfer. Ich verbrachte die zwei Tage mit Mabel und ihrer Freundin, die mich gründlich ausfragten. Ich antwortete der Wahrheit gemäß und harmlos wie immer. Darauf wurde Mabel mit ihrer großen Energie unser Reisemarschall: Wir sahen das Pueblo, wir badeten in den heißen Radiumquellen beim Rio Grande. Mabel und Lawrence wollten ein Buch miteinander schreiben, von Mabel sollte es handeln. Das gefiel mir nicht. Meinem Empfinden nach war das Genie von Lawrence in meine Obhut gegeben. Ich fühlte mich tief verantwortlich für das, was er schrieb. Zwischen Mabel und mir kam es zum Kampf – zu einem fairen Kampf, wie ich glaube. Sie kam eines Tages herüber und sagte mir, sie fände nicht, daß ich die richtige Frau für Lawrence sei und ähnliche verblüffende Dinge. Ich war tief erregt und antwortete ihr: »So versuchen Sie doch, mit einem Genie zu leben, versuchen Sie, ob es so einfach ist, nehmen Sie ihn, wenn Sie können!«

Aber es machte mich unglücklich zu denken, Lawrence habe ihr das Recht gegeben, so zu mir zu sprechen. Als er kam, sah er, daß ich traurig war. Außerdem war ihm zugetragen worden, Mabel habe sich darüber beklagt, daß diese Lawrence' sie ausnutzten. Dies mag boshaftes Geschwätz gewesen sein, jedenfalls war Lawrence wütend: Nicht umsonst hatte er einen roten Bart. Er beschloß, für das Haus Miete zu zahlen und so schnell wie möglich auszuziehen.

Dann überflutete er mich mit Liebe und Zärtlichkeit, die alles, was uns vereinzelt hatte, hinwegspülte: Wir waren wieder zusammen. Über Mabel sprach er mit solcher Wut, wie nur eben Lawrence wüten konnte. Wenn ich sie verteidigen wollte, bekam ich mein Teil zu hören: »Alle Frauen sind gleich, herrschsüchtig, ohne jeden Anstand. Du hast dafür zu sorgen, daß andere Frauen mir nicht zu nah kommen.« Er hatte gut reden, aber wie ich das machen sollte, wußte ich nicht.

So verließen wir Mabels Umwelt und zogen auf die Del Monte Ranch, unter den Berggipfeln. Wir hatten ein Blockhaus, die Hawks bewohnten das große Haus, in der Hütte wohnten zwei dänische Maler, die zu uns zu Besuch gekommen waren. Sie waren den weiten Weg von New York mit dem klapprigsten alten Kasten gekommen, der je die Geduld eines Fahrers auf die Probe gestellt hat.

Wir hatten reiten gelernt: Ein Mexikaner, ein langer dürrer Don Quichotte, hatte es uns in ein paar Ritten über die offene Wüste beigebracht. Das lebenswarme Tier unter mir zu fühlen beglückte mich. Später galoppierte Azul, mein Pferd, wie der Wind mit mir dahin. Er schien es zu merken, wenn ich mich ein bißchen fürchtete.

Der Winter mit Schnee und Eis war ein wirklicher Bergwinter – die Nächte von schneidender, messerscharfer Kälte. Die Dänen und Lawrence mußten tüchtig Holz hacken.

Im Lobo Canyon ritten wir über die gefällten Stämme – wenn die Pferde unter den Bäumen hinsausten, mußten wir auf Kopf und Knie achten. Später sagte Lawrence oft zu mir: »Wenn du nur mit mir so nett sein wolltest wie mit Azul!«

Die Freundschaft und der Kampf mit Mabel gingen hin und

her. Sie war in ihrer erschreckenden Energie, ihrer Klugheit und ihren mannigfachen Einfällen bewundernswert, aber so recht konnten wir uns nicht vertragen. –

Einmal, als wir mit ihr ausfuhren, sagte Lawrence zu ihr: »Frieda ist das freieste Menschenwesen, das ich kenne.« Später bemerkte ich zu ihm: »Du brauchst mich nicht zu loben, nur um andere zu ärgern.« –

Im Frühjahr reisten wir mit zwei Freunden nach Mexiko. Nach dem harten Winter verlangte mich nach einem Hotel ersten Ranges in der Hauptstadt. Aber das erstklassige Hotel bewährte sich nicht – es schien langweilig und nicht sehr reinlich; die Damen waren so sehr bemalt und die Männer nicht sehr anziehend.

Die Reise durch die einsame Wüste war merkwürdig gewesen. Die Stationen bestanden aus ein paar elenden Häusern und einem großen Wasserbehälter. Feiner Staub wehte zu den Fenstern herein und füllte Augen, Ohren, Nase und alle Poren mit winzigen Sandkörnern.

Die Stadt Mexiko kam mir wie eine Dame vor, die elegant und vornehm sein möchte, aber es nicht ganz fertig bringt. Mich interessierten am meisten die armen Stadtviertel – der Volador Markt mit all den bezaubernden Körben, Sattelzeug und Gürteln, Töpfen, Tellern und Lederjacken.

In Guadalajara fand Lawrence am See von Chapala ein Haus mit dem landesüblichen Innenhof für uns. Dort fing er an »The Plumed Serpent« – »Die gefiederte Schlange« – zu schreiben. Sein Arbeitsplatz war am Seeufer unter einem Pfefferbaum. Der See mit seinem weißlichen Wasser war fremdartig. Die Begeisterung, mit der ich darin badete, ließ nach, als eines Morgens eine riesige Schlange ein paar Schritt weit vor mir sich – wie mir schien – meterhoch erhob.

Auf der anderen Seite des Innenhofes, des Patio, wohnte die Familie, die Lawrence samt dem ganzen Leben von Chapala in The Plumed Serpent geschildert hat. Ich versuchte auf meine Weise diesen mexikanischen Kindern etwas Zivilisation beizubringen, aber als sie mich einmal fragten: »Haben Sie auch Läuse, Nina?« hatte ich genug und verzichtete empört. Des Nachts hatte ich Angst vor Banditen; einer der Söhne der Köchin mußte mit geladenem Revolver vor meiner Türe schlafen, aber er schnarchte so fürchterlich, daß wir die Angst vor Räubern lieber ertrugen.

Wir versanken ganz in dem Patio-Leben. Heute kommt es mir vor, als sei jene ganze Zeit in Mexiko ein Traum, ein sehr eindringlicher Traum gewesen.

Wir segelten über den mattfarbenen See nach einem Dorf, wo die Eingeborenen mit selbstgefärbter Wolle auf einfachen Webstühlen Serapes – Decken – webten. Lawrence entwarf einige Muster und ließ sie anfertigen, wie er es im Plumed Serpent erzählt.

Er konnte nur dort arbeiten, wo die Phantasie noch Bewegungsfreiheit und Spielraum hat, wo die Tür zur Zukunft noch offensteht, in Gegenden, die seine dichterische Schau mit neuen, wachzurufenden Seelen bevölkern konnte, die willig waren, ein noch nicht dagewesenes Leben zu leben.

Ich erinnere mich an unseren Besuch der Pyramiden von Teotihuacan. Ich war etwas zurückgeblieben, es dämmerte; plötzlich stieß ich auf eine riesige steinerne Schlange, die – grün mit Türkis-Augen – sich um den Fuß eines Tempels wand. Ich rannte, was ich nur konnte, hinter den andern her. In diesem Augenblick sah ich das alte Mexiko, seine Opfer, die noch zuckenden Herzen, die der Sonne entgegen gehalten werden, damit sie von dem Blut trinke: Hier, auf der Sonnenpyramide, war das alles geschehen, hier herrschte jene entsetzliche Göttin, die statt eines Raffael Bambinos ein Obsidianmesser gebiert. Furcht vor diesen Menschen, für die töten und getötet werden gleichgültig ist, ergriff mich. In einer Kirche hatte ich einen riesigen schwarzen Christus gesehen, mit einem schwarzen Bart und langen Frauenhaaren. Bekleidet war er mit kleinen, weißen spitzenverzierten Höschen. Tod, Opfer und grausame groteske Gottheiten schienen in Mexiko unter seiner Sonne, der Pracht seiner Blumen und Vögel, der Fülle seiner Früchte und seinen schneegekrönten Vulkanen zu herrschen.

Einmal machten wir mit der Esmaralda, einer riesigen alten Arche Noah, eine Fahrt auf dem See von Chapala. Die drei Mexikaner, die das Boot bemannten, saßen mit ihren Guitarren am Heck und sangen traurige oder wilde Lieder. Des Nachts ließen wir uns langsam auf dem großen See, der eher einem weißen Meer glich, treiben. Den einen Tag hatten wir nichts mehr zu essen. Also landeten wir an der Skorpionen-Insel, die noch von einem leerstehenden mexikanischen Gefängnis gekrönt und wirklich nur als Aufenthalt für Skorpione geeignet ist. Lawrence kaufte dort eine lebende Ziege, aber als wir gesehen hatten, wie unsere Bootsleute das arme Tier tatsächlich in Stücke rissen, verging uns der Hunger und wir mochten nichts mehr essen.

Die Visionen, die Lawrence in »The Plumed Serpent« darstellt, scheinen mit dem Alltagsleben verflochten. Der Alltag und die Zukunftsschau laufen nebeneinander her.

In diesem Herbst reisten wir in die Vereinigten Staaten zurück und verbrachten einige Zeit in New Jersey. Dann ging Lawrence wieder nach Mexiko, und ich fuhr nach England. Ich nahm mir eine kleine Wohnung in London, um meinen Kindern nah zu sein. Es war Winter; ich war so allein, doch keineswegs glücklich. Lawrence war immer böse, wenn die Sehnsucht nach den Kindern mich überkam. Aber die war unentrinnbar, obgleich ich jetzt weiß, daß er recht hatte: Sie brauchten mich nicht mehr, lebten ihr eigenes Leben. Ich aber fühlte mich verloren ohne ihn. Endlich kam er, nicht ohne vorher einen verärgerten und ungerechten Brief an meine Mutter geschrieben zu haben.

Hotel Guarcia, Guadalajara, Mexiko, 10. November 1923

Meine liebe Schwiegermutter,

ich bekam zwei Briefe von Frieda aus Baden-Baden, dazu Dein Billet doux. Ja, Schwiegermutter, man muß wohl siebzig sein, ehe man wirklich voller Mut ist. Die Jungen sind immer laut. Frieda macht auch ein langes trauriges Gesicht und behauptet, sie schriebe an den Mond – Guadalajara ist keine Mondstadt, und ich bin ganz und gar, mit festen Füßen, auf der Erde.

Aber ich komme zurück, warte nur auf ein Schiff. Ich werde im Dezember in England sein, und im Frühling, wenn die Primeln blühen, in Baden. Die Zeit vergeht schneller und schneller. Frieda schickte mir Hartmanns Brief. Er war nett. Aber die Frauen haben heutzutage mehr Mut als die Männer – auch ein Brief von Nusch, ein bißchen traurig, aber ganz lebendig schreibt sie. Hoffentlich sehe ich sie im Frühjahr. Man muß sich in die Hände spucken und fest zupacken, findest Du nicht?

Ich war an der Barranca, einer riesigen, riesigen Schlucht, und badete in den heißen Quellen – kam nach Hause und fand das ganze Deutschland in meinem Zimmer.

Es gefällt mir hier. Ich weiß nicht, wieso, aber dieses düstere Land gibt mir Kraft. Es ist voller Männerkraft, vielleicht nicht

Frauenkraft, aber für mich ist es heilsam wie das alte germanische Heldenbier. Ach, Schwiegermutter, Du bist nett und alt und verstehst, wie die Mädchen der Frühzeit verstanden, daß ein Mann mehr als lieb und gut sein muß und daß Helden mehr wert sind als Heilige. Frieda versteht nicht, daß in unsern Tagen ein Mann ein Held sein muß und nicht bloß ein Ehemann. Ehemann auch, aber mehr. Ich muß die Welt auf und ab durchwandern, ich muß Deutschland gegen Mexiko abwägen und Mexiko gegen Deutschland. Ich komme nicht um des Friedens willen. Der Teufel trägt den Frieden um den Hals gebunden. Ich weiß wohl, die tapfere Alte versteht mich besser als die Junge oder wenigstens etwas in mir versteht sie besser. Frieda muß immer denken und schreiben und sagen und überlegen, wie sie mich liebt. Das ist dumm. Ich bin nicht Jesus in seiner Mutter Schoß. Ich gehe meinen Weg durch die Welt, und wenn Frieda es so anstrengend findet, mich zu lieben, dann soll sie in Gottes Namen ihre Liebe in Frieden lassen und die Ruhe lieben. Ach Schwiegermutter, Du verstehst, wie meine Mutter zuletzt verstand, daß ein Mann von seiner Frau nicht Liebe will und verlangt, sondern Kraft, Kraft, Kraft. Um zu kämpfen, zu kämpfen, zu kämpfen und wieder zu kämpfen. Mut und Stärke und Waffen braucht man. Und das dumme Weib sagt immerzu Liebe, Liebe, Liebe und schreibt Liebe. Zum Teufel mit der Liebe. Gib mir Kraft, Kampfeskraft, Waffenkraft, Schlachtenkraft, gib mir das, Du Weib!

England sei so ruhig, schreibt Frieda. Schande über Euch, daß Ihr heute nach Frieden verlangt. Ich will keinen Frieden. Ich gehe kämpfend durch die Welt. Pfui! Pfui! Im Grabe werde ich meinen Frieden finden. Erst laß mich fechten und mich zum Sieg durchkämpfen! Ja, ja Schwiegermutter, winde mir einen Eichenkranz und laß die Stadtmusik unter meinem Fenster aufspielen, wenn der Halbheld zurückkehrt.

D. H. LAWRENCE

Heute gebe ich zu, ich hätte zu ihm nach Mexiko fahren und ihm die Reise nach Europa ersparen sollen. Solche, oft nicht wieder gut zu machende Irrtümer begehen wir. –

Endlich kam er; ich war froh – es war kurz vor Weihnachten, wir machten einige Gesellschaften mit und sahen unsere Freunde. Im Frühling wollten wir nach Amerika zurück und auf der Ranch leben, die Mabel Luhan mir geschenkt hatte. Sie hatte mich einmal von Taos aus hinaufgeführt und auf meinen Ausruf: »Das ist der schönste Ort, den ich je gesehen«, hatte sie erwidert: »Ich schenke Ihnen das Stück Land.«

Lawrence aber wollte ein solches Geschenk nicht annehmen. Doch hatte ich an demselben Morgen einen Brief meiner Schwester Else bekommen, die mir schrieb, sie habe das Manuskript von Sons and Lovers, das sie aufgehoben hatte, an mich abgeschickt. So hatte ich eine Gegengabe für Mabel, und Lawrence war einverstanden.

Ehe wir abreisten, besuchten wir meine Mutter. Wir fuhren über Straßburg, für mich eine seltsame Reise, durch das französische Gebiet zu fahren, das vor wenigen Jahren deutsch gewesen und unsere Heimat war. –

Ich sehnte mich nach der Ranch. Im Frühling 1924 zogen wir, von Dorothy Brett begleitet, von Taos aus hinauf. Lawrence hatte etwas Angst, sich mit dem abgelegenen, unberührten kleinen Besitz einzulassen. Wir stellten zehn bis zwölf Indianer ein, die uns die verfallenen Häuschen und die Corrals, die Einfriedungen für das Vieh, wieder aufbauten. Dann liebte er den Ort. Den Bewässerungsgraben mußten wir auch ausbessern; es machte uns großen Eindruck, wie unser Nachbar die riesigen Leitungsrohre einfach ohne jede Straße durch den Wald zum Eingang des Gallina Canyon schleppte, dessen Wasserrechte wir besaßen. Ich kochte ungeheure Mahlzeiten für die ganze Gesellschaft. Wir alle arbeiteten hart. Brett, wie jeder sie nannte, leistete dafür, daß sie nichts anderes als ihr Malerinnen-Atelier gekannt hatte, Bewunderungswertes an schwerer Arbeit. Eines Tages räumten wir die Quelle aus und schleppten Steine bis zum Umsinken. Die Quelle ist in einer Senke; ich liebte es, dem Spiel der Pferde zuzusehen, wenn sie zur Tränke kamen – wie sie sich gegenseitig die Mäuler von der Wasserfläche wegschoben und dann den Abhang hinaufstürmten. – Alles haben wir selbst gemacht, für sehr wenig Geld, denn wir hatten nicht viel. Wir kauften eine Kuh, Susan, und hatten vier Pferde, Azul, Aaron und zwei andere. Später gab es auch Hühner, lauter weiße Leghorn. Der schöne Gockel hieß Moses.

Lawrence stand jeden Morgen um fünf Uhr auf. Mit dem Opernglas, das meine Mutter ihm geschenkt hatte, suchte er Susan, die ein unabhängiges Geschöpf war und sich gern in die Wälder verzog. Da stand er, wenn er sie endlich gefunden hatte und drohte ihr mit erhobenem Zeigefinger und schalt sie. Ich butterte selbst in einer kleinen Glasmaschine, die Küken bekamen die Buttermilch und gediehen, und wir gediehen ebenfalls bei dem gesunden Leben. Wir buken selbst unser Brot in dem indianischen kleinen Lehmbackhaus, Schwarzbrot und Weißbrot und Kuchen; Lawrence nahm es sehr genau mit dem Brot, das vollkommen sein mußte. Er machte Wandbretter und Stühle und strich Fenster und Türen an. Er hielt die Bewässerung in Ordnung und schrieb. Es ist erstaunlich, daß ein einzelner Mensch so viel zustande gebracht hat. Wir ritten und bekamen Besuch, und immer war er für jeden da, als habe er sonst nichts zu tun. Er half Dorothy Brett bei ihren Bildern und mir bei meinen bescheidenen Malversuchen.

Ein wunderbarer Sommer war es; es gab wilde Erdbeeren und hinten im Canyon Himbeeren, so groß wie Gartenbeeren, aber ich fürchtete mich, sie zu pflücken, weil ich gehört hatte, daß Bären gern Himbeeren fressen, Bären im Canyon – lebten wir nicht am Ende der Welt?

Die Brett hatte eine winzige Hütte für sich. Sie betete Lawrence an und schuftete für ihn. –

Als es kalt wurde, fuhren wir in die Stadt Mexiko. Es machte uns Spaß, einige Menschen zu treffen. Lawrence war Mitglied des Pen Clubs, der ihm zu Ehren ein Essen veranstaltete. Es war ein Herrenabend; er zog in seinem Gesellschaftsanzug ab, und ich, die ich wußte, wie ungewohnt ihm offizielle Veranstaltungen waren und wie er in Wirklichkeit vor jedem öffentlichen Auftreten zurückschrak, wunderte mich in meinem Hotelzimmer, wie dieser Abend wohl verlaufen werde. Bald nach zehn Uhr erschien er. »Nun, wie war es?«

»Erst haben sie mir Stellen aus ›The Plumed Serpent‹ auf spanisch vorgelesen, und ich mußte zuhören, und dann haben sie eine Rede auf mich gehalten, und ich mußte antworten.«

»Was hast du gesagt?«

»Ich habe gesagt: Hier sind wir zusammen, einige von uns Engländer, andere Mexikaner und Amerikaner; wir sind Schriftsteller, Maler, Geschäftsleute und so weiter, aber vor allem und mehr als alles andere sind wir heute abend Männer zusammen. So etwa habe ich gesprochen. Aber ein junger Mexikaner ist aufgefahren: ›Ein Engländer hat leicht sagen, ich bin vor allem und zuerst ein Mann, aber ein Mexikaner kann so nicht sprechen, er muß vor allem Mexikaner sein.‹«

Wir lachten; die einzige Rede, die Lawrence je gehalten, war ein Schlag ins Wasser gewesen. Wie sooft hatten sie gar nicht begriffen, worauf es ihm ankam. Ebenso wie es oft von ihm hieß, er sei nicht patriotisch, und doch schien er mir England selbst zu verkörpern, die Blüte seiner zartesten und tapfersten Überlieferung – allerdings nicht das enge bürgerliche England, sondern das alte England Palmerstons, den er bewunderte – jene Zeit, als Männer noch Männer und nicht einfach in die Gesellschaft eingereihte Geschöpfe waren. –

Von Mexiko fuhren wir hinunter nach Oaxaca. Wieder hatten wir Haus und Patio. Dort schrieb er: »Mornings in Mexiko«, worin von Papageien, Corasmin, dem weißen Hund und dem indianischen Diener, dem Mozo, erzählt wird.

Mit dem Mozo ging ich auf den Markt. Eines Tages zeigte er mir in einem der Buchläden des Marktplatzes eine unverkennbare Karikatur von Lawrence. Er beobachtete meinen Ausdruck, was ich wohl dazu sagte. Ich war hingerissen! An diesem urweltlichen Ort, den Zapoteken und reine Mexikaner bewohnten, etwas so Kultiviertes wie eine Karikatur von Lawrence zu finden, machte wirklich Spaß. Der Markt war meine Freude, nur war der Mozo, der mir den Korb trug, zu unglücklich, wenn er sehen mußte, wie ich, ohne zu handeln, bezahlte: Es schmerzte ihn wahrhaft. Doch die wunderschönen Blumen und alles schien so billig.

Unterdessen saß Lawrence zu Hause und schrieb und überanstrengte sich. Soldaten hatten Malaria nach Oaxaca verschleppt, und das Klima bekam ihm nicht.

Dorothy Brett besuchte uns täglich, ich fand, daß sie allzusehr ein fester Bestandteil unseres Lebens wurde, und wehrte mich dagegen. Lawrence wütete und nannte mich eine eifersüchtige Närrin. Aber ich blieb fest, und Brett reiste nach Mexiko City hinauf.

Als Lawrence The Plumed Serpent abschloß, war er schon recht leidend. Später sagte er mir, er wünschte, er hätte das Buch anders enden lassen. Dann wurde er sehr krank. Ich wandte mich an den einheimischen Arzt, der Angst hatte, sich mit Fremden einzulassen und nicht kam. Lawrence war viel kränker, als ich – zum Glück – wußte. Nicht genug kann ich über die Hilfsbereitschaft der paar Engländer und Amerikaner dort unten sagen, sie waren so gut mit uns. Mir kam vor, als führten diese Minenbesitzer und Ingenieure mutig ein Leben voller Schrecken: immer Fieber, Typhus, Malaria, Bedrohung durch Banditengefahr, niemals können sie sich im mindesten sicher fühlen. Die Selbstverständlichkeit, mit der sie uns beistanden, war mir eine neue Erfahrung. Es war so viel mehr als christlich, einfach natürlich: Ein Landsmann ist in Gefahr, wir wollen ihm helfen.

Lawrence selbst glaubte, er würde sterben. »Du wirst mich in diesem Friedhof hier begraben«, sagte er düster. »Nein, nein«, lachte ich, »der Friedhof ist viel zu garstig, das kannst du mir nicht antun.«

In dieser Nacht sagte er mir: »Aber wenn ich sterbe, sollst du wissen: Nichts hat mir etwas bedeutet, nur du, sonst gar nichts.« Ich war fast erschrocken, ihn das sagen zu hören – daß bei all seinem geistigen Reichtum ich ihm so viel bedeutet haben sollte. Es schien unfaßbar.

Es wurde ihm besser, wenn ich heiße Sandsäcke auf ihn legte, die seinen gemarterten Leib zu beruhigen schienen.

Einmal hatten wir einen Missionar und seine Frau kennengelernt, die tief im Gebirge bei den unzivilisierten indianischen Stämmen lebten. Er sah nicht wie ein Missionar, sondern wie ein Soldat aus. Er war Flieger gewesen, und dort in dem fernen Oaxaca erzählte er mir, daß er miterlebte, wie Manfred Richthofen abstürzte und wie am Abend im Kasino einer der Offiziere aufstand und sein Glas erhob: »Zu Ehren unseres edlen und großmütigen Feindes.« Mir bedeutete es viel, diesen schönen menschlichen Zug aus dem entsetzlichen Krieg zu hören.

Als es Lawrence am schlechtesten ging, erschien die Missionarsfrau mit einer sehr guten Suppe, und dann betete sie an seinem Bett in dem großen leeren Zimmer. Ich war halb erschrocken und wußte nicht, wie er das aufnehmen würde. Aber er nahm es ganz freundlich hin, und ich war zwischen Lachen und Weinen über die Suppe und das Gebet.

Während er so krank war, kam auch noch obendrein ein Erdbeben, zuerst ein Gewitter, die Luft zum Ersticken. Mir war übel und fiebrig zumute, im Nebenzimmer lag der schwerkranke Lawrence, Hunde heulten, Esel, Pferde und Katzen waren erschrocken, unruhig, und zu meinem Entsetzen sah ich die Balken meiner Decke sich in ihren Fugen hin und her bewegen. »Wir wollen unter das Bett kriechen, wenn das Dach einstürzt«, rief ich.

Endlich ging es ihm langsam, langsam ein bißchen besser. Ich packte auf, nach Mexiko City. Diese Reise war der reine Kreuzweg. Die tropische Hitze machte Lawrence so schnell elend und schwach, daß wir auf halbem Weg eine Nacht in einem Hotel bleiben mußten. Dort brach nach der großen Anspannung während seiner Krankheit etwas in mir zusammen. »Er wird nie wieder ganz gesund, er ist krank, er ist dem Schicksal verfallen. All meine Liebe, all meine Kraft werden ihn nicht mehr heilen können.« Ich weinte die ganze Nacht wie eine Irrsinnige. Er grollte mir deswegen. Aber wir erreichten Mexiko City. Dort bat ich Dr. Uhlfelder, ihn zu behandeln. Als ich eines Tages von einem Ausgang zurückkam, war der Spezialist da und sagte ziemlich brutal: »Mr. Lawrence hat

Tuberkulose.« Lawrence sah mich mit unvergeßlichen Augen an: »Was wird sie sagen und empfinden?« »Jetzt, wo wir Bescheid wissen, können wir den Kampf aufnehmen. Das ist gar nichts. Das haben viele Leute«, war meine Antwort. Er wurde langsam wohler und konnte Einladungen bei seinen Freunden annehmen. Aber mir sagten die Ärzte: »Bringen Sie ihn auf die Ranch, das ist seine einzige Hoffnung. Die Tuberkulose ist weit fortgeschritten. Noch ein oder höchstens zwei Jahre.«

Mit diesem bittern Wissen im Herzen mußte ich heiter und stark sein. Wir reisten nach der Ranch; die Einwanderungskontrolle machte uns an der Grenze die unangenehmsten Schwierigkeiten. Wenn die amerikanische Botschaft in Mexiko uns nicht geholfen hätte, wäre uns der Aufenthalt auf der Ranch, der Lawrence so gut tun sollte, versagt worden.

Nach und nach ging es ihm dort besser. Die hohe, reine Luft, kurze Sonnenbäder, unsere Pflege und Fürsorge und der Frühling brachten wieder Leben in ihn. Als es ihm besser ging, fing er an, sein Drama »David« zu schreiben, während er vor seiner kleinen Stube auf der Veranda in der Sonne lag. In diesem Drama hat er, glaube ich, seinem Kampf um das Leben Ausdruck gegeben: der alte Saul und der junge David – besonders ergreifend ist das Gebet des alten Samuel in seiner hoffnungslosen Liebe zu Saul – so gibt es vielerlei und großartige Motive in dieser Dichtung.

Ein Ausflug mit Mabel zu einer Felsenhöhle am Weg nach Arroyo Seco regte ihn zu seiner Geschichte »The Woman who rode away« an.

Brett war wieder viel bei uns. In mancher Beziehung mochte ich sie sehr gern, sie war immer sie selbst. Ich sagte ihr: »Brett, ich gebe Ihnen einen Dollar, wenn Sie Lawrence widersprechen«, aber nie tat sie es. Ihre blinde Anbetung, ihre Heldenverehrung war rührend, aber dem stand natürlich eine kritische Voreingenommenheit gegen mich gegenüber. Er war vollkommen, und ich hatte in ihren Augen immer unrecht.

Als sie sich uns anschloß, hatte mir Lawrence gesagt: »Weißt du, es wird gut sein, die Brett dabei zu haben, sie wird zwischen uns und der Welt und den Menschen stehen.« Ich wollte sie eigentlich nicht mit haben und hatte den Verdacht, daß sie sich nicht zwischen uns und die Welt, sondern zwischen Lawrence und mich stellen werde. Aber nein, dachte ich, ich will nicht so engherzig sein, ich will den Versuch machen.

So kümmerte ich mich um sie und brüllte in ihr Hörrohr, wenn Besuche kamen, damit sie sich nicht so abgeschnitten fühlen solle. Und sie nahm ihr Teil an Arbeit auf sich. Aber mit der Zeit schien sie wieder immer da zu sein, mein Fürmichsein, das mir so viel wert war, schien dahin. Wie das Auge des Herrn war sie: Wenn ich wusch, wenn ich mit einem Buch unter einem Baum lag, immer fühlte ich ihren Blick auf mir, und ich kann nur hoffen, daß das Auge des Herrn freundlicher auf mir ruhte als das ihre. Manchmal, wenn sie für alles Rasche, Lebendige blind und taub schien, haßte ich die Arme. Ihre Anbetung für Lawrence schien mir eine alberne Angewohnheit. »Brett«, sagte ich, »ich verabscheue Ihre Lawrence-Anbeterei. Nur etwas wäre mir noch zuwiderer und das wäre, wenn Sie mich anbeteten.«

Wie beglückend war es, zu fühlen, wie neue Kräfte in ihn einströmten, es war wie ein lebendiges Wunder. Wie dankbar war er im Innern! »Ich kann wieder zugreifen! Ich lebe wieder und kann tun, was ich will, bin nicht mehr in den Krallen der verzehrenden Krankheit!« Wie liebte er jede Minute des Tages auf der Ranch – des Morgens die Eichhörnchen, jede Blume, die zu ihrer Zeit kam, die großen Bäume, das Holzhacken, die

Hühner, das Brotbacken, all unsere schwere Arbeit und die Menschen. Alles verklärte der Glanz des neu geschenkten Lebens. Er arbeitete schwer zur Erholung und schrieb als harte Arbeit.

Rückkehr nach Europa

Im Herbst 1925 wurde er wieder rastlos und wollte nach Europa zurück. An das Mittelmeer trieb es ihn. Nicht weit von Genua fanden wir an der Küste Spotorno, von dem uns Martin Secker gesagt hatte, daß es nicht von Fremden überlaufen sei. Unterhalb der Burgruinen sah ich eine freundliche, rosenfarbene Villa, ich hätte gern gewußt, ob sie zu haben sei. Wir fanden den Bauern Giovanni, in dessen Obhut sie war. Ja, er glaube wohl, sie gehöre einem Tenente der Bersaglieri in Savona. In dem kleinen Gasthof am Meer, wo wir wohnten, fragte der Bersagliere nach uns. Lawrence ging hinaus, kam aber wieder zurück: »Du mußt auch kommen, er sieht so elegant aus.« Ich ging und fand einen Offizier in Uniform mit wehenden Federn und blauer Schärpe, da der Geburtstag der Königin war. Wir mieteten die Villa Vernarda, und der Tenente wurde unser Freund. Lawrence gab ihm sonntags englischen Unterricht, sie kamen freilich nicht sehr weit.

Meine Tochter Barbara, die inzwischen herangewachsen war, kam zu Besuch, zum ersten Mal. Ich war außer mir vor Freude, sie bei mir zu haben. Ich hatte nicht umsonst so viele Jahre auf die Kinder gewartet und mich nach ihnen gesehnt. Aber Lawrence teilte meine Freude nicht. Eines Tages beim Abendessen kam der Ausbruch: »Glaube nur nicht, daß Deine Mutter dich liebt«, sagte er zu Barby, »sie liebt niemanden, sieh nur ihr falsches Gesicht« und schleuderte mir ein halbes Glas Rotwein ins Gesicht. Barby, die außer meiner Mutter und mir die einzige war, die sich nicht von ihm erschrecken ließ, sprang auf: »Meine Mutter ist viel zu gut für dich«, funkelte sie ihn an, »viel zu gut, es heißt Perlen vor die Säue werfen.« Darauf fingen wir beide zu weinen an. Ich ging verletzt in mein Zimmer.

»Was ist geschehen, als ich draußen war?« fragte ich Barby später. »Ich sagte ihm: Liebst du sie denn nicht?«, worauf er antwortete: »Diese Frage gehört sich nicht. Habe ich ihr nicht gerade bei ihrer elenden Malerei geholfen?« Was mich erneut stutzig machte, denn er half jedem mit Freuden. Mir schien das kein Liebeszeichen. Dann kam auch meine Tochter Elsa. Offenbar als Gegengewicht gegen mein Aufgebot hatte Lawrence seine Schwester Ada und eine Freundin eingeladen, so daß es zwei feindliche Lager gab. Ada kam an, und ich konnte hören, wie Lawrence in seinem Balkonzimmer, das über dem meinen lag, sich bei ihr über mich beklagte. Ich verstand die Worte nicht, aber der Ton ihrer Stimmen verriet den Inhalt des Gespräches.

Seine Schwester Ada hatte das Gefühl, daß er ihr und der Vergangenheit, der Vergangenheit mit all ihren traurigen Erinnerungen zugehöre. Offensichtlich war es eine Notwendigkeit für ihn gewesen, diese Vergangenheit zu überwinden, die ich ebenso notwendig bekämpfen mußte, obgleich ich Ada als Persönlichkeit gern mochte.

Lawrence machten diese Feindseligkeiten krank. Ich war um ihn bekümmert. Also ging ich eines Abends zu ihm hinauf, er war beglückt, daß ich kam. Ich dachte, nun sei alles gut zwischen uns. Am nächsten Morgen kam es zu bittern Worten zwischen Ada und mir. »Ich hasse dich vom Grund meines

Herzens«, sagte sie mir. Als ich wieder einmal nachts zu Lawrence hinauf wollte, fand ich seine Tür verschlossen, Ada hatte die Schlüssel. Dies war das einzige Mal, das er mir wirklich weh getan hatte; so blieb ich ganz still. »Jetzt ist es mir gleich, was geschieht«, sagte ich mir.

Er reiste mit Ada und ihrer Freundin ab; bis zum letzten Augenblick hoffte er auf ein freundliches Wort von mir, aber ich konnte nicht. – So ging er nach Capri zu unsern Freunden Brewster.

Doch ich war mit den beiden Kindern glücklich. Der Frühling kam mit seinen Mandelblüten und sprossenden Feigenbäumen. Barby jagte mit ihrem Malkasten die Berge hinauf, ihre langen, schlanken Beine trugen sie wie ein Reh. Wir lagen in der Sonne; ich freute mich ihrer Jugendblüte. Dann schickte Lawrence ein Bild, Jonas, wie er eben vom Walfisch verschlungen wird. Er hatte darunter geschrieben: »Wer wird wen verschlingen?« Ich jedoch war noch böse.

Endlich wollte Lawrence von Capri fort, er sehnte sich zurück. Die Kinder versuchten, wie weise Alte, mich zu besänftigen. »Mrs. L. (so nannten sie mich), sei doch vernünftig, du hast ihn geheiratet, jetzt muß du auch an ihm festhalten.«

So kam er also zurück. »Mach dich hübsch, um ihn abzuholen«, sagten die Kinder. Wir holten ihn festlich gekleidet ab. Darauf lebten wir alle vier in Frieden. Er war bezaubernd mit Elsa und Barby und versuchte ihnen zu helfen, sich in den Schwierigkeiten ihres jungen Lebens zurecht zu finden. »Elsa ist keine von denen, die das Bett verbrennen, weil ein Floh drin ist«, sagte er von meiner ältesten Tochter.

Seine Gefühle für seine Schwester Ada aber waren von da ab unwiederbringlich verändert.

Lawrence wollte tiefer in das Herz Italiens eindringen. Die etruskischen Gräber und Überreste interessierten ihn. Aber auch die Ranch rief nach ihm. Indessen schreckte ihn, in Gedanken an seine Tuberkulose, die Vorstellung des Kampfes mit den Einwanderungsbehörden. Wir gingen also nach Florenz mit Elsa und Barby, die nach kurzer Zeit nach England zurückkehrten.

Freunde sprachen von einer Villa, die in der Nähe der Stadt zu mieten sei. Wir nahmen ein Auto und fuhren durch die Porta Federigo hinaus, zuerst durch die häßlichen Vorortgegenden, bis wir an das Ende der Straßenbahn kamen.

Es war April, die jungen Bohnen grünten, Erbsen und Weizen standen schon hoch, die alte toskanische Landschaft in ihrer vollkommenen Harmonie von Menschenwerk und Natur tat sich vor uns auf ... dort ist sie noch ganz unberührt. Jenseits Seandicci fuhren wir zwischen zwei Zypressen einen kleinen wenig benutzten Weg hinauf. Einen jener kleinen Hügel, die für Toskana so charakteristisch sind, krönte eine Villa aus der Mediceer Zeit. Mein Herz schlug ihr entgegen, diese Villa wollte ich haben. Sie war recht groß, aber so vollkommen in die Landschaft hineingestellt, mit dem Blick auf das Valdarno, Florenz zur Linken, Pinienwälder als Hintergrund.

Mein Wunsch ging in Erfüllung, wir konnten die Mirenda beziehen. Die Bauern, die zu dem Besitz gehörten, entzückten uns ... die Orsini, Badelli und Pini. Die Orsini lebten in wilder Fehde mit den Badelli, die mich vor allem anzogen: ein gelenkiger ungezähmter Vater, eine leichtlebige Mutter, zwei schöne, wilde Töchter und drei prachtvolle Söhne. Mein Liebling war Dino, der Engelhafte mit den sanften grauen Augen, von dem man doch wußte, wie er einen hinter dem Rücken auslachte. So höflich war er mit seinen zehn Jahren, hatte

ausgezeichnete Manieren, trug mir die Pakete! Dann fand ich
ihn zeitweise blaß und elend aussehend; sie sagten mir, er
habe einen Bruch, er erzählte mir, die andern Buben in der
Schule – brutal wie Buben eben sein können – verspotteten
ihn deswegen. Ich ging mit ihm zu Dr. Giglioli in Florenz:
Der arme Dino mußte operiert werden. Seine Schwestern und
ich brachten ihn, nachdem wir ihn erst mit neuen Hemden
und Unterjacke ausgerüstet hatten, ins Hospital. Er war kreu-
zunglücklich, besonders weil sie ihn zu den Frauen eingewie-
sen hatten, ihn, einen maschio, einen Mann. Er wurde zu Bett
gebracht; als wir ihn verließen, zitterte er vor Elend. Aber wer
erschien am nächsten Tag zu Haus? Dino! Er hatte sich um-
hergeschlichen, einen Mann in der Narkose gesehen und war
geflohen. Es war, als habe man ein Tier des Waldes ins Spital
gesperrt. Wir überredeten ihn trotzdem, zurückzugehen,
hauptsächlich, indem wir ihm vorstellten, wie nach der Operation ihn niemand mehr auslachen könne. So faßte er den
Entschluß, er war ja ein tapferer Junge. Später erzählten sie
mir im Hospital, daß sie nie einen bessern, mutigeren Patien-
ten gehabt hätten. Dieses Florentiner Spital war ein lustiges
Krankenhaus, so menschlich und freundlich, hatte gar nichts
von einem Gefängnis an sich, auch nicht zu viel Weiß, keine
weiß gestärkten Pflegerinnen, keine weißen Kacheln, weiß ge-
strichene Wände – weiß, bis einem das Blut in den Adern
erbleicht!

Nach der Operation war Dino eine stolzere und wichtigere
Persönlichkeit, als er je im Leben gewesen, mit Hühnersuppe
und guten Speisen und seiner neuen Wäsche und zwei Ta-
schentüchern und sogar etwas kölnischem Wasser. Stolz auf
sein höheres Wissen sagte er seinen Schwestern, als sie nach
dem W. C. fragten: »Da ist etwas, da müßt ihr ziehen, ihr

müßt ziehen, versteht ihr!«, da sie ja so etwas noch nie gesehen hatten.

Im Haus half uns Giulia von der Pini-Familie. Es gab den Pini-Vater, den Zio, den Onkel, und eine arme alte Zia, die in einem Erdbeben verschüttet gewesen und ab und zu Anfälle hatte, und Pietro, der Giulia auch im Hause half, und des Morgens kam, um die Hühner, Ziegen und Stellina, das Pferd, zu füttern. Giulia mußte das Futter für alle Tiere schneiden, am Morgen war sie barfuß und armselig, aber am Nachmittag, wenn sie etwa ein Auto mit Besuch hörte, erschien sie in Stöckelschuhen und einer großen Haarschleife in der Mirenda. Wir liebten Giulia, nie war etwas zu viel für sie. Sie war heiter, unterhaltend und klug.

Was für ein Vergnügen war es, von der Villa Mirenda hinunter zu wandern und in Scandicci die Tram nach Florenz zu nehmen. Da saßen die hübschen Toskanerinnen mit ihrem schwarz glänzenden, sorgfältig aufgesteckten Haar, etwa im roten Taschentuch vorsichtig ein Hühnchen behütend, das für den Markt oder kranke Verwandte bestimmt war. Weinflaschen müssen vor dem Zöllner versteckt werden, Freunde umarmten sich, jemand sieht einen Hausgenossen und brüllt etwas über die »pasta« für den Mittag und so geht es weiter, während wir fröhlich auf die Stadt zufahren. Als erstes eilten wir in Pino Oriolis kleinen Buchladen, um seine und unserer Freunde Neuigkeiten zu hören. Dann stürzte jeder von uns davon, es ging an das aufregende Besorgungen machen, das in Florenz noch unterhaltend ist und nicht in die Öde der großen Warenhäuser führt. Da gibt es noch Papiergeschäfte, Lederhändler, Parfümerieläden, Tuchhändler, einen herrlichen Laden, der nur Bänder verkauft von Samt und Seide in allen Farben, gemustert und brokatne. Dann einen nur für Stick-

274

seide. Wir kauften – was nicht alles? Marionetten und Töpfe und Pfannen, Geschirr und Glas, Werkzeug und Farben. Wir sammelten unsere Einkäufe bei Orioli und fuhren mit Pietro und Giulia heim. Die große Küche in der Mirenda richteten wir auf diese Weise mit ein paar Pfund praktisch ein. Lawrence zeichnete dem Tischler einen großen Küchentisch und Wandbretter zum Aufhängen der Töpfe auf. Die Fensterläden und Stühle strichen wir grün an, auf den Backsteinboden des großen Wohnraumes legten wir »stuoie«, dicke mattfarbene Schilfmatten. Wir hatten ein paar ländliche Stühle, einen runden Tisch, einen Diwan, einen alten Sessel und ein – gemietetes – Klavier. Die Wände bearbeiteten wir mit der großen Spritze, die zum Schwefeln der Reben benutzt wird, mit weißer Kalkfarbe... das ging schnell. Die Sonne strömte still und heiß in den großen, hellen Raum. Die einzigen Geräusche waren Rufe oder Gesang der arbeitenden Bauern oder das Knarren des Ziehbrunnens. Und dann als Schönstes, nur fast zu unbändig, die Nachtigallen, die vom frühen Morgengrauen an lossangen, beinahe die ganzen vierundzwanzig Stunden hindurch sangen sie, nur in der Mittagshitze gönnten sie sich ein oder zwei Stunden Ruhe.

Der Frühling in jenem ersten Jahr war eine Offenbarung in Blumen, von den ersten Veilchen in den Wäldern an... in dichten, üppigen Polstern fanden wir sie, und wie immer bei unsern Wanderungen nahmen wir freudevoll Besitz von dem unverdorbenen, fast noch mittelalterlichen Land um uns. Beim Bach im Tal, wo die Weiden während des Winters blutrot geleuchtet hatten, blühten Nester von riesigen Primeln. Am Rand des Pinienwaldes, in den Feldern standen große rote und purpurfarbene Anemonen, fremdartige, spitzblättrige gelbe und rote Tulpen, Fliegenorchis und Knabenkraut, Büsche schwer duftenden Lavendels... Blumen so dicht wie samtige Teppiche, wie der Grund auf den Bildern Fra Angelicos.

Weihnachten kam, ich wollte für alle Bauern einen Weihnachtsbaum machen und gab Pietro den Auftrag, mir einen zu kaufen. »Was«, erwiderte er, »einen Baum kaufen, Signora? Einen Baum kauft man doch nicht. Ich werde der Signora einen aus des Pfarrers Wald holen.« Am 24. in der Frühe um vier hörte ich unter meinem Fenster flüstern: »Signora, Signora.« Da stand Pietro mit einer schönen großen Pinie. Welchen Spaß hat es uns beiden und Giulia und Pietro gemacht, diesen Baum zu schmücken! Er trug noch seine Zapfen, die wir mit Gold und Silberpapier umhüllten. »Wie schön, Signora, wie schön!« rief Pietro, als wir all die glänzenden Dinge, die wir gekauft hatten, an den Weihnachtsbaum hingen, silberne Fäden, das Christkindelshaar unserer Kindheit und Unmengen von Zuckerzeug. Wunderschön sah der Christbaum in dem großen leeren weißen Raum aus, nur gar nicht christlich. Die Bauernkinder waren selig mit ihrem billigen Holzspielzeug und behandelten es sorgsam, es war ja so kostbar. Sie hatten noch nie Spielzeug gehabt. Auch die Erwachsenen waren glücklich und waren schwer zum Abschiednehmen zu bringen.

Süße und Vollkommenheit immer erneuter Blüte hat uns Florenz bedeutet. Manchen Nachmittag wanderten wir fast in Ehrfurcht durch so viel unbekannte, unaufdringliche Schönheit... Die weißen Ochsen pflügten vorsichtig zwischen den Zypressen, und schon standen wieder Blumen im sprossenden Weizen und Klee, in den Erbsen und Bohnen. Im Zwielicht kamen wir nach Hause und zündeten im großen Wohnzimmer den Ofen an, der schon seit Jahrhunderten dagestanden und früher die Seidenraupen, die der Pächter dort gezogen, gewärmt hatte.

Unsere Wände waren kahl, aber Maria Huxley hatte uns aufgespannte Leinwand dagelassen. »Wir wollen Bilder haben«, sagte ich. So mischte Lawrence seine Farben und fing tapfer und vergnügt an zu malen. Stundenlang konnte ich hingenommen ihm zusehen, besonders wenn er ein neues Bild anfing, wenn er auf einer Glasscherbe seine Farben mischte, mit einem Lappen, den Fingern, der Handfläche und seinen Pinseln malte. »Du könntest es auch mal mit den Zehen versuchen«, spottete ich. Gelegentlich, wenn ich grade dabei war, Tauben zu braten, die nach Wein schmeckten, weil sie sich von Traubentrestern ernährten, oder wusch, rief er mich, und ich mußte ihm einen Arm oder Fuß zum Abzeichnen hinhalten oder seine Malerei begutachten. Das Malen beglückte ihn, er war mit ganzer Seele dabei.

Dann schrieb er »Lady Chatterley«. Nach dem Frühstück – er war gewöhnlich um sieben Uhr bereit – nahm er sein Heft, seine Füllfeder und ein Kissen und ging, von John, dem Hund, begleitet, in die Wälder hinter der Mirenda. Mittags brachte er mir, was er geschrieben, ich las es Tag für Tag mit Staunen über die Art, wie er seine Kapitel aufbaute, wie ihm alles zuströmte. Ich bewunderte seinen Mut, die Kühnheit, mit der er sich diesen verborgenen Dingen, die sonst keiner auszusprechen oder zu schreiben wagt, stellte und sie niederschrieb.

Zwei Jahre lang lag »Lady Chatterley« in einer alten Truhe, die Lawrence mit Rosen auf hellgrünem Grund bemalt hatte. Oft, wenn ich daran vorbeikam, fragte ich mich, ob das Buch je erscheinen werde.

Lawrence fragte mich: »Soll ich es veröffentlichen oder wird es mir nur wieder Haß und Beschimpfung eintragen?« »Du hast es geschrieben, du glaubst daran, also gib es auch heraus«, erwiderte ich. Eines Tages besprachen wir demnach die Sache mir Orioli, wir gingen in eine altmodische kleine Druckerei, wo sie nur so viel Lettern hatten, daß sie nicht mehr als die Hälfte des Buches auf einmal setzen konnten, und »Lady Chatterley« wurde gedruckt. Als es soweit war, lagen Stöße und Stöße von Lady C.... — wie wir sie nannten – auf dem Fußboden von Oriolis Laden aufgetürmt. Eine erschreckende Menge – ich fürchtete, sie würden sie nie verkaufen. Aber ehe es zum Krach kam, waren schon viele verschickt. – Zuerst kamen in Amerika einige Exemplare nicht in die Hände der Adressaten, dann erschienen die Anwürfe aus England... aber es war geschafft... sein letztes großes Werk.

Er hatte es geschafft... und kommenden Generationen wird es zum Guten gereichen; seinem Volk, das er so liebte und seiner Klasse, die weniger gehemmt ist, denn für sie und aus ihnen sprach er, dort in der Toskana, wo die andersartige Kultur einer anderen Rasse seiner Arbeit den Auftrieb gab.

Einen Winter verbrachten wir mit den Huxleys und ihren Verwandten in Diablerets. Maria Huxley las dort Lady C. Eine der anwesenden Frauen fand das Buch anstößig – aber einen Anstoß sollte es ja gerade geben.

Ich glaube, das größte Glück und die tiefste Befriedigung für eine Frau ist es, mit einem schöpferischen Mann zu leben, wenn er vorwärts strebt und kämpft – so ist es mir ergangen. Immer wenn er tief in einer Arbeit steckte, fühlte ich voll Glück, daß etwas wurde, daß etwas Neues in die Welt kam. Ehe eine neue Idee in ihm gereift war, konnte er oft reizbar und unangenehm sein, aber war die Vision gekommen, so war er befreit und gab sich ihr erfüllt und eifrig hin.

Der Sommer 1928 war sehr heiß, wir dachten daran, ins Gebirge zu gehen. An einem schwülen Nachmittag hatte Lawrence im Garten Pfirsiche gepflückt, er kam herein und zeigte mir den Korb voll wundervoller Früchte. Kurze Zeit darauf rief er mich mit fremder, erstickter Stimme aus seinem Zimmer. Ich fand ihn auf dem Bett liegend. Mit entsetzten Augen sah er mich an, ein Strom von Blut floß ihm langsam aus dem Mund. »Sei ruhig, sei ganz still«, sagte ich. Ich hielt ihm den Kopf, aber langsam, entsetzlich floß das Blut. Ich konnte nichts tun, als ihn halten und versuchen ihn zu beruhigen und nach Dr. Giglioli schicken. Er kam – es folgten angstvolle Tage und Nächte. In der Juliglut war die Pflege schwierig – Giulia, alle Bauern halfen, so gut sie konnten: Der Signore war krank. Giulia brachte jeden Morgen in einem großen Taschentuch in Sägemehl verpacktes Eis und frische Milch, aber selbst wenn wir sie sofort abkochten, war sie bis Mittag sauer. Huxleys besuchten ihn, Maria mit einem großen Busch phantastisch schöner Lotosblumen, Giglioli kam jeden Tag, und Orioli half. Aber ich pflegte ihn allein, Tag und Nacht sechs Wochen lang, bis er kräftig genug war, im Schlafwagen nach Tirol zu fahren. – Wieder hatte die Krankheit einen Vorstoß gemacht. Wir beide hatten hart gekämpft und noch einmal gesiegt.

Einer unserer Besuche war Capitano Ravagli gewesen, der in Florenz dienstlich zu tun hatte. In seinem Militärpaß, den er Lawrence zeigte, stand: »Capitano Ravagli muß am...« Lawrence schüttelte den Kopf und sagte ärgerlich: »Warum muß? Warum muß? Es dürfte kein Muß geben...«

Diesen Herbst gaben wir die Mirenda auf. Lawrence war dort so krank gewesen und verlangte nach der See. Ich mußte packen, mit Schmerzen tat ich es, ich war in dem Haus, wäre nicht die Krankheit von Lawrence gewesen, so glücklich. Die stete Sorge um ihn bedeutete eine unvorstellbare Anspannung. Manchmal schien der letzte Rest meiner Kraft wie ausgesogen, dann raffte ich mich zusammen und war stärker als vorher.

Und ich wurde belohnt – es ging ihm besser. An meine Gesundheit zu denken hatte ich nie Zeit, sie ließ mich auch nicht im Stich.

Die Bauern, unsere Freunde, der Fleck Erde, die Wälder mit den herrlichen Pinien, die Gebäude selbst schienen über den Abschied zu trauern. Was sich im Lauf der Zeit an Habe angesammelt hatte, bekamen die Bauern. Sie trugen es auf dem Rücken davon, wie Gnome unter ihrer Last gebeugt schlichen sie den Pfad hinunter.

Als ich bei den zwei Zypressen an der Straße mich noch einmal umsah, stand die Mirenda festgegründet, jahrhundertealt auf ihrem Hügel – die Fensterläden waren zu, als habe sie die Augen geschlossen um im Schlaf von dem, was gewesen und vergangen, zu träumen.

Den ganzen Winter blieben wir in der Nähe von Toulon, in Bandol im Hotel Beau Rivage, einem sonnig am Meer gelegenen, in seiner heiteren Ungezwungenheit echt provenzalischen Gasthof. Wir schienen das Leben des petit rentier, wie ihn Rousseau, der Zollbeamte, gemalt hat, zu führen. Lawrence schrieb am Vormittag in seinem Zimmer. »Pansies« sind damals im wesentlichen entstanden. Dann gingen wir aus, um in einem Café am Strand vor Tisch unseren Apéritif zu nehmen. Ein kleines Kriegerdenkmal stand in der Nähe, eine fröhliche junge Dame, die gewiß jedem poilu gefiel. Wir kannten alle Hunde des kleinen Ortes, wir sahen die Fischerboote einlaufen und ihre silbrige Last, Haufen von Sardinen, im Sand des Ufers glitzern. Nach Tisch sah Lawrence dem Boccia-Spiel der Männer am Strand zu. Es ging ihm diesen Winter so viel besser, wir schienen das unbeschwert dahinfließende Leben der kleinen Stadt zu teilen. Wir gingen in einen wunderschönen Zirkus, ja, leicht und sonnig war dieser Winter in Bandol.

Später kamen Huxleys und siedelten sich in Sanary jenseits der Bucht an. Ich sehe uns in dem sonnigen Eßraum des Beau Rivage sitzen und höre Lawrence sagen: »Nein, Maria, Sie wären gar nicht nett, wenn Sie sehr reich wären.«

Im Frühjahr gingen wir nach Spanien – von Marseille nach Barcelona und von da nach Mallorca, das noch etwas von Geheimnis hat, einen leisen Duft von Afrika-Ferne in seinem meerweiten Horizont.

Unser Haus lag an einer kleinen Bucht, die Tage verrannen in köstlicher Sonnenwärme. Wir bereisten die ganze Insel, immer mit Vorsicht, um Lawrence nicht zu ermüden.

In der Mittagshitze schwamm ich zwischen den Felsen unserer Bucht, die ich ganz für mich hatte. Eines Tages erblickte ich einen spanischen Offizier auf einem herrlichen Pferd, der gegen die See sah. Rasch wollte ich zu meinem Bademantel und davonlaufen. Aber ich trat auf ein mit Seetang bedecktes Loch im Fels, mein Knöchelgelenk knackte wie ein Schuß – fast ohnmächtig vor Schmerz brach ich zusammen. Der Offizier ritt heran und bot mir sein Pferd an. Leider war diese romantische Situation an mich verschwendet, mein Fuß schmerzte viel zu sehr, als daß ich hätte ein tänzelndes Pferd besteigen können. Zum Glück kam Lawrence und holte ein Auto. Der Schmerz ließ nach, aber ich hatte den Knöchel gebrochen.

Lawrence hatte seine Bilder in London ausgestellt und bat mich, zur Eröffnung hinzufahren. Eine bunte Flagge mit seinem Namen wehte von der Galerie Warren, als ich hinkam. In den eleganten, zartfarbenen Räumen wirkten die Bilder etwas unbändig und überwältigend. Aber nie hätte ich für möglich gehalten, daß ein paar Bilder einen solchen Sturm heraufbeschwören konnten. Mir war in den großen leeren Zimmern der Mirenda, wo sie so selbstverständlich entstanden waren, als

habe die Toskana ihnen ihr Leben eingehaucht, ihre Wirkungs-
kraft nicht so bewußt geworden. Ich staunte. Dann kam die
Polizei, beschlagnahmte sie und brachte sie, bis sie vernichtet
werden sollten, im Keller einer Polizeistation unter. Ich fürchtete, es könne dort feucht sein und die Bilder so zugrunde
gehen, aber zum Glück wurden sie freigegeben und rechtzeitig
gerettet. Immerhin, es hatte einen Kampf gekostet.

Während dieser Zeit lag Lawrence in Florenz krank. Die
Beleidigungen, die man ihm wegen Lady Chatterley zugefügt
hatte, der Skandal wegen seiner Bilder – das ging über seine
Kräfte. Orioli telegrafierte mir verzweifelt. So trat ich mit dem
ungeheilten, schmerzenden Gelenk voll Angst um Lawrence
die Reise an. Orioli erzählte mir, er habe nach Empfang meines
Antworttelegramms gefragt: »Was wird Frieda sagen, wenn sie
kommt?« Und Lawrence habe geantwortet: »Sehen Sie dort die
Pfirsiche in der Schale? Sie wird sagen ›die herrlichen Pfirsiche‹
und sich darauf stürzen!« Und so war es. Nach einem ersten
Blick auf Lawrence, als mir seine Augen sein erlöstes: sie ist bei
mir – zu verstehen gegeben hatten, fühlte ich den Durst nach
der langen Reise und aß die Pfirsiche.

Wenn ich da war, ging es ihm immer besser. Aber Orioli
erzählte mir von seinem Schreck, als er Lawrence wie tot, Kopf
und Arme aus dem Bett hängend, gefunden habe.

Wir verließen das heiße Florenz und gingen – zum letztenmal zusammen – zu meiner Mutter in die Nähe von Baden,
dann an den Tegernsee zu Max Mohr. Wir wohnten in einem
einfachen Bauernhaus; es war Herbst. Lawrence mußte viel
liegen. Meine Schwester Else und Alfred Weber besuchten uns.
Als er allein mit Alfred Weber war, sagte er: »Sehen Sie, wie die
Blätter von dem Apfelbaum fallen? Wenn die Blätter fallen
wollen, muß man sie lassen.« Max Mohr brachte Ärzte aus

München zu uns, aber ärztliche Kunst konnte Lawrence nicht helfen – er war zu zart und empfindsam. Herbstnächte kamen, in denen ich glaubte, das Ende sei da. Ich lauschte durch die offene Tür die ganze Nacht auf seinen Atem, ein Käuzchen schrie Übel verheißend draußen im Nußbaum. Im Morgengrauen schien ein Riesenstrauß Enzian, den ich auf den Fußboden an das Fußende seines Bettes gestellt hatte, das einzig Lebendige im Zimmer. Aber er erholte sich, und in kleinen Stationen brachten Max Mohr und ich ihn in den Süden nach Bandol.

Seit dem Abschluß in der Mirenda schienen wir nur für seine Gesundheit zu leben. Abwechselnd die Schweiz und darauf die See schienen ihm gutzutun. Ärzte oder eine Kur lehnte er ab, er wisse so viel besser über sich Bescheid als die Ärzte, pflegte er zu sagen. Sein Leben wurde zu einem Kampf um Gesundheit. Doch konnte er sich erstaunlich frei davon machen – bis zum letzten Ende erwuchsen unsterbliche Blüten aus seiner Seele. Einer seiner Pläne war gewesen, über jeden Kontinent einen Roman zu schreiben. Afrika und Asien wollte er noch fassen, es war ihm nicht vergönnt.

Dem Ende entgegen

Jetzt nahe ich mich dem Ende... ich denke an Bandol, an unsere kleine Villa, deren große Fenstertüren auf das Meer gingen, deren Seitenfenster uns ein sonnengelbes Narzissenfeld, dahinter Pinien und wieder das Meer sehen ließen. Ich erinnere mich an Sonnentage, als die Wogen mit weißen Mähnen dahergestürmt kamen, als wollten sie die Terrasse herauf in sein Zimmer rasen.

Es war eine wunderbare und seltsame Zeit.

Eines Tages kam ein großer, hübscher gelbweißer Kater herein, Lawrence verjagte ihn: »Wir wollen ihn nicht. Wenn wir gehen, wird er unglücklich sein. Wir können nicht die Verantwortung für ihn übernehmen.« Aber der Kater blieb, er hatte es so beschlossen. Er hieß Micky und wurde immer schöner. Nie hat ein Kater verständnisvoller gespielt als Micky... er spielte Verstecken mit mir, und Lawrence spielte Maus mit ihm. Lawrence war eine überzeugende Maus... aber dann befahl er: »Du mußt dieses Tier des Nachts hinaustun, sonst wird es ein bürgerlicher, garstiger Kater.« So mußte ich Micky betrübt, trotz seines Widerspruchs, am Abend in den Garten jagen.

Eines Tages brachte die bezaubernde alte Mutter von Madame Douillet, der Besitzerin vom Hotel Beau Rivage, zwei Goldfische in einem Glas: »Pour amuser Monsieur«, Micky aber dachte: »Pour amuser Monsieur le chat.« Mit starrem, unergründlichem Katzenlauern beobachtete er diese roten, im Glas hin und her gleitenden Striche! Die Goldfische mußten im Badezimmer auf einem Tischchen in der Sonne stehen und jeden Morgen frisches Wasser bekommen, eine halbe Stunde mußte ich es fließen lassen. Mehr bekamen sie nicht, kein Futter... und gediehen doch. »Alles gedeiht«, sagte ich flehend zu Lawrence, »Pflanzen und Katzen und Goldfische, warum du nicht?« – »Ich möchte so gern, ich möcht' so gern, wenn ich nur könnte«, war seine Antwort. Micky aber trachtete den Goldfischen nach. Eines Abends war die Türe zum Badezimmer offen geblieben... ich kam und fand beide Fische auf dem Boden, Micky hatte sie herausgefischt. Lawrence war empört: »Er wußte, daß er diese Goldfische in Ruhe lassen sollte, er wußte es. Wir füttern ihn, wir sorgen für ihn, er durfte uns das nicht antun!« Als ich Micky entschuldigte, das sei nun einmal Katzennatur, wandte er sich gegen mich: »Du bist daran schuld, du verwöhnst das Tier, und wenn er mich fressen wollte, würdest du mich ihm ausliefern!«

Jeden Morgen, wenn es dämmerte, erschienen Micky und ich bei Lawrence... Micky sprang mit einem mächtigen Satz auf sein Bett und fing an, mit seinen Zehen zu spielen, und ich schaute auf den Kranken, wie es ihm wohl ginge... seine schlimmste Zeit war vor Sonnenaufgang, wenn er so viel hustete. Ich wußte, was er gelitten hatte. Aber dann, wenn es dämmerte, war er, glaube ich, dankbar, daß ihm wieder ein Tag geschenkt war. »Komm, wenn die Sonne aufgeht«, sagte er, und wenn ich kam, war er froh, so froh, als wollte er sagen: »Sieh, wieder ist mir ein Tag geschenkt.«

Herrlich in Rot und Gold ging gegenüber seinem Bett die Sonne über der Bucht auf. Die Fischer standen wie ewige

Gestalten der alten Göttersagen dunkel und lebensvoll gegen den aufleuchtenden Glanz des Meeres und des Himmels, und wenn ich nach der Nacht fragte, antwortete er mir zum Trost: »Nicht so schlimm«, wenn es auch zum Herzzerreißen gewesen war.

Sein Mut und sein unbesiegbarer Geist, die bis zum Äußersten um das Leben in dieser so sehr geliebten Welt kämpften, richteten auch mich auf. Niemals, in aller Krankheit und allen Leiden ließ er die Tage in Trauer oder graue Alltäglichkeit herabsinken. Diese letzten Monate waren verklärt wie ein purpurner Sonnenuntergang, nur mit Ehrfurcht, wie an die Strahlen der untergehenden Sonne kann ich daran denken und wie sie unschöne Einzelheiten einer Landschaft verwischt, waren auch die trüben Stunden unseres Lebens ausgelöscht. Er sagte mir: »Warum, ach warum haben wir uns so viel gestritten?« und ich sah, wie die Erinnerung daran ihn schmerzte... aber ich beruhigte ihn: »Konnten wir denn anders, wir waren doch beide solche unbändigen Geschöpfe.«

Täglich wurde er mit Öl massiert... es schmerzte mich zu sehen, wie dünn, wie dünn seine starken, raschen geraden Beine geworden waren. »Immer«, sagte er mir, »habe ich mich auf deinen Instinkt, der das Richtige für mich wußte, verlassen können, aber jetzt scheinst du auch nichts mehr zu wissen.«

Eines Nachts bat er mich, in seinem Bett zu schlafen – die ganze Nacht fühlte ich eine schmerzende, schwer atmende Brust und die ganze Nacht muß ihm die Gesundheit meines Körpers neben ihm schmerzlich bewußt gewesen sein. Immer hatte ich ihn bisher durch meine Nähe trösten und erquicken können – jetzt nicht mehr... er entglitt dem Leben und mir. Mit all meiner Kraft war ich hilflos.

Ich fühlte: Jetzt kann ich nichts mehr für Lawrence tun, nur die Sonne, das Meer und des Nachts die Sterne und der Mond sind jetzt sein Teil. Er wollte nie die Läden geschlossen oder die Vorhänge zugezogen haben, so daß er den Himmel sehen konnte. In diesen Tagen schrieb er seine »Apokalypse«, er las sie mir vor, seine Stimme war noch so klangvoll. »Das ist herrlich«, rief ich aus. Während des Lesens ärgerte er sich über die durcheinandergemengten Symbole und die unmöglichen Bilder – er wollte auf die früheren, vorbiblischen Tage des Buches zurückgreifen und daraus für uns darstellen, was die Menschen jener Zeiten waren und wie sie fühlten.

Eines Tages sagte Lawrence vor sich hin: »Ich sterbe ja nun nicht als reicher Mann... vielleicht ist es gut so, das Geld hätte mir vielleicht geschadet.« Aber auch Millionen hätten ihn nicht verändert, glaube ich.

Ein andermal: »Ich kann nicht sterben, ich kann nicht sterben, ich hasse sie zu sehr! Ich habe zu viel gegeben, und was habe ich dafür wieder empfangen?« Wie er es sagte, klang es fast komisch – ich ging über die tiefe Trauer und Bitterkeit seiner Worte hinweg und erwiderte: »Nein, nein, Lorenzo, so groß ist dein Haß gegen sie doch nicht.« Das schien ihn zu trösten.

Jetzt staune ich und bin dankbar für die überirdische Kraft, die uns beiden in jenen Tagen zuteil wurde. Tief im Innern wußte ich: »Es droht etwas, wir steuern einem Ende zu!«, aber jeder Nerv, jeder Gedanke und jedes Gefühl waren angespannt... um jeden Preis mußte das Leben heiter seinen Gang gehen.

Seit Dr. M. M. fort war, hatten wir keinen Arzt mehr, nur Madame Martens, die erfahrene Köchin, kam mit ihren Tees und Inhalierungen und Senfpflastern.

Mein großer Kummer war, daß wir kein offenes Kaminfeuer

hatten, nach dem Lawrence sich so sehr sehnte – nur Zentralheizung und Gott sei Dank den ganzen Tag die Sonne. Mit wunderbarer Energie machte er Versuche, spazierenzugehen, doch die Anstrengung reizte und erregte ihn. Wenn ich mit ihm ging, wurde es zur Qual, bis er die Ecke unter den Pinien, nur ein paar Meter auf dem Weg am Ufer erreicht hatte. So tapfer versuchte er, gesund zu werden und zu leben. Er ging sehr klug mit seinem gebrechlichen Körper um – man konnte von ihm lernen, dieses unser so kompliziertes Gehäuse zu behandeln. Er hatte einen unfehlbaren Instinkt für das, was er brauchte, was ihm gut tat, sonst wäre er Jahre früher gestorben. Und ich wollte ihn um jeden Preis am Leben erhalten, und nun mußte ich ihn Tag für Tag dem Ende näher kommen sehen! Dabei war sein Geist bis zuletzt so lebendig und machtvoll, daß Ende und Tod unvorstellbar blieben und es für mich auch jetzt noch sind.

Dann schickten Freunde uns einen Spezialisten, der sagte, die einzige Rettung sei ein höher gelegenes Sanatorium. Lawrence hatte immer mit Entsetzen an ein Sanatorium gedacht; wir beide verabscheuten die bloße Vorstellung. Freiheit war für ihn die erste Lebensnotwendigkeit. Niemals hatte er sich als Invalide fühlen müssen, dafür hatte ich gesorgt – niemals sollte er sich als elender jämmerlicher Kranker vorkommen, solange ich da war und sein Geist! Nun mußten wir nachgeben, wir waren besiegt. Mit verschlossenem Gesicht ließ er sich alle seine Papiere ans Bett bringen, die meisten zerriß er, alles ordnete er übersichtlich und half mir seinen Koffer packen. Ich weinte nicht, seine Selbstbeherrschung und meine Bewunderung für seine nie versagende Haltung hielten mich aufrecht... Der Tag war da, als das Auto vor unserm kleinen Haus Beau Soleil stand. Micky, der Kater, wurde von Achsah Brewster abgeholt, sie kam, ehe wir abfuhren, mit einem Arm voll Mandelblüten, Earl Brewster reiste mit uns. Geduldig, mit herzbrechendem Schweigen machte sich Lawrence auf seine letzte Reise. Am Bahnhof von Toulon mußte er treppauf und treppab steigen und Kräfte verschwenden, die er so nötig brauchte, dazu den rüttelnden Zug und die lange Autofahrt von Antibes hinauf nach dem Ad Astra in Vence. Und wieder mußte er Treppen steigen. Endlich lag er in einem blauen Zimmer mit gelben Vorhängen und großen offenen Fenstern mit dem Blick über das Meer. Als die Ärzte ihn untersuchten und befragten, sagte er: »Seit ich zwei Wochen alt war, habe ich Bronchitis gehabt.«

Trotz seiner Schwäche gab er nie seine Würde preis, bis zuletzt kämpfte und hoffte er. Freunde brachten Blumen, rote und weiße Alpenveilchen, Hyazinthen und Früchte ... aber er litt sehr, und als ich ihm gute Nacht sagte, antwortete er: »Jetzt muß ich mehrere Schlachten von Waterloo durchkämpfen, ehe der Morgen kommt!« Ich wagte nicht, ganz zu begreifen, was er damit meinte. Einmal zu meiner Tochter: »Deine Mutter mag mich nicht mehr, der Tod in mir stößt sie ab.« Es war ja nur der Schmerz über sein Leiden! Essen wollte er nicht mehr – wir zerbrachen uns den Kopf, womit wir ihn verlocken konnten. Huxleys waren um uns, Wells, der Aga Khan mit seiner bezaubernden Frau besuchten ihn. Joe Davidson modellierte seine Büste.

Eines Abends sah ich, daß es ihm schwerfiel, mich gehen zu lassen, also kam ich nach dem Essen zurück, um die Nacht über bei ihm zu bleiben. Seine Augen leuchteten voll Dank auf, dann wandte er sich zu meiner Tochter: »Ich brauche deine Mutter nicht oft, aber heute nacht möchte ich sie bitten, bei mir zu bleiben!« Ich schlief auf dem Liegestuhl in seinem Zimmer und sah in die finstre Nacht hinaus. Wenn doch nur ein Stern geschienen und mich getröstet hätte – aber da war keiner! Der Himmel lastete finster und riesig, ohne Mond und Sterne. So vergingen die Tage und Nächte in Qual. Meine Füße wollten mich kaum mehr tragen, ich konnte nicht von ihm wegbleiben und immer die Angst: »Wie finde ich ihn?«

In einer Nacht fiel mir die Stunde wieder ein, als ich begriff, daß ich ihn liebte, als ein zärtliches Liebesgefühl in mir aufstieg, wie ich es noch nie empfunden hatte. Es war damals, als er mit meinem kleinen Töchtern und mir einen Frühlingsspaziergang über die Felder gemacht und, mich ganz vergessend, mit den Kindern Blumen auf dem rasch fließenden Bach unter der kleinen Steinbrücke hatte durchschwimmen lassen. Dann hatte er Papierboote gemacht und brennende Streichhölzer hineingestellt: »Das ist die spanische Armada, und ihr wißt nicht, was das war.« »Doch das wissen wir«, hatte die Ältere rasch gerufen. Ich sah ihn vor mir, wie er da kauerte, jung und lebenerfüllt, ganz dem Spiel hingegeben und die kleinen Mädchen in den rosa gestreiften Wollkleidchen, langbeinig wie Füllen in wilder Begeisterung über diesen Spielkameraden. Aber das war lange her ... und diesen Mann, mußte ich denken, nennen sie erotisch besessen!

Mehrere Nächte schlief ich auf seinem Liegestuhl. Aus vielen Zimmern hörte ich Husten, junges Husten und altes Husten. Uns zunächst war ein junges Mädchen mit seiner Mutter, ich hörte sie stöhnen: »Maman, Maman je souffre tant!« Es war eine Erleichterung, daß Lawrence ein wenig taub war und nicht alles hören konnte. Auch versuchte er mich zu trösten: »Du mußt nicht so stark mit allen Leuten fühlen. Wenn Menschen krank sind oder blind, gibt es immer einen Ausgleich. Ihr Zustand ist ein anderer geworden, du brauchst dir nicht vorzustellen, es sei dasselbe wie für den Gesunden.«

Nach einer Nacht, als er wieder so viel gelitten hatte, mußte ich mir sagen: »Es ist genug, es ist genug, niemand sollte das ertragen müssen.« Er wurde reizbar: »Daß du hier schläfst, tut mir nicht gut«, sagte er. Ich lief hinaus und weinte draußen. Als ich wiederkam, sagte er so liebevoll: »Mach dir daraus nichts, du weißt, daß ich nichts anderes will als dich, aber manchmal ist etwas stärker in mir.«

Wir hatten alles vorbereitet, um ihn aus dem Sanatorium, wo er unglücklich war, in eine Villa zu bringen, die wir gemietet hatten. Zum erstenmal erlaubte er mir, ihm die Schuhe anzuziehen, alles andere besorgte er sich bis zum Tag vor seinem Tod selbst. Er ging zu dem rüttelnden Auto und wurde in das Haus gebracht, wo er sich erschöpft auf das Bett legte, das sein Sterbelager wurde. Ich schlief auf dem Sofa, so daß er mich sehen konnte. Noch hatte er Nahrung zu sich genommen. Der nächste Tag war ein Sonntag. »Verlaß mich nicht«, bat er, »geh nicht fort.« So saß ich an seinem Bett und las. Er las das Leben des Columbus. Nach Tisch fing er an sehr zu leiden, und etwa um fünf meinte er: »Ich muß hohe Temperatur haben, ich phantasiere, gib mir den Thermometer.« Als ich in sein gepeinigtes Gesicht sah, kamen mir die Tränen – zum erstenmal in seiner Gegenwart. »Weine nicht«, sagte er mit rascher befehlender Stimme, so daß ich aufhörte. Er verlangte nach Aldous und Maria Huxley, die im Hause waren; sie hörten ihn in der Qual des Todeskampfes aufschreien. »Jetzt müßte ich Morphium haben«, bat er; bis dahin hatte er es abgelehnt. Dann sagte er: »Halte mich fest, halte mich, ich weiß nicht, wo ich bin, ich weiß nicht, wo meine Hände sind ... wo bin ich?«

Der Arzt kam und gab ihm eine Spritze. Nach einer kleinen Weile sagte er: »Jetzt ist mir besser. Wenn ich doch in Schweiß geraten könnte, würde mir wohler ...« und wieder »Mir ist jetzt besser.« Die Minuten vergingen. Maria Huxley war bei mir im Zimmer. Von Zeit zu Zeit umfaßte ich sein Fußgelenk, es fühlte sich so voller Leben an – all meine Tage werde ich dies Gefühl in meiner Hand haben.

Er atmete friedlicher, und dann auf einmal gab es Pausen in den Atemzügen. Der Augenblick kam, als der Lebensfaden in seiner keuchenden Brust riß, sein Gesicht veränderte sich. Der Tod hatte seine Hand nach ihm ausgestreckt... der Tod war gekommen, Lawrence war tot. So einfach, so klein schien die Veränderung, aber wie endgültig, wie überwältigend war sie. Tod!

Ich ging auf dem Balkon neben seinem Zimmer auf und ab, alles sah verändert aus, da war ein Neues, Tod, wo Leben, flammendes Leben gewesen war. Die Olivenbäume draußen sahen so schwarz und bedrängend aus, der Himmel hing schwer herab. Ich schaute in sein Zimmer, da standen seine Morgenschuhe, die Form seiner Füße wahrend, ordentlich unter dem Bett. Unter dem Laken lag er, kalt und entrückt, er, dessen warmen Fuß ich eben noch in der Hand gehalten. Ich betrachtete sein Gesicht. So stolz, männlich und groß sah er aus, ein neues Gesicht war das. Alles Leiden war hinwegge-wischt – es war, als habe ich ihn nie in der ganzen Vollendung seines Wesens bisher gesehen oder gekannt. Ich wollte ihn berühren, wagte es aber nicht, er war nicht mehr im Leben mit mir, die Umwandlung hatte sich vollzogen, er gehörte nun woanders hin, zu den Elementen, er war Erde und Himmel, aber nicht mehr der lebende Mann. Lawrence, mein Lorenzo, der mich geliebt hatte und ich ihn... er war tot.

Dann begruben wir ihn, ganz einfach; wie einen Vogel legten wir ihn in die Erde, ein paar von uns, die ihn liebten. Wir hatten sein Grab mit Blumen ausgefüllt, und nichts wurde gesprochen, als das »Lebewohl Lorenzo«, das ich ihm nachrief, als wir den Sarg unter Bergen von Mimosen begruben. Dann wurde er mit Erde zugedeckt, während die Sonne herauskam und auf sein schmales Grab schien, in jenem kleinen Friedhof von Vence, von dem aus man auf das Mittelmeer sieht, das er so sehr liebte.

Schluß

Nun, da ich meine Geschichte so zusammengefaßt erzählt habe, durch meine Seele hindurch wehen lassend, was da wehen wollte, weiß ich, wie wenig ich gesagt habe – wieviel mehr, vielleicht Bedeutsameres hätte gesagt werden können.

Aber ich schrieb, was in mir aufstieg, und hier ist es.

Kiowa Ranch   Frieda Lawrence
San Cristobal, New Mexico

And The Fullness Thereof

Auszüge aus Frieda Lawrence'
fiktionalisierten Memoiren

Englische Heirat

In ihren fiktionalen Memoiren schlüpft Frieda in die Rolle der Paula. In diesem Kapitel, das ungekürzt wiedergegeben wird, taucht Ernest Weekley nur dürftig verfremdet als Charles Widmer auf; wir erfahren von Friedas erster Reise nach England, ihrer Hochzeitsnacht und ihrer tiefen Enttäuschung über das konventionelle Eheleben. Manya ist Friedas ältere Schwester Else.

Charles Widmer war zu einem wohlverdienten Urlaub aufgebrochen... Man hatte ihm eine Stelle als Leiter einer kleinen Schule in Nordengland angeboten. Deshalb war er frohen Mutes, und er fuhr in den Schwarzwald und verliebte sich in die rauschenden Bäche, die Bergpfade, die Bauern und den guten Wein. Er traf die junge Paula und verliebte sich auch in sie. Er war kein ganz junger Mann mehr, sondern in einem Alter, wo sich ein Mann entweder Hals über Kopf oder gar nicht verliebt. Er fragte sie, ob sie seine Frau werden wolle, und sie sagte ja.

Ihr kam das Ganze nicht sehr real vor. Sie war verlobt und würde demnächst in ein anderes Land gehen; das Leben schien seine Vorhänge für sie aufzuziehen, um sie eintreten zu lassen. Wie sehr er sie zu lieben schien! Er zitterte, wenn er ihr nahe kam und sie küßte! Etwas Großes war plötzlich in ihre Welt getreten, das wußte sie, auch wenn sie es nicht verstand. Er hatte ihr von seiner Familie erzählt. »Es sind sehr einfache Leute«, sagte er, »aber sie werden dich lieben, weil ich dich liebe und weil ich kein schlechter Sohn war.« Ihr Lachen machte aus dem ruhigen Mann mit den ergrauenden Schläfen wieder einen Jüngling. Er erzählte ihr, wie seine Familie gegen die Armut hatte ankämpfen müssen und wie seine Eltern sich füreinander und ihre zehn Kinder aufgeopfert hatten. Sie spürte sein Verantwortungsgefühl, das schon stark ausgeprägt gewesen war, als er mit siebzehn begonnen hatte, seinen Lebensunterhalt als Lehrer zu verdienen; wie Paula aus seinen Erzählungen schloß, war das nicht immer leicht gewesen. Später hatte er weiter als Lehrer gearbeitet und die Nächte darauf verwandt, sich für ein Cambridge-Stipendium vorzubereiten. Dann erzählte er ihr mit einem Lächeln, für das sie ihn liebte: »Eines Tages kam ich nach Hause und überraschte sie, indem ich ihnen nach dem Abendessen ganz beiläufig erzählte: ›Ach, übrigens, ihr habt gerade mit einem Studenten des Trinity College zu Abend gegessen.‹«

Paula spürte das erste Mal in ihrem Leben festen Boden unter den Füßen. Das hier war etwas ganz anderes als das, was sie von zu Hause gewöhnt war. In seinem englischen Zuhause spürte sie die Stabilität des Familienlebens, einen eng zusammengehörigen Kreis, ein Ideal, nach dem man streben konnte. Ihr eigenes Zuhause war so chaotisch gewesen. Ohne Zusammenhalt. Nur der Moment zählte, die flüchtige Befriedigung, sich zu amüsieren. Paula wollte mehr. Sie hatte immer gegen ihre Eltern und deren oberflächliche, zynische Lebensansichten gekämpft. Trotz ihrer Vitalität waren sie im Grunde gescheitert, hatten auf starrsinnige, verbohrte Weise versucht, aus allem das Beste herauszuholen. Hier war nun dieser einfache, starke Mann, der sie liebte. Paula dankte Gott für ihn. Sie würde ihm eine gute Frau sein und ihn lieben. Daß er arm war, machte ihr nichts aus, sie hatte keine Angst vor der Armut. Sein Leben war einsam gewesen, voll harter Arbeit; sie würde Sonne in sein Leben bringen. An ihrer eigenen Kraft zweifelte sie nicht. Nur manchmal machte er ihr angst. Wenn er in einem Anfall von Verehrung ihre Füße küßte, die ihr in ihren mäßig eleganten Stiefeln ziemlich groß und gewöhnlich vorkamen, fühlte sie sich unbehaglich. Einerseits schmeichelte es ihrer Eitelkeit, andererseits akzeptierte sie es gelassen als das typische Verhalten eines verliebten Mannes. Trotzdem hatte sie irgendwie ein ungutes Gefühl, weil sie wußte, daß die ideale Frau, die er in ihr sah, nicht existierte. Aber sie würde sich Mühe geben, diesem Ideal gerecht zu werden; sie würde versuchen, all die Tugenden, die er in ihr vermutete, in sich zu vereinigen. Über diese Dinge dachte Paula nach, während sie zu der Quelle im Wald ging, an der sie ihn treffen würde. Sie stieg den Waldhang hinauf, wo sich frische Buchenblätter wie Schmetterlinge im Morgenwind wiegten und in der Sonne golden glänzten. Zwei rote Eichhörnchen mit schwarzen Knopfaugen jagten sich neben dem Pfad, auf dem noch die braunen Blätter vom letzten Herbst lagen; hier und da warf die Sonne goldene Flecken auf den Boden. Paula kam langsam näher, um die Eichhörnchen zu beobachten, die zornig schnatternd eine Kiefer hinaufrannten, als sie sie entdeckten. Paula wurde immer aufgeregter, je näher sie der Quelle kam. Sie wußte, daß er ihr rosa-weiß gemustertes Kleid und den rosa-weißen Sonnenhut gerne leiden mochte. Sie dachte mehr an ihre Wirkung auf ihn als an ihn selbst. Schließlich sah sie ihn vor einem düsteren Kiefernwäldchen stehen; hinter seinem Rücken bildeten die Bäume einen tiefen Torbogen. Er sah aus wie ein Mann, der dem normalen Leben enthoben war. Er konnte an nichts denken, war für sich allein nichts;

sein ganzes Sein lag in dem näherkommenden rosa-weiß ge-
kleideten Mädchen. Der Aufruhr seiner Gefühle lähmte ihn
fast. Paula fühlte sich etwas unbehaglich und ging schnell auf
ihn zu. Er nahm sie in die Arme, behutsam und zärtlich,
bemüht, seine Leidenschaft zu unterdrücken, um sie nicht zu
erschrecken. »Mein Schneeglöckchen«, sagte er …

… Als sie mit ihrer Mutter und ihrem zukünftigen Ehemann
nach England reiste, um ihre zukünftigen Verwandten zu besuchen, die sie in Dover in Empfang nahmen, verließ sie der Mut.
Am liebsten hätte sie geweint. »Sei keine Gans«, flüsterte ihre
Mutter. Die Eltern, der alte, würdevolle Vater und die lebhafte,
korpulente Mutter, redeten auf ihren Sohn ein – eigentlich
redete nur die Mutter –, und Paula konnte ihr Englisch nicht
verstehen. Sie waren alle so seltsam und fremd; was hatte sie
mit ihnen zu tun, was konnte sie je mit ihnen zu tun haben? Sie
blickte aus dem Zug auf die sanfte grüne Landschaft hinaus.
Alles erschien ihr so nahe. Ein kleines Dorf mit einem Kirch-
turm schmiegte sich zwischen die von Hecken umgebenen
Felder. »Was für eine wundervolle Kuh man hier abgeben
könnte« sagte sie zu sich selbst, »oder einen Frosch«; alles war
sehr flach und nahe dem Horizont, wo gerade die Sonne hinter
wuchtigen Baumgruppen versank. Wie sehr sich das Land doch
von den Städten unterschied! Die Städte waren nicht sanft und
friedlich, sondern strotzten grimmig vor stählerner Entschlos-
senheit und Kraft.

Charles' Eltern lebten in einem Vorort von London, und
Paula mochte sie. Sie hatte noch nie zuvor Leute ihres Schlages
kennengelernt. Wenn Grandpa der versammelten Familie morgens ein Kapitel aus der Bibel vorlas, den Arm um ein Enkel-
kind gelegt, dann wirkte er mit seinem kantigen weißen Bart
und dem gutaussehenden, fast reglosen Gesicht so beeindruk-

kend wie Moses. In Wirklichkeit schwang die lebhafte Granny das Zepter; es sah nur so aus, als ob Grandpa das Familienoberhaupt wäre, und Paula bewunderte Grannys weibliche Taktik. Diese vergötterte ihre klugen Söhne, die Mädchen kamen erst an zweiter Stelle. Im Haus herrschte eine warme, gemütliche Atmosphäre; zum Abendessen gab es immer große Stücke Fleisch und saftige Pies. Das große Ereignis der Woche aber war der sonntägliche Kirchgang. Dann herrschte reges Treiben, und es ging treppauf und treppab, bis alle fertig waren. Schließlich gab Grandpa, der mit Zylinder, Frack und einem kleinen Blumenstrauß im Knopfloch ausstaffiert war, das Zeichen zum Aufbruch, und Granny trabte in ihrer Seidenpelerine und einer mit Veilchen geschmückten Haube neben ihm her, um mit seinen langen Beinen Schritt halten zu können. Die Messe selbst war so ganz anders als die Gottesdienste, die Paula von zu Hause her kannte; hier knieten die Männer zum Beten nieder, was sie zu Hause nicht getan hatten, und ihr fehlten die starken Stimmen der Soldaten, die die Kirche mit ihrem vollen Klang erfüllt hatten. Die Gemeindemitglieder sahen in ihrer Sonntagskleidung so außerordentlich lady- und gentlemanlike aus. »Sie brauchen gar nicht zu beten, der alte Adam ist in ihnen bestimmt längst tot«, dachte Paula.

Sie ging mit Charles drei alte, alleinstehenden Tanten besuchen. Sie wohnten in einem kleinen Städtchen, das so hübsch war wie eine gemalte Postkarte. Sie betrieben einen kleinen, feinen Tabakladen. Die mittlere Tante schrieb Gedichte für das Lokalblatt, aber die älteste Tante war entzückend; in ihrem schwarzen Satinkleid mit der spitzenbesetzten schwarzen Seidenschürze sah sie aus wie altes Elfenbein. Die Fenster ihres alten Hauses waren mit einer doppelten Lage von Vorhängen versehen, um nur ja keine Luft hineinzulassen.

Ihr liebster Besitz war ein Puppenhaus, ein perfektes Puppenhaus mit kleinen Lampen und Wiegen und winzigen Tellern, Messern und Gabeln. Es schien ein Symbol für ihr eigenes Leben zu sein. Und doch erzählten sie Paula eine schlimme Geschichte über die Zeit, als ihr Vater viele Nächte mit einem geladenen Gewehr auf dem frischen Grab einer Tochter verbrachte, weil er Angst vor Leichenräubern hatte. Queen Victoria war eine nahe und werte Präsenz in ihrem Leben.

Dann kam Paulas Hochzeitstag. Zum letzten Mal teilte sie das Schlafzimmer mit Manya – das Schlafzimmer, durch das sie abends oft so wild getobt waren, wenn sie Lady Macbeth und den alten Mohren aus Schillers Räuber spielten, während rundherum ihre Kleider wie auf einem Schlachtfeld verstreut lagen. Der Polterabend in der groben alten Bauernwirtschaft verlief sehr fröhlich, und am nächsten Tag fuhren sie nach Freiburg, wo sie in der kleinen englischen Kirche getraut wurden. William, der Hausdiener, der mit zur Familie gehörte und all ihre Vorlieben und Abneigungen kannte, und Emma, die Köchin, deren Liebesbriefe Manya in der Küche verfaßt hatte, weinten laut, als Paula aufbrach, und alle waren traurig über ihr Weggehen...

Und jetzt waren sie verheiratet, und der Zug glitt durch sonnige Obstgärten und Weinberge, und die Erde sah hell und fruchtbar aus. Paula war sehr glücklich... Auch wartete sie darauf, daß etwas passierte, sie wußte zwar noch nicht genau, was es war, aber es würde sie sehr glücklich machen, glücklicher, als sie je gewesen war. Sie reisten erster Klasse und waren allein. Er saß in einer Ecke und fühlte sich unbehaglich, niedergeschlagen und müde. Er war verheiratet, dieses fröhliche Wesen war seine Frau. Und doch erschien sie ihm in ihrer Jungfräulichkeit so weit entfernt, daß es ihn fast mit Verzweiflung erfüllte. Die Frage sexueller Erfahrung erschreckte ihn, er war selbst noch fast unberührt. Trotz seines Alters und seines leidenschaftlichen Wesens hatte er sich nie gehenlassen. Er hatte seine sexuellen Bedürfnisse mit Gewalt unterdrückt. Er hatte sie so sehr unterdrückt, so sehr verdrängt, daß ihn nun alles überwältigte. Seine Liebe war von der idealen, rein bewundernden Art gewesen; das Thema Sex hatte er nie bewußt zugelassen. Wie sehr er nun litt! Paula sah es in seinem Gesicht. Sie bekam es plötzlich mit der Angst zu tun. Vielleicht würde jenes Wundervolle, das sie erwartete, nun doch nicht passieren. Er sagte kaum ein Wort. Von Zeit zu Zeit nahm er ihre Hand und hielt sie mit seinen langen, schönen Fingern fest, während sein Körper steif und aufrecht blieb. Paula war ein wenig traurig, sie lehnte ihren Kopf gegen den roten Plüsch und schlief bis zum Ende der Reise. Plötzlich schreckte sie hoch. Sie waren in Luzern. Die Lichter spiegelten sich im See, es war eine schöne, warme Nacht; E *[sic]* wirkte schrecklich angespannt. Ihre beiden Zimmer gingen auf den See hinaus. Unter ihren Fenstern zogen Karren und Menschen vorbei, und es herrschte noch ein vergnügtes Treiben. Paula, die sich selbst unbehaglich fühlte, setzte sich aufs Fensterbrett und blickte hinaus.

»Möchtest du etwas essen?« fragte er.

»Nein, danke«, antwortete sie. »Was für schöne, große Zimmer sie hier haben.«

»Ja«, sagte er. »Paula«, zwang er sich weiterzusprechen, »du mußt wissen, daß wir noch nicht richtig verheiratet sind. Komm zu mir herüber.«

Sie kam und setzte sich auf seine Knie. Sie spürte, wie seine Beine unter ihr zitterten, und sie konnte den handgesponnenen Stoff seines Anzugs riechen.

»Mein kleiner Liebling, du bist noch nicht meine Frau.«

»O ja«, sagte sie, »ich weiß.«

Der fröhliche, offene Ton ihrer Antwort verwirrte ihn. »Geh zu Bett, mein Kind. Ich werde noch einen Schluck trinken, dann komme ich und sage dir gute Nacht.«

Er stand auf und ging, fast erleichtert, wie Paula fand. Sie war traurig, sie hatte sich das alles so anders vorgestellt. »Er hat meine Füße geküßt, als sie in albernen Stiefeln steckten«, dachte sie, »warum küßt er jetzt nicht meine Zehen in natura? Er behandelt mich wie eine alte Kaiserinwitwe.« Ein großer alter Eichenschrank mit einer schönen Schnitzerei, die eine steife Eva und einen Adam zeigte, der aussah wie das Missing link, erregte ihre Aufmerksamkeit. Sie hatte bereits einige Kleidungsstücke ausgezogen. Plötzlich kletterte sie den alten Schrank hinauf; die Spitzen ihres Schlüpfers flatterten um ihre kletternden Beine. Oben angekommen, überlegte sie triumphierend, was er wohl tun würde, wenn er sie nicht fand. Sie mußte lachen, aber als sie an sein ernstes, unbewegliches Gesicht dachte, kletterte sie traurig wieder hinunter und schlüpfte schnell in das große Bett, das in eine Vertiefung eingelassen war, so daß es aussah, als würde es in der Erde versinken.

Zwei Stunden später stand sie auf dem Balkon, angetan mit ihrem hellblauen Morgenmantel als einzigem Trost. Sie litt unsägliche Höllenqualen. Es war so entsetzlich gewesen, mehr als entsetzlich. »O Gott«, dachte sie. Am liebsten hätte sie sich aus dem Fenster gestürzt! »Nur Hausmädchen springen aus dem Fenster«, sagte sie sich verächtlich. Konnte sie nicht einfach davonlaufen? »Nein, ich bin verheiratet, ich bin verheiratet«, klang es in ihren Ohren. Sie hatte unbeschreibliche Freuden erwartet, und jetzt fühlte sie sich zutiefst erniedrigt. Ihr Stolz war dahin, sie war ein Nichts. Warum heirateten die Männer Frauen, die sie liebten, fragte sie sich; warum ließen sie

sie nicht einfach in Ruhe und rührten sie nicht an? Das wäre wahre Liebe, verglichen mit diesem Entsetzen. Und er schlief. Er schlief. Sie stampfte in ohmächtigem Zorn auf den Boden. Er schlief, während sie völlig verzweifelt war. O Gott, wie sehr sie ihn dafür haßte, wie hilflos und unglücklich sie sich fühlte. Trotzdem war sie an ihn gebunden, das war das Allerschrecklichste, sie war an diesen Mann gebunden, den sie im Zimmer atmen hören konnte. Ihr Inneres stand in Flammen. Sie konnte es nicht ertragen. »Meine Hochzeitsnacht«, sagte sie zynisch. »Ich frage mich, ob viele Frauen meine Freude verspürt haben!« Die Lichter schwankten immer noch wie Waagschalen auf den Wellen des Sees auf und ab, das Wasser schlug unter ihrem Fenster gegen das Ufer, die Nacht wurde bereits heller, der Morgen begann zu grauen. Ein Schauer lief durch ihren Körper; sie war vom Aufruhr ihrer Gefühle erschöpft. Sie ging hinein und schlief einen schweren, unglücklichen Schlaf...

Paula und ihr Mann kamen im grimmigen November in Nordengland an. Es war schrecklich. Alles war grau und feucht, und in ihrem kleinen Haus war es immer düster. Widmer arbeitete viel, und Paula fühlte sich in ihrem kleinen Haushalt hilflos. Sie versuchte, sich an den Tagesablauf einer Engländerin aus der Mittelklasse zu gewöhnen. Vormittags ging man einkaufen, nach dem Essen besuchte man Freunde oder empfing seinerseits Besuch, dann folgte die Teezeremonie, dann das Abendessen...

Dieses schreckliche Nagen an ihrem Herzen, wie es sie rasend machte! Sie glaubte, daß er ein guter Mensch war, besser als sie selbst. Er war so von sich überzeugt und ging seinen Weg so selbstsicher. Ja, er war besser, er wußte, was richtig und was falsch war – sie nicht. Sie konnte verstehen, wie eine verheiratete Frau stehlen, lügen, morden und einen anderen Mann lieben konnte. Er dagegen hatte etwas so Absolutes, sie wußte, daß er einfach keine von diesen unrechtmäßigen Taten hätte begehen können. Es beeindruckte sie sehr, und doch fühlte sie selbst sich so ganz anders; sie wußte mit Sicherheit, daß sie sich seinen strengen Moralkodex nie zu eigen machen konnte und es eigentlich auch gar nicht wollte.

Aber es war schön, ihn hinter sich zu wissen, fest und stark, ihren unerschütterlichen Fels. Gelegentlich langweilte er sie ein bißchen; auch heute verspürte sie wieder diesen seltsamen Drang, davonzulaufen, einfach wegzulaufen. Und am Abend setzte sie einen alten Hut auf, rannte aus dem Haus, den Hügel von Mapperley hinauf. Die Laternen spendeten ein fröhliches Licht; in regelmäßigen Abständen konnte sie das Brummen der Trambahnen, die sich den Berg heraufquälten, erst lauter und dann wieder leiser werden hören, und sie verspürte ein glorreiches Gefühl von Freiheit, während sie auf der dunklen Straße dahinlief, wo sich der Wind in den Bäumen fing. Danach kehrte sie ruhig zu ihrem Haus zurück, wieder sie selbst.

Sie betrat das Haus durch die Vordertür. In der Diele war das Gas zurückgedreht, und der seltsame, unbeschreibliche Geruch des sonnenlosen Gangs dämpfte ihre gute Laune. Sie ging ins Arbeitszimmer, wo ein helles Feuer brannte; die Wände bestanden aus Büchern, der ganze Raum schien aus Büchern zu bestehen, Bücher lagen auf dem Schreibtisch, Bücher lagen auf dem Boden. Und dann der Geruch seiner Pfeife – es war so offensichtlich das Zimmer eines Mannes, sein Zimmer, das gefiel ihr. Sie warf sich mit einem Roman auf den Teppich vor dem Kamin und ließ sich den Rücken gemütlich vom Feuer wärmen. Solche Abende, wenn die Kinder schon schliefen und er Vorlesungen gab, waren für sie ein besonderer Genuß.

Sie war völlig in ihren Roman versunken, als er nach Hause

kam, von seinen zwei Abendvorlesungen todmüde. Er lief eilig die Treppe herauf, seine Schritte klangen genau wie die seines Vaters. Sein Gesicht war vor Erschöpfung weiß, seine Augen glänzten von der Anstrengung. Eine Welle der Zärtlichkeit stieg in ihr auf, als sie ihn so sah; er war so müde, und er arbeitete so hart für sie und die Kinder, ohne je zu klagen. Das Hausmädchen brachte ihm ein Tablett mit einem Teller Suppe. Er warf einen Blick zu ihr hinüber und setzte sich hin, um zu essen, wobei er den Löffel so gesittet in seiner schönen Hand hielt.

»Ich bin ein verdammt guter Dozent«, sagte er und wischte sich mit einer Serviette den herabhängenden Schnurrbart sauber, während er stolz den Kopf schüttelte.

Sie bewunderte ihn, wenn er so begeistert von seiner Arbeit sprach. Sie konnte ihn vor sich sehen, wie er seine Zuhörer mitriß, wie er versuchte, ihnen ein wenig Wissen beizubringen, dankbar über das kleinste Zeichen von Erfolg, unermüdlich rackernd, Jahr für Jahr. Sie hätte nie diese Geduld aufbringen können, diese Gewissenhaftigkeit in kleinen Dingen, Pflichten und so weiter. Dann aß er ein wenig Brot und Käse; er machte daraus saubere kleine »Häppchen«, wie Paula sie nannte, bestehend aus einem kleinen Stück Brot, Butter und Käse. Paula schnappte sich eines für sich selbst, so appetitlich sahen sie aus. Er lachte glücklich. Dann leerte er ein Glas Bier auf einen Zug; sie glaubte zu hören, wie es seinen ausgedörrten Schlund hinunterzischte. Dann machte sie ihm Platz, damit er seinen Stuhl ans Feuer ziehen konnte.

»Du läßt dich heute abend herab, mit mir zu sprechen«, sagte er. »Gestern warst du so in dein Buch vertieft, daß du meine Fragen nur mit einem gelegentlichen Grunzen beantwortet hast.«

»Tut mir leid«, sagte sie, »ist es wirklich so schlimm? Gott, das ist aber auch aufregend. Ich liebe Stendhal.«

»Ja, angeblich soll er ganz wunderbar sein«, antwortete er.

»Es interessiert mich nicht im geringsten, wie er angeblich sein soll«, platzte sie heraus, »aber ich habe noch nie etwas gelesen, das mich so gepackt hat wie das hier, *Le Rouge et le Noir*.«

»Allerdings, das ist genau die Art von moderner Literatur, die dir gefällt«, sagte er, »mit deinen Nietzsches und Platos.«

»Weißt du noch«, lachte sie, »als ich meinen Plato-Anfall hatte und schon beim Frühstück mit ›Sokrates sagt‹ anfing? Du hast auf den Tisch geschlagen, als wäre er Sokrates, und gesagt: ›Zum Teufel mit Sokrates‹.«

»Ja«, antwortete er, »du bekommst deine Masern ziemlich spät, die meisten Leute haben Plato in deinem Alter längst hinter sich, aber wenn ich an deine Anfälle denke!« Und er stieß einen tragikomischen, müden Seufzer aus...

Schließlich kam der Frühling, der liebliche englische Frühling mit seinen Primeln und dem Meer aus Glockenblumen unter den alten Eichen im Sherwood Forest. In den Hecken blühten die Veilchen, und der Farn entrollte seine frischen Triebe. Paula erwartete die Geburt eines Babys. Sie wußte nichts von Babys. Sie hatte Angst um das Baby. Aber abgesehen davon war sie sehr glücklich. Ihr Sohn wurde im Juni geboren. Wie die meisten Mütter war sie davon überzeugt, daß er das erste und einzige Baby auf der Welt war. Wenn er so gierig trank und nach ihren Brüsten griff, hatte sie das Gefühl, das ganze Universum zu säugen. Sie vergötterte ihn mit heimlicher Leidenschaft und hätte ihn am liebsten in ein Versteck mitgenommen, um ihn ganz für sich haben zu können. Sie spielte kleine Spiele mit ihm, indem sie plötzlich hinter den

Vorhängen seines Bettchens auftauchte und »Bonjour, Monsieur« zu ihm sagte; dann lachte er sie gurgelnd an, und sein ganzer kleiner Körper lachte mit. Zwei kleine Mädchen kamen auf die Welt, und sie war erstaunt darüber, wie brav und rücksichtsvoll die Kinder zu sein schienen und wieviel Freude sie an ihnen hatte! Sie liebte es, kleine Anzüge und Kleider für sie zu besticken, und jeden Abend hingen am Kamingitter im Kinderzimmer hübsche Sachen zum Anziehen für den nächsten Morgen bereit.

Am Sonntagmorgen frühstückten sie alle zusammen in ihrem großen Bett, und die Kinder lauschten ihren deutschen Märchen, die nicht selten traurig waren; oft versteckten sie dann das Gesicht unter der Bettdecke, betroffen über das Schicksal der kleinen Prinzessin, und Paula kam sich gemein vor, weil sie sie traurig gemacht hatte. Ihre bloße Existenz schien ihr wie eine große Freude, wenn sie leichtfüßig hinter einem Ball herrannten oder tropfnaß aus der Badewanne sprangen, um sich vor dem Kamin im Kinderzimmer niederzulassen. Sie sprachen Englisch und Deutsch, aber wenn sie mit ihrem Jungen in einer Trambahn oder einem Zug Deutsch redete, zog er an ihrem Rock und flüsterte: »Sprich nicht auf deutsch mit mir, die Leute starren uns schon an.«

In der Welt draußen tobte der Burenkrieg, und die Leute sangen: »The soldiers of the Queen, my lads.« Buren wurden in Konzentrationslager gesperrt, und es gab in England nur einige wenige, die für die Buren waren. England stand groß und mächtig da, sehr viel grimmiger als seine sanfte Landschaft. Paula brachte den Engländern große Bewunderung entgegen. Ihre Zurückhaltung, ihre Disziplin, vor allem ihre gegenseitige Rücksichtnahme erschienen ihr wahrhaft kultiviert. Sie dachte viel über ihr Ideal des Fair play nach. Sie selbst verstand darunter, daß man dem Kleinen gegen den Großen half, aber das war nicht die englische Vorstellung von Fair play. Man stand nur daneben und sorgte dafür, daß keiner von beiden einen Vorteil hatte oder mit üblen Tricks spielte. Ihr wurde außerdem klar, wie zementiert das Denken der Menschen war. Ihre Gesetze – insbesondere die ungeschriebenen – waren unumstößlicher als die Zehn Gebote des Moses. Die Art, wie man zu leben hatte, war vorgegeben, und man kam aus dieser Schablone nicht heraus. Das war erschreckend.

Paula wußte, daß sie nie eine gute Mittelklasse-Engländerin werden würde. Es kam ihr so mittelalterlich vor: Man wurde in eine Schicht hineingeboren, und mit einer Wahrscheinlichkeit von einer Million zu eins würde man auch in dieser Schicht sterben. Warum überhaupt ein Klassensystem? Ganz anders Amerika, wo selbst der ärmste Teufel davon träumte, eines Tages Präsident zu werden; wo jeder Arbeiter es für sein Recht hielt, ein Haus, ein Auto, ein Radio, einen Kühlschrank, ein Bad und ein Cottage auf dem Land sein eigen zu nennen. Ein europäischer Arbeiter würde es nicht einmal in seinen wildesten Träumen wagen, so viel zu beanspruchen, aber warum eigentlich nicht?

In England herrschte politische Freiheit, aber keine soziale Freiheit. Nur Amerika hatte bis jetzt erfahren, was wirkliche persönliche Freiheit bedeutete: die Möglichkeit, alles zu werden, was man werden wollte. Wenn Paula in die Küche ging, hatte Laura, die Köchin, etwas dagegen, die Küche war ihr Reich. Wenn sich Paula freundlich nach ihrer Familie erkundigte, gab ihr Laura keine Antwort, das war schließlich ihre Sache. Und der tägliche Trott! Am Montag den kalten Sonntagsbraten zum Mittagessen, am Dienstag Waschtag, am Mittwoch Bügeltag, Donnerstag und Freitag Putztag, und am

Samstag die Küche. Donnerstag war Paulas »Zuhause-Tag«, und am Freitagnachmittag sang sie im Frauenchor von St. Cecilia. Das Frauenstimmrecht lag in der Luft. Paula hatte nie viel Sinn für Politik oder Rassen oder Armeen gehabt.

Octavio

Dieses Kapitel enthält den kaum fiktionalisierten Bericht über Friedas Liebesaffären. Paulas »guter Freund« mit dem Automobil ist Will Dowson; Manya ist wieder ihre ältere Schwester Else; mit Octavio zeichnet der Text ein Porträt von Otto Groß. Ein paar von Octavios Briefen – weitere in der Art, wie sie hier abgedruckt sind – wurden weggelassen.*

Wie gut sie sich später mit dem Ablauf des englischen Lebens auskannte. Man ging in Southampton an Land, und schon wußte man, was für ein Wochentag war. Diesmal war Samstag, weil die Männer im weißen Flanellanzug Cricket spielten oder den Streifen Rasen vor ihrem Reihenhäuschen mähten. Über einer kleinen Laube blühte die Dorothy Perkins, und die Beete mit Margueriten und Geranien standen mehr oder weniger üppig in Blüte, je nach Lage des Hauses. In sämtlichen Häusern hingen die gleichen Leinenvorhänge, die guten Daddies schoben Kinderwägen durch die Straßen, und die Felder waren in dem feuchten Klima so unglaublich grün, daß man sich danach sehnte, eine Kuh oder ein Frosch zu sein. Junge Leute kletter-

---

* Die von Otto Groß ursprünglich auf deutsch geschriebenen Briefe wurden im folgenden nicht rückübersetzt, sondern in der Form wiedergegeben, wie sie in *The D. H. Lawrence Review*, Band 22/1990 veröffentlicht wurden; Anm. d. Übers.

ten über die Zäune. Wäre heute Dienstag gewesen, also Waschtag, dann wäre vor den Reihenhäusern Wäsche aufgehängt
gewesen. Wie lange es oft dauerte, bis die Wäsche in der feuchten Luft trocknete! Alles spielte sich in einem so kleinen Raum
ab, und man kannte alles in- und auswendig.

Sie hatte gesehen, wie am frühen Morgen ein Zug nach dem
anderen nach London hineinfuhr. In den Zügen saßen Bankan-
gestellte, kleine Beamte und Verkäufer. »Hallo, George. Schöner Tag heute.« Und dann verbarrikadierte sich das ganze
Abteil hinter Zeitungen. »Und am Abend«, dachte Paula,
»wird George in sein kleines Reihenhäuschen in der Vorstadt
zurückfahren, zu seiner kleinen Frau und einem kleinen
George und seinen Rasen mähen oder, als aufregende Ab-
wechslung, vielleicht Briefmarken sammeln. Eines Tages wird
George krank werden und an einer Lungenentzündung sterben, und am nächsten Morgen werden die anderen Männer im
Zug sagen: ›Habt ihr schon vom armen alten George gehört?‹«
Und das wäre dann das Ende, und er arme alte George hätte
nicht gerade viel vom Leben gehabt.

Paula hatte sich große Mühe gegeben, eine gute englische
Bourgeoise zu werden und es den anderen Frauen gleichzutun.
Sie ging am Vormittag zum Einkaufen, weil es undenkbar
gewesen wäre, am Nachmittag einzukaufen. Nachmittags besuchte sie andere Frauen, und am Abend war man irgendwo
zum Essen eingeladen. Aber sie war nicht glücklich. Der Winter war so dunkel und grau. In ihrem kleinen Haus wirkten die
schönen Hochzeitsgeschenke, die sie bekommen hatte – böh-
mische Gläser, altes Silber und schöne Teppiche – irgendwie
fehl am Platz...

Bis jetzt hatte sie ganz im Geist ihrer Familie gelebt. Nie war
sie mit den harten Realitäten des Lebens in Kontakt gekom-

men. Weder Tod noch Krankheit noch Armut – nichts von dem, was einen Menschen so tief verletzen und ins Leben hineinstoßen kann – hatten bisher ihren Weg gekreuzt. Sie hatte ihre Tage als ungebrochene, schaffende Kraft verbracht. Die Menschen hatten sie geliebt, sie hatte ihre Liebe erwidert. Aber sie hatte sich nach Dingen gesehnt, ja verzehrt, die sie nicht kannte, die sie nicht benennen konnte. Auf dem Grund ihres Wesens lag eine Ungewißheit, alles war so verwirrend. Sie wußte nicht, was richtig war. Sie stritt heftig mit den Menschen und griff mit gierigen Händen nach allem, was ihr in den Weg kam. Die Intensität ihrer Gefühle führte oft dazu, daß die Leute sie mißverstanden. Mit der Kraft eines Rammbocks schleuderte sie ihnen ihr ganzes Selbst entgegen; in der Regel war sie zuviel für sie, die Leute wollten keinen so ungestümen Kontakt, deswegen verstanden sie sie nicht so, wie sie dachte, und sie fühlte sich oft erniedrigt wie eine Närrin. In ihren Augen waren die Menschen hauptsächlich mit den äußeren Umständen ihres Lebens beschäftigt und nicht mit dem Leben selbst, von dem sie rigoros die Finger zu lassen schienen. Paula konnte das nicht verstehen.

Heute war sie in einer dieser unzufriedenen, sehnsuchtsvollen Stimmungen, wo einfach nichts zu passen schien. Sie hatte sich mit ihrer Schwester Manya getroffen, und das Wiedersehen hatte sie traurig gestimmt. Manya hatte einen Offizier aus einem der Elite-Regimente geheiratet. Wie hatte sich die Manya, die sie als Kind so gern gehabt hatte, deren Blut auch das ihre war, so verändern können? Paula hatte Manya am Bahnhof des kleinen Dorfs in Empfang genommen. Nie zuvor war eine so elegante Person aus dem kleinen, langsamen Zug dieser Nebenlinie gestiegen. Manya im Reisekostüm. Karierte Wolle, die sich perfekt um ihre Figur schmiegte, der Traum jedes Schneiders. Angetan mit einem kleinen Reisehut und gut beschuht und behandschuht, wie die Franzosen sagen, stieg sie aus dem Zug. Ihre hektischen Bewegungen wurden ruhiger, als sie Paula erblickte.

»Wie geht es dir, Liebes?« fragte sie. Für die Schwester, die sie lieber hatte als jeden anderen Menschen, nahm ihre harte Stimme einen weicheren Ton an. Manya redete. Paula, die ein einfaches weißes Kleid trug, ging um sie herum und bewunderte jedes Detail ihres Kostüms; ihr gefiel diese Vollkommenheit. Nur das Gesicht, wo war das Gesicht der kleinen Schwester geblieben, die verträumten Augen und die Frische und das besondere Etwas, das sie so liebenswert gemacht hatten? Sie war eine schöne Frau, die ganze Palette exquisiter Farben, die das Herz jedes Malers erfreuten, war da, aber die Wangen wirkten über dem engen, hohen Kragen zu breit, und die Augen, die früher das Gesicht belebt hatten, hatten ihre Ausstrahlung verloren.

»Aber jetzt«, fuhr Manya fort, »sag mir, bist du wirklich mit deinem Leben zufrieden, hast du alles, was du willst?«

»Alles, was ich will; großer Gott, aber siehst du denn nicht, daß ich versuche zu, zu...« Paula hielt inne.

»Aha« sagte Manya. »Nein, bei deinem Leben bekomme ich eine Gänsehaut, du liebes armes Wesen. Ich für meinen Teil brauche Veränderungen und das richtige Ambiente für mich und die Männer. Paula, du kannst dir nicht vorstellen, wie sie mich verwöhnen. Die vielen Blumen, die ich bekomme, und die Frauen, wie eifersüchtig sie auf mich sind. Ihr Mienenspiel ist wirklich sehenswert; o diese Vogelscheuchen, diese Vogelscheuchen, es wundert mich nicht, daß die Männer sich mit den zahmen Katzen zu Tode langweilen!« Vor Paulas Augen tauchten Hunderte von unscheinbaren, dünnen, unattraktiven

Frauen auf. Paula verspürte Mitleid mit ihnen, lachte aber trotzdem. »Ja«, fuhr Manya fort, »die Mädchen, die vielen, vielen unverheirateten Mädchen.« Ihr voller Mund verzog sich verächtlich. »Wie auch immer, es ist schon etwas, verheiratet zu sein! Wie die Männer sie hassen, die armen Jungfrauen. Wir verheirateten Frauen haben da schon mehr Spaß!« »Da bin ich anderer Meinung!« Ich lachte *[sic]*. »Und du, wie geht es dir? Erzähl mir von dir!«

Aber Paula hörte das Mitleid aus Manyas Stimme ... Und in diesem Moment fühlte Paula sich tatsächlich fast bemitleidenswert. Sie wollte Manya erklären, daß ihr Kleider, Autos und ein vornehmer Lebensstil nicht so wichtig waren, aber sie wußte, daß das nicht stimmte; sie schätzte Kleider und schöne Dinge sehr wohl, aber sie waren nur ein Teil des Lebens, wenn auch kein kleiner. Paula mußte an Manyas kleine Tochter denken, Henrietta, die eines Tages eine zweite Manya sein würde. Die kleine Henrietta war schon jetzt das Ebenbild ihrer Mutter, und plötzlich sah Paula eine Prozession von Manya-Henriettas durch die Jahrhunderte wandern. Sie dachte über die Sinnlosigkeit des Ganzen nach. Das Warum dieser flüchtigen Wesen machte sie schrecklich traurig. Sie hätte gerne etwas gesagt, um Manya zu erklären, was sie fühlte und dachte. Aber zu ihrem eigenen Entsetzen war sie davon überzeugt, daß dieses geliebte Wesen, an dem sie immer noch hing, sie nicht verstanden hätte, selbst wenn sie es ihr hundert Jahre lang erklärt hätte. Tief in ihrem Herzen bewahrte Paula das Bild eines entzückenden kleinen Mädchens; an dieses Bild klammerte sich Paula, sie konnte es durch Manyas Eleganz, durch die harte Stimme hindurch noch sehen. Manya schien ein Roßhaarnetz aus Mode über ihre Seele gezogen zu haben. Ja, sie hatte etwas von Roßhaar an sich. Aber statt etwas zu sagen, redete Paula über *chiffons.* Keines ihrer eigenen Kleider verdiente diese elegante Bezeichnung, aber Manya gab ihr – gutmütig, wie sie war – oft Sachen, derer sie selbst überdrüssig geworden war.

Diese Kleider machten Paula vollkommen glücklich. Ein echtes »Paquin«, eine wundervolle Kreation aus lachsfarbenem Stoff, kombiniert mit einem stählernen Blauton und etwas Chiffon, war Paulas besondere Freude. Es mußte ein bißchen aufgefrischt und zu Paulas Leidwesen an ein paar Stellen herausgelassen werden, aber trotz alledem war sie überglücklich. Manya hatte nur einen Blitzbesuch gemacht; ihr Auftritt war bühnenreif, ihr Abgang schnell gewesen...

Paula hatte einen guten Freund, der eines von den ersten Automobilen Englands besaß. Er fuhr mit ihr in die Wälder, wo die großen, ehrwürdigen Eichen in einigem Abstand nebeneinanderstanden. Zwischen ihnen leuchteten ganze Felder aus Glockenblumen, und die Blüten der Primeln waren so groß wie Pennies! Dann fühlte sie sich wieder lebendig; es gab auf der Welt nicht nur öde Teegesellschaften, Dienstmädchen und schmutzige Städte. Trotzdem sehnte sie sich immer danach, nach Hause zurückzukehren.

Sooft sie konnte, nahm sie ihre Kinder mit nach Deutschland, in die Sicherheit ihrer alten Heimat. Bei einem ihrer Besuche wohnte sie eine Weile bei einer Freundin in München, dem München vor dem Krieg. Laura, die Freundin, kam ihr wie eine Frau aus einem anderen Zeitalter vor. Sie wirkte wie eine archaische römische Gestalt. Sie hatte ganz erstaunliches, schönes, honigfarbenes Haar. Wenn es nicht auf ihrem Kopf aufgetürmt war, fiel es wie ein langer Mantel bis zu ihren Füßen hinab, so daß sie aussah wie eine Lady Godiva. Ihr Gesicht wirkte ruhig, in einfachen Linien gezeichnet; ihre Nase ein bißchen lang, wie bei einer Etruskerin.

Am ersten Morgen ihres Aufenthalts sagte Laura: »Komm, laß uns frühstücken.« Paula blickte sich um. Es war nichts zu sehen, was auf ein Frühstück hingedeutet hätte.

»Nein. Zieh deinen Mantel an. Wir frühstücken im Kaffeehaus.«

Im »Kaffeehaus« bestellte Laura Frühstück, schrieb Briefe und telefonierte mit Freunden. Paula wurde einem dieser Freunde vorgestellt, einem Anarchisten mit den wildesten Ideen, der aber so aussah, als könne er keiner Fliege etwas zuleide tun. Eine emanzipierte junge Gräfin schloß sich ihnen an. Sie schrieb für die *Jugend.* Immer mehr Leute tauchten auf: Sozialisten und Maler und Dichter, und sie hatten alle etwas zu sagen; sie schienen ins »Kaffeehaus« zu kommen, um Dampf abzulassen. Paula war hingerissen. Da den meisten von ihnen mehr daran gelegen war, selbst zu reden als zuzuhören, mochten sie Paula, weil sie eine dankbare Zuhörerin war. Sie schluckte nicht alles, was sie sagten, aber der Eifer dieser Leute war an sich schon aufregend.

Sie lernte einen jungen Psychologen kennen, der ein Schüler Freuds gewesen war. Octavio erzählte ihr von Freud; sie hatte vorher noch nie von ihm gehört. Ja, dachte Paula, diese schlauen Juden. Sie wußten, wo die Hauptprobleme der Menschheit lagen, in der Liebe und in der Arbeit. Sie hatten es schon seit Adam und Eva gewußt.

»Wissen Sie, meine Geschichte von Adam und Eva geht ganz anders«, sagte sie zu Octavio. »Der Herrgott kann kein so schlechter Psychologe gewesen sein; bestimmt hat er gewußt, daß es Eva nach dem Apfel verlangen würde, sobald er verboten war. In Wirklichkeit wollte er, daß Adam und Eva ihn aßen. Und nachdem sie ihn gegessen hatten, schämten sie sich nicht im geringsten wegen ihrer Nacktheit. ›Hör zu, Adam. Da

318

unten bei den Weiden gibt es einen Teich, da werden wir schwimmen, und anschließend werden wir uns in der Sonne trocknen. Hurra! Ich werde einen kleinen Adam bekommen, und du wirst ihm aus den Weiden eine Wiege machen, und dann wirst du arbeiten, um uns etwas zu essen zu beschaffen, während ich dem Baby vorsinge.‹ Und was Freuds Komplexe und Marx' Arbeiterklasse angeht, ist das alles die falsche Seite der Medaille. Nenne es einfach Liebe und Arbeit, dann sieht das alles gleich ganz anders aus.«

Octavio war amüsiert. Sie erzählte ihm von Mark Twains Ausspruch: »Schade, daß Adam nicht die Schlange statt des Apfels verschlungen hat.«

Mit Hilfe seiner psychologischen Studien hatte Octavio in seiner Phantasie eine neue Lebensform für die Menschen entworfen. Octavio kam aus den österreichischen Alpen und hatte das strahlende, kräftige Aussehen eines Bergbauern; er war der erste Vegetarier, den sie kennenlernte. »Ich werde eure scheußlichen Tierkadaver nicht essen«, sagte er immer, und er trank keinen Alkohol.

Paulas alte Welt flog ihr um die Ohren. Sie hatte die menschliche Gesellschaft, in die sie hineingeboren worden war, akzeptiert, ohne viel darüber nachzudenken. Es war ihr nie in den Sinn gekommen, daß sie sich möglicherweise verändern könnte. Aber jetzt glaubte sie, daß eine solche Veränderung möglich und auch nötig war. Sie war voll und ganz dafür. Die Menschen erstickten in ihrem Leben; es war alles fest vorgegeben, die ganze Show, von Anfang bis Ende, von Geburt bis Tod, und es gab keinen Spaß, kein Abenteuer und kein Geheimnis.

Paula verliebte sich in Octavio und in seine Vision einer neuen Gesellschaft. Sie begann die alte Ordnung in Frage zu stellen. Sie las die großen Autoren mit neuen Augen. Die Welt war plötzlich zu einem großen, sich ständig erweiternden Ort mit unendlichen Möglichkeiten geworden.

Paula fuhr nach England zurück, zu ihren Kindern. Mit dem unheimlichen Instinkt, den Kinder manchmal haben, sagte eins von den kleinen Mädchen zu ihr: »Du bist nicht unsere alte Mutter. Du hast zwar die Haut unserer alten Mutter an, aber du bist nicht unsere Mutter, die weggegangen ist.« Das Kind hatte recht.

Octavios Briefe trafen ein:

Meine Geliebte,

ich danke Dir, daß Du existierst – daß ich wissen darf um Dich – ich danke Dir für allen Mut, alle Hoffnung, alle Kraft, die mir von Dir gekommen ist. Erst jetzt vermag ich allmählich ganz zu begreifen, welch' Neubelebung aller Kräfte mir durch Dich zugegangen ist – durch Dich, die Du mir farbig und lebend gezeigt und geschenkt hast, was mir als körperloser Traum, als Zukunftssehnsucht des Strebens und Wollens – als das vorausgeträumte Weib der Zukunft in meiner Phantasie lebendig war. Nun habe ich die Bestätigung vorausbekommen – lebend gesehen, lebend geliebt, was mir als höchste Möglichkeit der Zukunft gegolten hatte – als Möglichkeit, als Werk meiner Phantasie, an dessen Ungewißheit bisher sich meine lähmendsten Zweifel an aller Menschheitszukunft und meinem eigenen Streben – immer von neuem wieder festgesetzt hatten. Jetzt aber haben sie keinen Angriffspunkt mehr – jetzt weiß ich, das Weib, daß [sie] ich für kommende Geschlechter träume, das hab' ich gesehen und geliebt, das Weib meiner Zukunftsträume ist wirklich möglich, es kann existieren – es ist wie ein Wunder als Gruß der Zukunft zu mir gekommen...

Ich weiß *jetzt, wie die Menschen sein werden, die nicht mehr befleckt sein werden von allen Dingen, die ich hasse und bekämpfe – ich weiß es durch* Dich, *den einzigen Menschen,* der heute schon *frei geblieben ist von Keuschheitsmoral und Christentum und Demokratie und alldem gehäuften Unrat* – freigeblieben durch seine eigene Kraft – *wie hast Du nur dieses Wunder zustande gebracht, Du goldenes Kind – mit Deinem Lachen und Deinem Lieben, den Fluch und Schmutz von zwei verdüsterten Jahrtausenden von Deiner Seele fernzuhalten?*

Weißt Du denn auch, Geliebte, was Du mir Großes *gegeben hast – weißt Du, welch' unvergleichliche Kraft Du mir geschenkt hast in diesen Tagen, als ich mein Zukunftsideal als lebende Wirklichkeit schauen durfte und als es sich noch viel schöner erwies, als ich mir je geträumt – weißt Du, wie Du mich stark und froh gemacht – daß Du mich auch das Lachen gelehrt hast – daß mir seit Deinen Tagen die große* Sicherheit *geblieben ist, wie ich sie bisher noch nie gekannt?*

Ich danke Dir, Geliebte – auf Wiedersehen!

Ein weiterer Brief:

Meine Geliebte,

vor allem tausend Dank für Deinen prachtvollen letzten Brief – dafür, daß Du mich immer von neuem diese verschwenderische Fülle Deiner Liebe schauen läßt – Du selber hast wohl keine Ahnung davon, wie genial *Du bist, wie wunderbar Kraft und Wärme so elementar aus allem hervorquillt, dem Du von Deinem Leben eingehaucht hast – es ist, als strömte mir aus Deinem Brief die Wärme Deines Körpers zu, so süß und kraftvoll, wie eine Welle beglücken-*

der, befreiender Sinnlichkeit – wie Du sie lebst und schenkst,
Du in Freuden, Geliebte –

Paula glaubte keine Sekunde lang, daß sie wirklich so wundervoll war, wie Octavio sie sah, und es interessierte sie auch nicht; was sie mit Begeisterung erfüllte, war seine Vision, seine neue Weise, an menschliche Probleme heranzugehen. Dafür war sie ihm unendlich dankbar. Er hatte ihr einen neuen Glauben gegeben: Die Welt der Menschen konnte glücklicher, besser und menschenfreundlicher werden, als sie es gegenwärtig war. Die Menschen steckten in sich selbst fest und konnten nicht heraus; sie waren wie geschlossene Muscheln.

Ein weiterer Brief:

Meine Geliebte,
ich habe Sorge, große Sorge um Dich – ich bitte Dich
dringend nur um ein paar Worte – wenn Du besonders gut
sein willst, am liebsten ein Telegramm – das müßtest Du
aber, bitte, so stilisieren, daß ich ein wenig von Deiner mo-
mentanen Stimmung daraus verstehn könnte, nicht? Siehst
Du, ich habe ja nicht mehr um Deine Liebe Angst – seit jener
Nacht auf dem Schiff wäre die Angst wohl nicht mehr erlaubt
– aber ich habe Angst um Dich, um Deinen Zukunftsmut –
ob Deine Kraft gerade der erdrosselnden langsam auf Alles
sich lagernden Kleinlichkeit des ganzen grauen kalten Le-
bens in jenem Milieu gewachsen ist – ich weiß, gerade dieser
Außenwelt und ihren Schädlichkeiten bist Du nicht angepaßt
– so wie von allen wirklich freien und stolzen Tieren kaum
Irgendeines die Gefangenschaft erträgt – ich habe Angst um
Deine Kraft zum Widerstand, zum Ganzbleiben gerade we-

gen *Deiner prachtvollen Art, gerade* weil *Du zur Freiheit und*
nur zur Freiheit geboren bist. *Gerade* darum *hab' ich Angst*
um Dich – was wird aus Dir in dieser fremden, in dieser uns
ewig unmöglichen Welt? Antwort mir bald – Türkenstr. 81
oder Cafe Stephanie! – *am liebsten* telegrafisch – *bleib stark*
und frei, Du darfst nicht *unterliegen* – es muß *eine Hilfe*
kommen –

Paula hatte Octavio wiedergesehen. Zusammen hatten sie die
Nachtfähre von Holland nach England genommen. Sie hatten
in der stillen, warmen Nacht gesessen, und es war Paula so
vorgekommen, als würden sie in eine unbekannte Welt über-
setzen. Sie hatte Angst, aber daran ließ sich nichts ändern. Ihre
alte Welt gab es nicht mehr.

Meine Geliebte,
    ich sehe jetzt, wie sich das Tiefste in Dir befreit und wie Du
in stiller Kraft Deiner selbst bewußt wirst – wie eine stolze
Harmonie in Dir sich vollendet – Du hast die große Einfach-
heit des Ausdrucks gefunden, die unterscheidend für das
Vornehmste ist – ich bin noch nicht so weit, daß ich die Worte
hätte davon zu sprechen. Ich weiß nur meine Liebe erfüllt
von einem unendlichen Dank für Dein Werden und Sein. Du
weißt, Du bist mir die Bestätigung *in meinem Leben, das*
blühende und fruchtbare Ja – *die Zukunft, die zu mir gekom-*
men ist –

Du, Deine Seele kenne ich, *so weit sie sich verstehend ermes-*
sen läßt – Du bist mir so vertraut und so wunderbar neu – für
immer neu und wieder neu –

Es stimmte nicht, als Octavio schrieb, sie sei frei und voller Harmonie – weit davon entfernt. Chaos wütete in ihrer Seele. Wie konnte sie sich ganz allein gegen all die Millionen von anderen Menschen stellen, gegen ihr Gewicht und ihre Macht? Sie liebte ihre Kinder! Sie faszinierten sie, ihr unterschiedliches Wesen, die Dinge, die sie sagten und taten, und der Spaß, den sie mit ihnen hatte. Wenn ihr Junge in die Schule ging, stand sie oft am Fenster und schnitt Grimassen, und er blickte dann zu ihr hinauf, besorgt, daß jemand anderer sie sehen könnte. Sie fühlte sich ihnen so viel näher als den Erwachsenen. »Sie sind so brav, diese Kinder«, dachte sie, »so rücksichtsvoll mir gegenüber! Ich darf sie niemals spüren lassen, daß ich durch diese Hölle gehe.«

Octavio schrieb:

Wenn es nur Eines nicht ist: ein Selbstbetrug, *der eine Selbsterniedrigung verschleiern soll / Ein* Selbstbetrug, *um* Andere *betrügen zu können – um keine* ehrliche Lüge *verwenden zu müssen – Und* dieses Eine fürchte ich: *daß Dir zur* ehrlichen *Lüge* die Ehrlichkeit fehlen könnte. *Du sagst ja ganz wie damals, Du habest* nicht das Recht, *die Existenz eines guten* »Menschen« *aufs Spiel zu setzen! Du nimmst Dir aber doch* Dein eigenes Recht *und* nichts *als Dieses* Recht der Selbstbestimmung – *das* unveräußerliche *Recht, das* niemals *durch Vertrag und Pflichtgelöbnis verloren werden* kann – *Wie ist es möglich,* dies zu übersehen – *wenn man's nicht übersehen* will?

Und ein weiterer quälender Brief traf ein:

Meine Geliebte,
   ich habe Sehnsucht nach Dir. Ich erlebe jetzt, was Du in meinem Leben für eine Schicksalsmacht geworden bist, was für beherrschende Kräfte durch Dich in mein Leben strömen, wie richtig *sich in* Deinem *Bild die Welt und mein Streben zusammenfügen – Siehst du, das waren die zwei großen* Wandlungen, *die mir die* Liebe *gebracht hat:* durch [Paula] *habe ich* die Welt *als einen* Wert *verstehn und an die Welt zu* glauben *gelernt –* durch Dich an mich selber. –

Du bist mir notwendig, [Paula], notwendig, weil Du mich groß und sicher machst –

Paula saß am Klavier, als dieser Brief kam. Sie versuchte, den Aufruhr in ihrem Herzen durch irgendwelche Geräusche zu übertönen; ihre Tränen tropften auf die Tasten. Sie wollte zu Octavio. Sie wollte dieses strahlende Leben leben, das er ihr anbot. Wie sehr sie sich wünschte zu gehen, jetzt, sofort. Er hatte ihre Seele erweckt, die zusammengerollt geschlafen hatte und jetzt zu einem furchteinflößenden Tiger erwacht war, mit dem sie sich herumschlagen mußte. Sie konnte nicht zu ihm. Wie könnte sie ihre Kinder verlassen? Sie waren noch so klein! Sie konnte ihm die Kinder auch nicht aufbürden. Er lebte für seine Vision. Das Alltagsleben ignorierte er. Von Visionen allein kann man nicht leben. Meist wußte er kaum, ob gerade Tag oder Nacht war. Sie war für ein Bohème-Leben nicht geschaffen. Wie sollte ihr gemeinsames Leben aussehen? Sie würde ihn enttäuschen, ihn, der ihr ihre eigene Seele geschenkt hatte. Sie würde ihm keine Hilfe sein. Er würde seinen eigenen

Weg gehen müssen, und sie den ihren, der so hart und trist vor ihr lag. Sie würde diesem Tiger von Seele ganz allein ausgeliefert sein. Irgendwie wußte sie, daß mit ihm etwas nicht stimmte; er stand nicht mit beiden Beinen auf dem Boden der Tatsachen.

Sein letzter Brief traf ein. »Ich kann Dich nie verlieren, weil Du Dich selbst nie verlieren wirst.«

Später hörte sie dann, daß er während des Weltkriegs als Arzt gearbeitet hatte und daß er gestorben war. Wie mußte er gelitten haben! Er, der davon geträumt hatte, daß für alle Menschen ein glorreicher Tag nahte, sah vor sich die zerrissenen Leiber und den gebrochenen Geist der jungen Menschen, für die er seine Träume vom Glück geträumt hatte! Kein Wunder, daß er starb wie so viele vor ihm, deren Hoffnungen enttäuscht und zerschlagen worden waren.

Andrew

Leider sind die Aufzeichnungen über Friedas erste Begegnung mit D. H. Lawrence (Andrew) und ihre Liebe zu ihm lückenhaft. Die vorliegende Version der *Memoirs* fängt dennoch einen Teil ihrer gemeinsamen Zeit ein. Gegen Ende dieses Kapitels tauchen Friedas drei Kinder unter ihren richtigen Namen auf; es handelt sich bei dem entsprechenden Abschnitt um Notizbuchfragmente, die nie fiktionalisiert wurden.

Paula

Sie fühlte sich inmitten von Millionen anderer Menschen abgeschnitten und allein; es kam ihr vor, als würde sie ihr inneres Leben ohne jeden Bezug zum äußeren zubringen. Sie war eine Fanatikerin. Sie hatte geglaubt, daß alle Menschen ein inneres Leben hatten oder den Wunsch verspürten, sich weiterzuentwickeln und mehr aus ihrem Leben auf dieser Erde zu machen, aber sie mußte feststellen, daß dem nicht so war. Die meisten klammerten sich voller Verbissenheit an ihr vertrautes Selbst und wären lieber gestorben, als sich zu verändern. Aber in ihrem Herzen hörte sie eine kleine, hartnäckige Stimme: »Du hast schon viel bekommen, und du wirst noch mehr bekommen.«

An einem sonnigen Frühlingsmorgen trat dann Andrew in ihr Leben, selbstverständlich und unvermeidlich, als wäre er schon immer dagewesen, und als hätte er vor zu bleiben. Auf eine souveräne Weise beanspruchte er sie für sich; sie gehörte ihm, und solange er lebte, würde er sie nie wieder loslassen; eher würde er sie umbringen. Ihr gefiel das. Er wollte sie, er brauchte sie, und das war wundervoll. Nichts anderes spielte mehr eine Rolle; das ganze Unglück ihrer Einsamkeit, ihrer Abgeschnittenheit war vergessen. Zusammen ergriffen sie von der Erde, der festen Erde Besitz, um sie nie wieder ganz zu verlieren. Er war in beiden Welten zu Hause, der materiellen und der abenteuerlich geistigen. Er war so sehr aus einem Guß, ein so einfacher Mensch, daß es eine Weile dauerte, bis ihr klar wurde, daß er ein großer Mann war. Er ging vertrauensvoll mit ihr um, vollkommen großherzig. »Nimm mich, nimm mich ganz, ich gehöre dir.« Es machte ihr fast schon angst. Er drängte ihr die Verantwortung für ihn auf; sie wollte sie nicht übernehmen. Sie war sich der Dinge nicht so sicher, vor allem nicht ihrer eigenen Gedanken. Sie hatte herausgefunden, daß Gedanken veränderliche, widersprüchliche Wesen waren. Er aber bedrängte sie, versuchte sie dazu zu bringen, sich endgültig festzulegen, was sie oft nicht wollte. Er lebte, was er glaubte, und glaubte, was er lebte. Bei ihm gab es da keine Diskrepanz, keinen Kompromiß; und sie mußte genauso werden.

Andrew

Andrew war durch die »Tore der Verteidigungsmauern« gegangen und fand sich in der Wildnis wieder, wo er einen Pfad schlug, auf dem andere folgen konnten, wenn sie wollten. So waren sie gemeinsam herrlich allein. Es war ein ständiges Abenteuer. Sein Schreiben war ein abenteuerliches Vordringen in die Wildnis menschlicher Erfahrung; in Wirklichkeit war so wenig über die Vorgänge in unserem Inneren bekannt; wir fingen gerade erst an, uns dessen bewußt zu werden.

Was in anderen Menschen vorgeht, bleibt immer ein verschwommenes Geheimnis, bestenfalls erhaschen wir hie und da einen Blick darauf. Andrews Genialität gewährte ihm einen tieferen Einblick. Instinktiv wußten die Menschen, daß seine Worte nicht so harmlos waren, ebensowenig wie er selbst. Die Gesellschaft beharrt darauf, daß ihre Mitglieder »in ihre Matrix eingebettet« bleiben, und sie will nicht zulassen, daß man »ihre Verteidigungsmauern verläßt«.

Paula war so sicher, daß sie wenig über andere wußte. Das war alles, was sie tun konnte, um mit ihrem eigenen Innenleben zurechtzukommen. Sie wollte eigentlich gar keine Verbindung – und vor allem keine emotionale – zu anderen Menschen.

Trotzdem verspürte sie auf ihre eigene Weise den leidenschaftlichen Wunsch, die Menschen glücklich zu sehen. Sie fühlte sich auf eine vage, hilflose Weise für die Menschheit verantwortlich. Und da war Andrew, dessen Verantworungsgefühl stärker war als das ihre. Es würde ein Kampf werden, aber sie zog eine mögliche Niederlage nie in Betracht. Die meisten Menschen denken zuerst an ihr eigenes Wohl; nicht so Andrew. Die größere Aufgabe stand bei ihm immer an erster Stelle. Er brauchte so wenig für sich selbst: genügend annehmbares Essen, gutes Wasser, einen einfachen, aber sauberen und gesunden Ort, wo er leben konnte, nicht in einer Stadt, sondern auf dem Land. Er hatte sehr wenig persönlichen Besitz: ein paar Hemden, ein bißchen Unterwäsche, alles sehr ordentlich, außerdem ein paar Jacken und Hosen. Wenn seine Socken Löcher hatten – was selten genug vorkam, denn er ging so leichtfüßig durchs Leben –, flickte Paula sie mit roter, grüner oder blauer Wolle. »So sehen sie viel lustiger aus«, sagte sie dann zu ihm, wenn er die Socken erstaunt musterte.

Seine Bewegungen waren so sicher und gezielt. Sie konnte sich nicht erinnern, daß er jemals etwas versehentlich zerbrochen hätte. Er hatte sein eigenes Leben vollständig unter Kontrolle. Arm, wie sie waren, hatte er doch immer genug Geld, um sich ein Buch zu kaufen, das ihn interessierte, oder eine Schachtel mit Malfarben, oder ein Geschenk für jemanden; es war immer genug für sie beide da, aber es gab keinen Luxus in ihrem Leben.

Vor allem in den Phasen, wenn Andrew arbeitete, spürte Paula, wie reich ihre Tage waren, und das erfüllte sie mit Leben. Nach dem Mittagessen machten sie oft lange Spaziergänge, bei denen sie Blumen, Beeren und Pilze fanden; Narzissen, Glockenblumen und Primeln in den Wäldern Englands; Mandelblüten und Affodille in Sizilien; große Farne und verschiedenste Arten von Mimosen im australischen Busch; Fackel- und Mariposa-Lilien in New Mexico. Ihr Haus war immer voller Blumen. Wie ein Freund einmal geschrieben hatte: »Immer wenn ich Fingerhut sehe, muß ich an die Elmers denken. Dann gehe ich in Gedanken wieder an ihrem Häuschen vorbei, und im Fenster, zwischen den Narzissenvorhängen mit den grünen grünen Punkten, stehen die großen, luxuriösen Blüten. ›Und

wie schön sie vor der weißen Wand aussehen!‹ rufen die Elmers. Wie immer, wenn sie etwas lieben, machen sie daraus
eine Art Fest. Ein Meer aus Fingerhutblüten, und sie mitten-
drin wie glückliche Gefangene, die in einem Indianerdorf zu
Abend essen, umringt von tapferen Kriegern.«

Gerade die Tatsache, daß sie sehr arm waren, schien ihnen
einen unmittelbaren Draht zu jenen Dingen zu geben, die
keinen Penny kosteten. Dazu gehörten Sonne, Mond und
Sterne, Bäume und Wolken ebenso wie der Kontakt mit
Menschen und Tieren. Die meisten der sehr reichen Leute,
die Paula gekannt hatte, sehnten sich danach, aus ihren luxuriösen Häusern herauszukommen, alte Sachen anzuziehen
und irgendwo in die Wildnis hinauszufahren, um in einer
Hütte möglichst primitiv zu leben und sich ihre eigenen Ste-
aks über einem selbstgebauten Ofen zu braten, und sie
stöhnten, wenn sie wieder zu ihren Reichtümern zurückkehren mußten.

Sie waren jetzt schon fast ein Jahr zusammen... Damals vor
einem Jahr war keine große Leidenschaft zwischen ihnen ent-
flammt. Sie hatten sich beide nicht verlieben wollen, aber sie
hatten nichts dagegen tun können, gegen ihren Willen hatten
sie etwas Blindem und Starkem nachgeben müssen, das sie
zueinander hinzog. Sie hatten gekämpft, sie hatten in diesem
Jahr viel gelitten; tagelang waren sie am Boden zerstört, weil sie
durch ihr Zusammengehen so viele Menschen unglücklich gemacht hatten, aber jedesmal erhob sich dann triumphierend
diese Liebe zwischen ihnen und rechtfertigte, was sie getan
hatten. Sie saßen in dem großen, weißen Raum mit den großen
Fenstern, die auf den See hinausgingen; im Sonnenlicht schim-
merte das Wasser ultramarinblau, und die Bambuspflan-

zen am Ufer wiegten sich in der leichten Brise. Der See war mit weißen, pinkfarbenen und gelben Segeln gesprenkelt, die aussahen wie ruhende Schmetterlinge. Auf der anderen Seite neigte sich der Monte Baldo in den See, braun und träge, wie der Rücken eines prähistorischen Ungeheuers. Ein paar Fensterscheiben am gegenüberliegenden Ufer sahen aus wie glitzernde kleine Sonnen, weil sie die Strahlen der untergehenden Sonne reflektierten. Andrew war damit beschäftigt, eine Skizze zu vollenden. Eine kühne Brücke, die sich mit einem mühelosen, graziösen Satz über eine tiefe Felskluft schwang. Darunter das weiße, schäumende Wasser, und dahinter Zypressen, die zwischen dunstigen Olivenbäumen in den Himmel ragten. Andrew trat von seiner Staffelei zurück, legte den Kopf leicht auf eine Seite, machte dann einen schnellen Schritt nach vorne und schraffierte die Zypressen noch einen Ton dunkler. Dann trat er wieder zurück, ja, jetzt war er zufrieden. »Komm und schau es dir an«, sagte er, »sind diese Zypressen nicht wundervoll?«

Paula erhob sich faul von der Couch, auf der sie mit einem Buch gelegen hatte, gemütlich zusammengerollt wie eine Katze. Mit kritischem Blick betrachtete sie das Bild. »Für meinen Geschmack nicht weich und dunstig genug«, antwortete sie, »aber die Brücke ist eine wahre Freude. Die Oliven würde ich allerdings anders machen.«

Er ärgerte sich über ihre hochnäsige Kritik, milderte aber trotzdem ein paar von den harten Linien ab, wenn auch nur widerwillig. »La posta«, ertönte vom Tor die tiefe Stimme des italienischen Postboten, den sie beide so gern mochten. Paula ging an die Tür. »Buona sera, signora«, sagte er zu ihr und überreichte ihr einen Brief.

Erschrocken starrte sie auf den Absender. Sie setzte sich auf die große Couch und öffnete den Brief. Sie konnte nicht glauben, was sie da las. Der Ehemann, den sie verlassen hatte, versprach ihr von Zeit zu Zeit die Kinder. »Ich könnte einer Frau gegenüber nie wirklich hart sein«, hatte er anfangs geschrieben. Trotzdem hatte sie beim Gedankean an ihre drei Kinder gelitten, die ihr alles bedeutet hatten, bis Andrew gekommen war. Sie hatte fest damit gerechnet, daß sie die kommenden Osterferien bei ihr verbringen würden. Aber jetzt schrieb ihr Mann: »Ich bin fertig mit dir, ich möchte dich vergessen, und deswegen mußt du für die Kinder tot sein. Du weißt, daß das Gesetz auf meiner Seite ist.«

»Das Gesetz!« schrie Paula mit flammenden Augen und umklammerte den nächstbesten Gegenstand, um ihrer Wut Luft zu machen. »Das Gesetz! Kann das Gesetz denn die Tatsache rückgängig machen, daß das meine Kinder sind, daß ich sie zur Welt gebracht habe, daß sie mein Fleisch und Blut sind? Das Gesetz«, sagte sie bitter und verächtlich, »es nimmt viel Rücksicht auf die menschliche Natur.«

Andrew irritierte die Art, wie sich ihre tiefe Enttäuschung äußerte. »So kannst du doch nicht weitermachen«, sagte er und klopfte mit der Faust auf den Tisch. Aber Paula machte weiter und ließ ihrer Wut über die Welt als Ganzes und die Ungerechtigkeit, die ihr ihrer Meinung nach angetan wurde, freien Lauf. Andrew fühlte sich hilflos, ihr Kummer war etwas, das er nicht verstand und mit dem er nicht umgehen konnte. Sein übersensibles, mitfühlendes Wesen konnte das Leid nicht ertragen, das ihm und ihr auferlegt wurde. Er zog sich zurück. Aber das bemerkte sie nicht, ihr Schmerz und ihre Enttäuschung hatten sie für alles andere blind gemacht.

Die ganze Nacht lag sie wach und starrte auf den See hinaus, wo in der blauen Nacht ein einziges Licht brannte; sie nahm nichts wahr außer diesem Licht und dem Schmerz in ihren Gliedern, ihren Armen, die sich danach gesehnt hatten, ihre Kinder zu halten. Morgen war Sonntag. Sie mußte an die Sonntage denken, an denen die drei morgens in ihr Bett gekommen waren und sie sich trotz der tadelnden Blicke des Kindermädchens Kissenschlachten mit ihnen geliefert hatte. Sie waren auf ihren Knien geritten, und sie hatte sie immer wieder herunterpurzeln lassen. Sie sah die kleine Joy vor sich, wie sie den Kopf zurückwarf und lachte wie niemand sonst auf der Welt, wenn sie von ihrem Sitz purzelte.

Am nächsten Tag lief Paula blind und stumm durch die Gegend, unfähig zu denken oder etwas zu unternehmen. Während sie den Haushalt erledigte, liefen ihr die Tränen übers Gesicht; sie bemerkte sie erst, wenn sie auf ihre Hände fielen oder ihre Nase kitzelten. Für Andrew war es schrecklich, sie so zu sehen. Er wagte sich nicht in ihre Nähe; das wäre gewesen, als würde er in eine Lawine hineinlaufen. Vom Schmerz betäubt, verbrachte Paula zwei oder drei Tage auf diese Weise, erfüllt vom Gedanken an ihre Kinder. Sie war eine einzige große Wunde, an der die Kinder sie hatten verbluten lassen.

Andrew geriet allmählich außer sich. Er war nie sehr robust gewesen. Am dritten Tag bekam er eine schlimme Erkältung und mußte im Bett bleiben. Abwesend und mechanisch kümmerte sich Paula um ihn. Da er wußte, daß sie das beide auf Dauer nicht ertragen konnten, veranlaßte ihn sein Selbsterhaltungstrieb schließlich dazu, vom Bett aus mit kühler Stimme zu ihr zu sagen: »Paula, wir können so wirklich nicht weitermachen. Du siehst ja selber, daß es mich krank macht; wenn die Dinge so zwischen uns stehen und du dich so benimmst, dann halte ich es für das beste, wenn du mich verläßt. Geh ganz zu den Kindern zurück und verlasse mich.«

Paula wurde zum erstenmal seit Tagen wieder in die Realität zurückgeholt. »Oh«, schrie sie, »sag doch so etwas nicht! Laß mich jetzt nicht hängen, schick mich nicht weg! Du weißt doch, daß ich dich liebe, du weißt, daß ich dich nicht verlassen kann. Aber kannst du denn nicht verstehen, was die Kinder für mich bedeuten?«

»Nein«, antwortete er schnell, »das kann kein Mann verstehen.«

»Oh, aber du versuchst es ja gar nicht!« rief sie. »Du bist eifersüchtig auf sie. Weißt du, daß du mich umbringst, wenn du die Mutter in mir nicht anerkennst?«

»Nun«, sagte er, »ich kann es eben nicht, und deswegen setzen wir dem Ganzen lieber ein Ende.«

»Oh!« rief Paula, die sich auf dem Boden zusammenkauerte und abwehrend die Arme hochriß, als würde sie geschlagen. »Aber was wird aus unserer Liebe, die niemals enden sollte? Du hast zu mir gesagt, du würdest sterben, wenn ich dich verließe!«

»Dieser Satz hat schon viel Schaden in unserem Leben angerichtet, du weißt, daß es nicht stimmt«, antwortete er.

»Ja«, rief sie bitter, »ich habe dich stärker gemacht.«

»Ja«, sagte er, »und wenn eine Sache gescheitert ist, dann ist es besser, man gesteht sich das ein, statt weiter unglücklich zu sein.«

Diese Worte schienen bei Paula auch noch die letzten Sicherungen durchbrennen zu lassen. Sie wurde zu einem verwundeten Tier. Die Mutter in ihr blutete, und der Mann, den sie so liebte, versetzte ihr diesen Schlag. Das war zuviel für sie. Sie schämte sich, fühlte sich wie ein gehetztes Tier, das niemand wollte; sie war zutiefst allein und beschämt; am liebsten hätte sie sich in eine dunkle Ecke verkrochen, wo niemand ihr Unglück und ihre Scham sehen würde. Er, den sie geliebt und dem sie vertraut hatte, sagte ihr jetzt, sie solle gehen. Es war ein beschämendes Gefühl, weggeschickt zu werden, als hätte sie eine schlimme Krankheit; niemand wollte sie haben.

Mechanisch setzte sie einen Hut auf und verließ das Haus, wobei sie sich wie ein verängstigter Hund an den Wänden entlangdrückte. Irgendwo klingelte eine Glocke; das Geräusch traf ihre gereizten Sinne wie ein Schlag. Langsam und mechanisch ging sie durch die schmale Straße des düsteren italienischen Dörfchens, immer an den Hausmauern entlang. Am Ende des Dorfes bog sie in den Weg ein, der am See entlangführte. Zu ihrer Rechten erhoben sich die blanken Felsschichten. Der Weg vor ihr war in gleißendes Sonnenlicht getaucht. In der Ferne verschmolz der Himmel mit dem Dunst des Sees, der blau zur ihrer Linken lag. Sie verließ den Weg und ging über den Sand und die Steine zum Wasser hinunter. Kleine Wellen schlugen mit einem frechen kleinen Geräusch gegen das Ufer. Die Sonne und das klare Wasser woben kleine, bewegliche Muster aus Licht über die runden Steine. Paulas Herz schlug schneller, als sie diese Steine erblickte. Sie war eine bewußtlose Masse Leben geworden; sie haderte nicht mehr mit dem Schicksal, sie verspürte keine Wut mehr; das Leben in ihr ging trotzdem weiter. Erst, als sie auf die Steine starrte, über die das Muster aus sich bewegendem Licht zuckte, bemerkte sie, daß sie am ganzen Körper zitterte. Etwas in ihr war zugrunde gegangen, etwas war zerbrochen, das nie wieder ganz sein würde. Sie akzeptierte das alles, all das Leid, das sie so verwundet zurückgelassen hatte, sie akzeptierte es, aber sie konnte es nicht länger ertragen. Sie beneidete diese Steine um ihre Haut aus klarem Wasser, die sie vor der Luft und dem Wind beschützte; dort unten war Geborgenheit. Die Wellen umspielten sanft zischend ihre Füße. Sie selbst fühlte sich so entstellt, sie empfand ihr Unglück wie eine abstoßende Krankheit. Sie verspürte den Wunsch, sich zu verstecken, sich vor der Welt zu verkriechen. Das Wasser leckte rhythmisch an ihren Füßen. Langsam und mechanisch zog sie ihre Sachen aus, ihre Stiefel, ihre Unterwäsche. Sie wollte einer von diesen Steinen unter dem klaren, schützenden Wasser sein. Sie würde ins Wasser kriechen. Langsam setzte sie sich hin und ließ sich in das seichte Wasser gleiten, immer weiter hinein, tiefer und tiefer. Jetzt berührten die Wellen schon ihre Brust; sie hielt die Luft an, bevor die Wellen sanft über sie hinwegplätscherten. Ihre Arme und Beine entspannten sich, sie ließ sich ins Wasser zurücksinken...

Ich traf ihn im dunklen Gang von Colet House. Er wirkte in seiner langen grauen Flanellhose und dem dunkelblauen Blazer so groß. Behende rannte er auf mich zu, blieb stehen, kam näher und blieb wieder stehen.

»Du«, sagte er, »du«, und seine Stimme schwankte ungläubig.

»Monty«, antwortete ich, »kannst du jetzt eine halbe Stunde mit mir kommen, ohne daß jemand etwas davon erfährt?«

»Ja«, sagte er, »aber ich muß erst Mr. Wicroff fragen.«

»Sag ihm, du hast Besuch von deiner Tante«, riet ich ihm.

Er rannte davon und kam bald zurück, seine Mütze auf dem Kopf, voller Freude. »Laß uns gehen und zusammen Tee trinken. Wo kommst du jetzt her? Bist du allein?«

»Ich bin aus Deutschland herübergefahren, um dich zu sehen. Du bist schon ein großer Junge.«

Er wagte nicht, mich anzusehen; anfangs warf er mir nur scheue Seitenblicke zu. Wir bestellten bei einer netten, lächelnden Bedienung Tee und Erdbeeren mit Sahne. Dann, als wir so nahe beieinandersaßen, fing ich zu weinen an. Ich mußte ihn um sein Taschentuch bitten, und er gab es mir, ein großes, schmuddeliges Schultaschentuch.

»Da haben wir es, ich darf mich nicht so gehenlassen«, sagte ich, und er sah mich voller Verständnis und männlicher Liebe an. Dann unterhielten wir uns. Ich fragte ihn, wie ich es anstellen könne, die Kleinen zu sehen, ohne daß jemand etwas davon erfuhr, und er dachte ruhig und beherrscht darüber nach und machte einen Plan. Dann sah er mich voller Liebe an.

»Du siehst ziemlich gut aus«, sagte er bewundernd. Seine Augen füllten sich mit Tränen. Er fragte mich, was ich machte, wovon ich lebte, und ich sagte: »Ich habe einen Roman geschrieben.« Er bedachte seine ehrgeizige Mutter mit dem gleichen verschmitzten Blick wie früher. Dann sagte er: »Du weißt, daß deine Aussichten schlecht sind, mit Schreiben verdient man nicht viel Geld. Komm, jetzt zeige ich dir St. Paul's, das ganze Gelände.«

»Ich will ein Foto davon.«

»Nein, ich werde dir eine Zeichnung machen«, entgegnete er. Ich spürte immer, wie stark und uneingeschränkt seine Liebe war.

Ich sagte zu ihm: »Du weißt, daß ich Nottingham und das Leben dort nicht mehr ertragen konnte. Du kannst diese Dinge jetzt noch nicht verstehen, aber eines Tages wirst du es. Ich möchte dich regelmäßig sehen können«, sagte ich.

»Soll ich Papa fragen?« meinte er. »Ich tue es.« Seine großen grauen Augen standen wieder voller Tränen, und in ihnen erstrahlte eine männliche Liebe, wie ich sie nie zuvor in meinem Leben gespürt hatte. Es war das Wunderbarste, was ich je erlebt habe, und in meinem Herzen dankte ich Gott demütig dafür.

»Ich weiß es nicht«, antwortete ich.

Wir spazierten durch St. Paul's, ich so stolz an seiner Seite, mit eine roten Rose als Brosche. Wir kamen an einem bitterlich weinenden Kind vorbei; ich gab ihm einen Penny, und es hörte schlagartig auf. Das gefiel Monty. Ich schenkte ihm eine halbe Krone.

»Ich werde es mit den Kleinen teilen.« Voller Stolz erzählte er mir, daß Elsa in der Schule so gescheit sei, immer die Beste, und daß Barby ein bißchen faul sei, aber sehr gut zeichnen könne. Dann ging ich mit ihm zum Bahnhof, wo er sich schnell davonschlich. Kurz darauf sah ich ihn auf dem Bahnsteig sitzen und einen Brief lesen, den ich ihm gegeben hatte. Seine Augen standen voller Tränen...

Freunde

Dieses Kapitel wurde von E. W. Tedlock aus verschiedenen Aufzeichnungen Friedas zusammengestellt und ist deshalb fragmentierter als die vorhergehenden. Es erzählt davon, wie Frieda (Paula) in der Zeit unmittelbar nach D. H. Lawrence' Tod allein in Mexiko lebt. Ravagli (Dario) ist in Europa, um Lawrence' (Andrews) Asche zu holen, die in Taos bestattet werden soll.

Niemals seit Andrews Tod war sie allein gewesen. Sie wußte, daß sie die Tatsache, daß Andrew wirklich tot war, noch nicht akzeptiert hatte.

Andrew war so ruhig und stolz gestorben, so still. Sein Leben hatte aufgehört, daran ließ sich nichts ändern. Der Tod war da. Er hatte ihr soviel Leben gegeben, hatte ihr die Pracht der ganzen Schöpfung gezeigt, hatte sie fühlen gelehrt, und jetzt hatte er ihr das letzte und größte Geschenk gemacht: den Tod in seiner Würde. Sie hatte den stillen Glanz des Todes verspürt. Andrews Leben war vollendet, seine ehrlichen Bemühungen waren beendet. Nichts würde ihn mehr stören.

Sie erinnerte sich daran, daß sie in der Nacht neben seinem Totenbett gesessen und ihm leise vorgesungen hatte; er hatte ihr immer zugehört, selbst wenn er wütend war. Aber jetzt hörte er nicht mehr zu. Sie hatte ein seltsames Hochgefühl verspürt. Es war vollbracht. Ihr eigenes Selbst schien von ihr abzufallen. Es gab nicht nur die kleine, persönliche Alltagswelt, sondern darüber hinaus das große Universum, die große Gesamtheit der Schöpfung, zu der alles gehört, Pflanzen und Tiere und Menschen, lebend oder tot; das Universum war für immer eins. Zum ersten Mal spürte sie die Ganzheit der Welt; als wäre sie vorher nur eine flache Münze gewesen, hatte sie jetzt plötzlich ein Gefühl für ihre Tiefe, ihre Rundheit. Aber den lebendigen Mann, den gab es nicht mehr, auch wenn sie ihn noch hören und seine Gegenwart in ihrer Seele spüren konnte. Sie hatte so ausschließlich in seiner Welt gelebt, der strahlenden, edlen Welt, die die seine gewesen war, daß sie immer noch darin lebte. Aber jetzt war sie allein. Dario war abgereist und stand nicht länger zwischen ihr und ihrer Einsamkeit, und wie eine dunkle Gestalt sah sie Andrew vor ihrem Bett stehen, als wolle er sie auffordern: »Komm mit mir.« Sie wurde krank und kam in eine Klinik. Eine große Angst lastete auf ihr, sie konnte nicht dagegen ankämpfen. Eine Krise nahte, würde sie leben oder sterben? Die bremsenden Züge schrien ihre Ankunft hinaus, aber für sie war niemand im Zug; Andrew war tot, er konnte nicht kommen, und Dario war weit weg. In ihr wurde ein Kampf zwischen Leben und Tod ausgetragen. Dann begann sich in ihrer Mitte langsam ein süßer, geduldiger kleiner Impuls zu regen und allmählich durchzusetzen. Nein, sie würde noch nicht sterben. Die Anzahl ihrer Toten war immer größer geworden, Freunde und Verwandte, Menschen, die sie geliebt hatte, waren tot. Aber sie selbst würde noch leben, sie würde die Wolken und den Regen sehen und die Wärme des Sommers spüren, und sie würde doppelt dankbar dafür sein, einfach nur am Leben zu sein. Sollten die Menschen doch wegen Kommunismus und Faschismus streiten, am Ende war beides dasselbe, ein reiner Machtkampf, und was dann? Man mußte aus einem tieferen Selbst leben als dem bloßen Willen. Diesen Möchtegern-Mächtigen entging der eigentliche Sinn des Lebens. Wenn man an der Macht war, was hatte man dann davon? »Die sitzen im falschen Bus«, dachte Paula. Wir werden nicht in kleinen schwarzen Hemden geboren, und ebensowenig in roten, sondern in unserer Haut. Wir leben darin und sterben dann darin. Selbst, wenn jemand zehn Autos und zwanzig Radios und vierzig Kühlschränke besaß, würde ihn das innerlich nicht reich machen. Man mußte sich sein eigenes natürliches Erbe zurückerobern, die eigene Freude am lebenden Universum um einen herum. Das war verlorengegangen, sonst nichts. Egal, wieviel man anderen Leuten wegnahm, es würde einem nichts nützen. Es gab Menschen, die sich voller Verbissenheit an das klammerten, was sie hatten, und es gab andere, die es ihnen wegnehmen wollten, aber darum ging es überhaupt nicht. »Vergeßt es«, wollte Paula ihnen zurufen, »es wird euch nicht glücklich machen. Fangt wirklich an, aus eurem besten menschlichen Inneren heraus zu leben, und seht, was passiert. Ressentiments und vorgefaßte Meinungen werden euch nicht weiterbringen.«

Vor allem die Ressentiments wollte Paula besiegen. Sollten die Leute doch gemein zu ihr sein, sie würde nicht zulassen, daß das ihr Wesen veränderte und ihr das Leben vergällte. Genau das wollten sie nämlich: ein Loch in ihre Ganzheit bohren, sie würde sie nicht triumphieren lassen, sondern sich von diesem neuen Teufel der Bösartigkeit fernhalten. Dafür kämpfte sie jetzt – nicht gegen andere, sondern dafür, ihre eigene Integrität zu bewahren...

Trüb und träge vergingen die Tage; Paula fühlte sich sehr

schwach. Ungeduldig wartete sie auf Darios Rückkehr, aber er konnte nicht sofort kommen. Er brachte die Asche ihres Mannes aus Europa. Wie dankbar Paula dafür war, daß Dario Andrews Andenken fast ebensoviel Respekt entgegenbrachte wie sie selbst. Nach Andrews Tod war es ihr Wunsch gewesen, Andrews sterbliche Überreste auf die Ranch zu bringen, auf die er hatte zurückkehren wollen.

Im Herbst hatte Dario auf dem Hügel unter den steil abfallenden Bergen eine kleine, sehr einfache Kapelle gebaut. Auf dem Hügel wuchsen Feldblumen, Sonnenblumen, rote und rosafarbene Kakteen, Gänseblümchen und kleine Zypressen. Andrew hatte diesen Ort geliebt.

Jetzt hatte sie Frieden; Dario war da, er ermöglichte es ihr, auf diesem Fleckchen Erde, das sie liebte, das einfache Leben zu führen, das ihr gefiel; dieser Ort, den sie zu einem Angelpunkt des Lebens machen konnte, bedeutete wahres Leben für sie.

Wie hoch doch der Preis war, den Paula für Andrews Liebe zahlen mußte. So viele Menschen haßten sie, weil er mit ihr gegangen war, und nicht mit ihnen. Nun, sie hatte dafür bezahlt, aber es war den Preis wert gewesen, in alle Ewigkeit.

Literaturverzeichnis

Es gibt eine Vielzahl von Publikationen über D. H. Lawrence, weswegen die folgende Liste notwendigerweise höchst selektiv ausfallen muß. Sie enthält nur solche Werke, die im biographischen Teil zitiert werden oder deren Hauptgegenstand Frieda Lawrence selbst ist.

Barr, Barbara, »Step-daughter to Lawrence«, *London Magazine,* Aug/Sept 1993, 23–33 und Okt/Nov 1933, 12–23

Battersby, Christine, *Gender an Genius: Towards a Feminist Aesthetics* (London, Women's Press, 1989)

Beauvoir, Simone de, *Das andere Geschlecht* (Reinbek, Rowohlt, 1951)

Bedford, Sybille, *Aldous Huxley: The Apparent Stability* (1973; London, Paladin, 1987) und *Aldous Huxley: The Turning Points* (1974; London, Paladin, 1987)

Brett, Dorothy, *Lawrence and Brett: A Friendship* (1933; Santa Fe, 1974)

Brown, Keith (Hrsg.), *Rethinking Lawrence* (Milton Keynes, Open University Press, 1990)

Bynner, Witter, *Journey with Genius* (London, Peter Nevill, 1953)

Carswell, Catherine, *The Savage Pilgrimage* (London, Secker and Warburg, 1932)

Chadwick, Whitney und Courtivron, Isabelle de, *Significant Others: Creativity and Intimate Partnership* (London, Thames and Hudson, 1993)

Colls, R. und Dodd, P. (Hrsg.), *Englishness: Politics and Culture 1880–1920* (London, Croom Helm, 1986)

Daly, Mary, *Pure Lust* (London, Women's Press, 1984) – Deutsch unter dem Titel *Reine Lust. Elemental-feministische Philosophie*. Aus dem Amerikanischen von Erika Wisselinck. (München, Frauenoffensive, 1986)

Dinnerstein, Dorothy, *The Rocking of the Cradle and the Ruling of the World* (London, Women's Press, 1987)

Dunmore, Helen, *Zennor in Darkness* (1993; Harmondsworth, Penguin, 1994)

Faludi, Susan, *Backlash: The Undeclared War Against Women* (London, Chatto and Windus, 1992) – Deutsch unter dem Titel *Die Männer schlagen zurück* (Reinbek, Rowohlt, 1993)

Feinstein, Elaine, *Lawrence's Women: The Intimate Life of D. H. Lawrence* (London, HarperCollins, 1993)

Fussell, Paul, *Abroad: British Literary Travelling Between the Wars* (Oxford, Oxford University Press, 1980)

Garnett, David, *The Golden Echo* (London, Chatto and Windus, 1953)

Green, Martin, *The von Richthofen Sisters: The Triumphant and the Tragic Modes of Love* (London, Weidenfeld and Nicholson, 1974) – Deutsch unter dem Titel *Else und Frieda: Die Richthofen-Schwestern,* aus dem Amerikanischen von Edwin Ortmann (München, Kindler, 1976)

Huxley, Aldous, *The Genius and the Goddess* (London, Chatto and Windus, 1955) – Deutsch unter dem Titel *Das Genie und die Göttin,* aus dem Englischen von Herbert E. Herlitschka, (München, Piper, 1989)

Iles, Teresa, *All Sides of the Subject: Woman and Biography* (New York, Teachers College Press, 1992)

Irvine, Peter und Kiley, Anne (Hrsg.), »D. H. Lawrence and Frieda Lawrence: Letters to Dorothy Brett«, *D. H. Lawrence Review*, Frühjahr 1976

Jackson, Rosie, *Mothers Who Leave: Behind the Myth of Women Without Their Children* (London, Pandora, 1994)

Lacy (Hrg.), *Letters to Thomas and Adele Seltzer* (Santa Barbara, Black Sparrow Press, 1976)

Lawrence, D. H., *Fantasia of the Unconscious* und *Psychoanalysis and the Unconscious* (1923; Harmondsworth, Penguin, 1971)

The Letters of D. H. Lawrence, (London, Heinemann, 1932) – Deutsch unter den Titeln *Briefe*. Aus dem Englischen von Elisabeth Schnack (Zürich, Diogenes, 1982) und *Briefe an Frauen und Freunde*, Auswahl und Vorwort von W. E. Süskind, aus dem Englischen von Richard Kraushaar (Berlin, Die Rabenpresse, o. J. – nicht mehr lieferbar)

The Rainbow – Deutsch unter dem Titel *Der Regenbogen*, aus dem Englischen von Gisela Günther (Reinbek, Rowohlt, 1984)

Sons and Lovers – Deutsch unter dem Titel *Söhne und Liebhaber*, aus dem Englischen von Georg Goyert (Reinbek, Rowohlt, 1978)

The Escaped Cock – Deutsch unter dem Titel *Auferstehungsgeschichte*, aus dem Englischen von Helmut Viebrock (Frankfurt/M., Suhrkamp, 1978)

Lady Chatterley's Lover – Deutsch unter dem Titel *Lady Chatterley* (Reinbek, Rowohlt, 1991)

Lea, F. A., *The Life of John Middleton Murry* (London, Methuen, 1959)

Leavis, F.R., *D.H. Lawrence: Novelist* (1955; Harmondsworth, Penguin, 1964)

Ligth, Alison, *Forever England: Femininity, Literature and Conserevatism Between the Wars* (London, Routledge, 1991)

Lucas, Robert, *Frieda Lawrence: The Story of Frieda von Richthofen and D.H. Lawrence* (London, Secker and Warburg, 1973) – Deutsch unter dem Titel *Frieda von Richthofen: Ihr Leben mit D.H. Lawrence* (München, Kindler 1972)

Luhan, Mabel Dodge, *Lorenzo in Taos* (New York, Knopf, 1932)

MacLeod, Sheila, *Lawrence's Men and Women* (London, Heinemann, 1985)

Maddox, Brenda, *Nora: A Biography of Nora Joyce* (London, Hamish Hamilton, 1988)

Maddox, Brenda, *The Married Man: A Life of D.H. Lawrence* (London, Sinclair Stevenson, 1994)

Mailer, Norman, *The Prisoner of Sex* (London, Weidenfeld and Nicholson, 1971) – Deutsch unter dem Titel *Gefangen im Sexus*, aus dem Amerikanischen von Matthias Büttner (München, Droemer Knaur, 1972)

Miller, Henry, *The World of D.H. Lawrence: A Passionate Appreciation* (London, John Calder, 1985) – Deutsch unter dem Titel *Die Welt des D.H. Lawrence: Eine Huldigung.* Aus dem Amerikanischen von Walter Schürenberg (Reinbek, Rowohlt, 1983)

Millet, Kate, *Sexual Politics* (1969; London, Rupert Hart-Davis, 1971) – Deutsch unter dem Titel *Sexus und Herrschaft: Die Tyrannei des Mannes in unserer Gesellschaft*, aus dem Englischen von Ernestine Schlant (Reinbek, Rowohlt, 1985)

Mitchell, Juliet, *Psychoanalysis and Feminism* (Harmondsworth, Penguin, 1974) – Deutsch unter dem Titel *Psychoanalyse und Feminismus: Freud, Reich, Laing und die Frauenbewegung*. Aus dem Englischen von Brigitte Stein und Holger Fließbach (Frankfurt/M., Suhrkamp, 1985)

Moore, Harry T. und Montague, Dale B. (Hrsg.), *Frieda Lawrence and Her Circle: Letters from, to and about Frieda Lawrence* (London, Macmillan, 1981)

Moore, Harry T., *The Intelligent Heart: The Story of D. H. Lawrence* (1955; London, Penguin, 1960)

Moore, Harry T. und Roberts, Warren, *D. H. Lawrence* (1966; London, Thames and Hudson, 1988)

Murry, John Middleton, *Son of Woman* (London, 1931)

Nehls, Edward (Hrsg.), *D. H. Lawrence: A Composite Biography* (Madison, Wisconsin, 1957–59)

Russell, Bertrand, *Autobiography* (London, Allen and Unwin, 1967)

Sagar, Keith, *The Life of D. H. Lawrence* (London, Methuen, 1980)

Smith, Anne (Hrsg.), *Lawrence and Women* (London, Vision, 1978)

Smith, Grover, *Letters of Aldous Huxley* (London, Chatto and Windus, 1969)

Spender, Stephen (Hrsg.), *D. H. Lawrence: Novelist, Poet, Prophet* (London, Weidenfeld and Nicholson, 1973)

Squires, Michael (Hrsg.), *D. H. Lawrence's Manuscripts: The Correspondence of Frieda Lawrence, Jake Zeitlin and Others* (London, Macmillan, 1991)

Storch, Margaret, *Sons and Adversaries: Women in William Blake and D. H. Lawrence* (Knoxville, University of Tennessee Press, 1990)

Tedlock, E. W. (Hrsg.), *Frieda Lawrence: The Memoirs and Correspondence* (London, Heinemann, 1961)

Thornycroft, Rosalind, *Time Which Spaces Us Apart* (completed by Chloë Baynes, published in a limited private edition, Batcombe, Somerset, 1991)

Tomalin, Claire, *Katherine Mansfield: A Secret Life* (1987; Harmondsworth, Penguin, 1988) – Auf deutsch unter dem Titel *Katherine Mansfield: Eine Lebensgeschichte,* aus dem Englischen von Eike Schönfeld (Frankfurt/M., Insel, 1990)

West, Anthony, *D. H. Lawrence* (London, Arthur Baker, 1950)

Danksagung

Ich bin Dr. Jan Relf zu Dank verpflichtet, die ein frühes Manuskript scharfsinnig kommentierte und deren uneingeschränkte Freundschaft und feministische Einsichten mir eine enorme Hilfe waren. Des weiteren Dr. Keith Sagar, der mir freigebig Fotos von Frieda und D. H. Lawrence zeigte, und Melissa Sagar für ihre Gastfreundschaft. Friedas Tochter, Barbara Barr, lud mich freundlicherweise nach Radda in Italien ein und bereicherte mich mit weiteren Erinnerungen an ihre Mutter. Chloë Green (geborene Baynes) gestattete mir, aus den Memoiren ihrer Mutter, Rosalind Thornycroft, zu zitieren, und Dr. Dorothy Johnson von der Notthingham University ermöglichte die Reproduktion der Fotos aus der Lawrence Collection.

Die gewissenhaften Forschungen vieler engagierter Lawrence-Wissenschaftler und -Biographen haben ein Buch wie das Vorliegende möglich gemacht. Besonders zu Dank verpflichtet bin ich E. W. Tedlock für dessen wunderbare Edition von *Frieda Lawrence: The Memoirs and Correspondence*. Robert Lucas' Biographie *Frieda von Richthofen* war ebenfalls eine Quelle von unschätzbarem Wert. Inspiriert wurde ich außerdem durch *Nora*, der vorbildlichen Studie von Brenda Maddox über Nora Joyce, sowie Claire Tomlins exzellenter Biographie Katherina Mansfields.

351

Ich bin Sheila Yeger dankbar, die mich als erste auf die Geschichte der Frieda Lawrence aufmerksam machte, Annie Wilson, die an meiner Stelle tatkräftig eine Reise zu Friedas Haus in Taos unternahm, Ken Mackenzie, dessen beharrlicher Glaube an Lawrence unwissentlich Fragen am Leben erhielt, die in diesem Buch einfließen sollten, und, über die Jahre, vielen Studentinnen und Studenten. Auch an Phoebe Clare Clark, Mary-Jane Rust und Kate Saunders geht Dank für ihre hochgeschätzte Freundschaft. Von den Mitarbeitern und Mitarbeiterinnen bei Pandora bin ich Karen Holden für ihr hervorragendes Lektorat und ihre unablässige Ermutigung besonders zu Dank verpflichtet; dies gilt auch für ihre Dankesworte an John Harlow für unablässige moralische und praktische Unterstützung.

Ohne die Erlaubnis von Gerald Pollinger wäre dieses Buch nicht möglich gewesen. Das autobiographischen Schriften von Frieda Lawrence werden hier mit Erlaubnis der Laurence Pollinger Ltd und dem Estate of Frieda Lawrence Ravagli abgedruckt.

Für jede Art von Fehlern – seien sie sachlicher oder interpretatorischer Art – liegt die Verantwortung bei mir.